金融市場學

（第二版）

主編 王擎

崧燁文化

再版前言

金融是現代經濟的核心。金融市場是整個金融體系的樞紐，是金融活動和金融交易實現的具體場所，是金融核心作用發揮所依託的載體和所憑藉的手段。金融市場學是研究金融市場運行機制及其主體行為規律的科學，它的主要研究對象是金融市場的組成、金融市場的工具以及各種運行機制。它的研究領域涉及貨幣市場、資本市場等所有金融領域。金融市場學作為金融專業的主幹核心課以及相關專業的主要課程，對於培養高層次金融創新綜合型人才，幫助他們掌握金融市場運行規律、知識和技能，適應不斷發展的社會要求至關重要。

本教材一共分為八章。第一章對金融市場進行了概述，其餘章節分別按產品進行編排介紹，具體包括貨幣市場、債券市場、股票市場、證券投資基金市場、外匯市場、黃金市場和金融衍生工具市場。全書的基本架構和內容安排，主要有以下一些特點：①註重對金融市場基本運行規律的介紹。金融市場中涉及的子市場比較多，全書以金融產品為核心，從金融產品的產生、交易、定價等方面來介紹市場的運行規律和運行特點，注重對基本概念、基本知識、基本理論的介紹。②注重全面性與綜合性。本書涉及了幾乎所有的金融市場，介紹了各金融市場的運行機制和主體行為，在力求全面和詳細的同時，注重了概念、理論等知識點之間的比較，希望使讀者可以對整個金融市場有更綜合性的認識。③注重介紹各大市場在我國的發展狀況，並盡量採用近期的案例進行分析，使讀者能對各大金融市場的組成、工具及各種運行機制有更形象的把握。近年來中國金融市場發生了翻天覆地的變化，並且這種變化在不斷持續，學生在學習金融市場理論的同時，必須暸解我國金融市場的發展狀況，把握未來發展的方向。④註重金融投資運用技能的介紹。金融市場學歸根究抵是一門運用性較強的學科，本教材注重介紹金融產品的定價機制和定價規律，使讀者既能從定性方面分析產品的特性，也能從定量方面分析價格的變動趨勢。

為方便教學和鞏固學生所學知識，每章都給出了學習目標以及學習的重點難點，每章后面還給出了相應的本章小結、重要概念提示和復習思考題。本教材主要針對成人教育金融、經濟專業學生，當然也可作為廣大準備從事和正在從事經濟、金融工作的人士補充提高知識之讀物。

參與本教材編寫和修改的有範文婷、劉瑩娟、羅永琳、王俊和孫琨、侯燕泥、龍夕左，最后由王擎總撰。在本教材的編寫過程中，我們參考了國內外的有關資料和教材，主要的參考資料都列在書后，在此向有關作者致謝。同時，在編寫過程中，我們也注意吸收國內外金融市場上一些新的發展動態，但由於我國金融市場發展日新月異，書中難免掛一漏萬。另外，由於時間較匆忙，書中難免有不妥和錯誤之處，歡迎各位專家和讀者指正。

　　　　　　　　　　　　　　　　　　　　　　　　　　　　　　王擎

目錄

第一章　金融市場概述 …………………………………………………… (1)
　第一節　金融市場的概念及分類 ………………………………………… (1)
　　　　　一、金融市場的概念 ……………………………………………… (1)
　　　　　二、金融市場的分類 ……………………………………………… (5)
　第二節　金融市場的構成 ………………………………………………… (7)
　　　　　一、交易主體 ……………………………………………………… (7)
　　　　　二、金融工具 ……………………………………………………… (8)
　　　　　三、金融仲介機構 ………………………………………………… (10)
　　　　　四、監管機構 ……………………………………………………… (11)
　第三節　金融市場的產生和發展 ………………………………………… (12)
　　　　　一、金融市場的產生 ……………………………………………… (12)
　　　　　二、金融市場的發展趨勢 ………………………………………… (13)
　第四節　金融市場的功能和作用 ………………………………………… (17)
　　　　　一、金融市場的功能 ……………………………………………… (17)
　　　　　二、金融市場的作用 ……………………………………………… (19)
　小結 ………………………………………………………………………… (21)
　重要概念提示 ……………………………………………………………… (21)
　復習思考題 ………………………………………………………………… (21)

第二章　貨幣市場 ………………………………………………………… (22)
　第一節　同業拆借市場 …………………………………………………… (23)
　　　　　一、同業拆借市場的形成和發展 ………………………………… (23)
　　　　　二、同業拆借市場的運行程序 …………………………………… (24)
　　　　　三、同業拆借的期限與利率 ……………………………………… (24)
　　　　　四、我國的同業拆借市場 ………………………………………… (25)
　第二節　回購市場 ………………………………………………………… (26)
　　　　　一、回購的概念 …………………………………………………… (26)
　　　　　二、回購市場的意義 ……………………………………………… (27)
　　　　　三、回購市場的結構 ……………………………………………… (28)

1

　　　　四、證券回購市場的運行 …………………………………………（30）
　　　　五、回購交易風險 ……………………………………………………（30）
　　　　六、我國的證券回購市場 ……………………………………………（32）
　　第三節　商業票據市場 ……………………………………………………（33）
　　　　一、商業票據的歷史 …………………………………………………（33）
　　　　二、商業票據的性質及意義 …………………………………………（34）
　　　　三、商業票據市場的運行 ……………………………………………（35）
　　　　四、商業票據的發行價格和發行成本 ………………………………（37）
　　第四節　銀行承兌匯票市場 ………………………………………………（38）
　　　　一、銀行承兌匯票原理 ………………………………………………（38）
　　　　二、銀行承兌匯票的性質和意義 ……………………………………（38）
　　　　三、銀行承兌匯票的一級市場 ………………………………………（39）
　　　　四、銀行承兌匯票的二級市場 ………………………………………（40）
　　　　五、我國的銀行承兌匯票市場 ………………………………………（41）
　　第五節　大額可轉讓定期存單市場 ………………………………………（42）
　　　　一、大額可轉讓定期存單市場的形成與意義 ………………………（42）
　　　　二、大額可轉讓定期存單的發行 ……………………………………（43）
　　　　三、大額可轉讓定期存單的流通 ……………………………………（44）
　　　　四、大額可轉讓定期存單的風險與收益 ……………………………（45）
　　　　五、我國的大額可轉讓定期存單市場 ………………………………（45）
　　第六節　短期政府債券市場 ………………………………………………（47）
　　　　一、短期政府債券市場的形成與作用 ………………………………（47）
　　　　二、短期政府債券的發行與流通 ……………………………………（48）
　　　　三、短期政府債券的價格與收益 ……………………………………（50）
　　　　四、我國的國庫券市場 ………………………………………………（51）
　　小結 ……………………………………………………………………………（52）
　　重要概念提示 …………………………………………………………………（52）
　　復習思考題 ……………………………………………………………………（52）

第三章　債券市場 …………………………………………………………………（53）
　　第一節　債券與債券市場概述 ……………………………………………（53）
　　　　一、債券的票面要素和特徵 …………………………………………（54）

		二、債券的分類	(55)
		三、債券市場的功能	(59)
		四、我國債券市場概述	(60)
	第二節	債券市場的運行	(64)
		一、債券市場的評級	(64)
		二、債券發行市場	(65)
		三、債券流通市場	(67)
	第三節	債券的定價與收益	(67)
		一、債券的價格	(67)
		二、久期與凸性	(72)
		三、債券的收益	(73)
		四、利率期限結構	(75)
		五、利率風險結構	(76)
小結			(76)
重要概念提示			(77)
復習思考題			(77)

第四章 股票市場 (78)

	第一節	股票市場概述	(79)
		一、股票的性質和特徵	(79)
		二、股票的種類	(80)
	第二節	股票市場的運行	(82)
		一、股票的發行市場	(82)
		二、股票的流通市場	(87)
	第三節	股票的價格與收益	(95)
		一、股票的理論價格	(95)
		二、影響股票價格的因素	(98)
		三、股票價格指數	(101)
		四、世界上幾種重要的股價指數	(102)
		五、股票的收益	(103)
小結			(105)
重要概念提示			(106)

復習思考題 ……………………………………………………… (106)

第五章　證券投資基金市場 ………………………………………… (107)
　第一節　證券投資基金概述 ………………………………………… (107)
　　一、證券投資基金的概念 ………………………………………… (107)
　　二、證券投資基金的特點 ………………………………………… (108)
　　三、證券投資基金的當事人 ……………………………………… (109)
　　四、證券投資基金的分類 ………………………………………… (110)
　第二節　證券投資基金的運作機制 ………………………………… (120)
　　一、證券投資基金的發行 ………………………………………… (120)
　　二、證券投資基金的交易 ………………………………………… (122)
　第三節　證券投資基金的利潤、費用及績效評價 ………………… (124)
　　一、證券投資基金的利潤及費用 ………………………………… (124)
　　二、證券投資基金的績效評價 …………………………………… (127)
　小結 …………………………………………………………………… (130)
　重要概念提示 ………………………………………………………… (131)
　復習思考題 …………………………………………………………… (131)

第六章　外匯市場 ……………………………………………………… (132)
　第一節　外匯市場概述 ……………………………………………… (132)
　　一、外匯與匯率 …………………………………………………… (132)
　　二、匯率決定理論 ………………………………………………… (136)
　　三、影響匯率的因素 ……………………………………………… (138)
　第二節　外匯市場的構成 …………………………………………… (139)
　　一、外匯市場的含義 ……………………………………………… (139)
　　二、外匯市場的參與者 …………………………………………… (140)
　　三、外匯市場交易的三個層次 …………………………………… (141)
　　四、當代外匯市場的特點 ………………………………………… (142)
　　五、世界主要外匯市場 …………………………………………… (144)
　第三節　外匯市場的交易方式 ……………………………………… (146)
　　一、即期外匯交易 ………………………………………………… (146)
　　二、遠期外匯交易 ………………………………………………… (147)

三、掉期交易 …… (151)
　　　四、套匯交易 …… (152)
　　　五、套利交易 …… (153)
　　　六、外匯期權交易 …… (154)
　小結 …… (155)
　重要概念提示 …… (156)
　復習思考題 …… (156)

第七章　黃金市場 …… (157)
　第一節　黃金市場的發展 …… (157)
　　　一、世界黃金市場 …… (157)
　　　二、中國黃金市場 …… (164)
　　　三、黃金市場的分類 …… (166)
　第二節　黃金交易 …… (167)
　　　一、黃金市場的構成 …… (167)
　　　二、黃金的交易方式 …… (169)
　第三節　黃金價格 …… (171)
　　　一、黃金價格的種類 …… (171)
　　　二、世界黃金價格變動概述 …… (171)
　　　三、影響黃金價格的因素 …… (172)
　小結 …… (174)
　重要概念提示 …… (175)
　復習思考題 …… (175)

第八章　金融衍生工具 …… (176)
　第一節　金融衍生工具概述 …… (176)
　　　一、金融衍生工具的概念及特徵 …… (176)
　　　二、金融衍生工具市場的參與者 …… (177)
　　　三、金融衍生工具的分類 …… (177)
　　　四、金融衍生工具的功能 …… (178)
　第二節　金融遠期與期貨市場 …… (179)
　　　一、金融遠期合約的概念 …… (179)

二、金融期貨的概念 …………………………………………… (179)
　　　三、金融期貨市場的交易制度 ………………………………… (181)
　　　四、金融期貨市場的分類 ……………………………………… (181)
　第三節　金融期權市場 …………………………………………… (185)
　　　一、金融期權合約的概念 ……………………………………… (185)
　　　二、金融期權的分類 …………………………………………… (187)
　　　三、金融期權的價格決定與損益 ……………………………… (187)
　第四節　其他金融衍生工具市場 ………………………………… (190)
　　　一、認股權證 …………………………………………………… (190)
　　　二、可轉換公司債券 …………………………………………… (191)
　　　三、融資融券業務 ……………………………………………… (192)
　小結 ………………………………………………………………… (197)
　重要概念提示 ……………………………………………………… (198)
　復習思考題 ………………………………………………………… (198)

參考文獻 …………………………………………………………… (199)

復習思考題參考答案 ……………………………………………… (200)

第一章 金融市場概述

學習目標

在這一章中，我們將討論金融市場的概念和分類、金融市場的構成、金融市場的形成和發展以及金融市場的功能和作用。完成本章的學習后，你應該能夠：

1. 掌握金融市場的內涵。
2. 對直接融資和間接融資進行比較分析。
3. 瞭解金融市場的分類方法。
4. 熟悉金融市場的構成要素。
5. 闡述金融市場的發展趨勢。
6. 分析金融市場的功能和作用。

學習的重點和難點

1. 金融市場的內涵及構成。
2. 金融市場的發展趨勢、形成原因和具體表現。
3. 從整個經濟運行角度理解金融市場的功能。

第一節 金融市場的概念及分類

一、金融市場的概念

（一）金融市場的內涵

一方面，企業、居民和政府參與經濟活動通常需要籌集資金。舉例來說，某家庭需要50萬元人民幣購置房產，而他們現在的儲蓄只有20萬元，他們要怎樣才能籌集到另外的30萬元呢？甲汽車公司發現乙地有良好的汽車市場，於是決定在乙地投資20億元人民幣建立一個汽車基地，但公司一下子又拿不出這麼多錢，這樣，公司就必須在金融市場上籌集這筆資金。某市政府需要20億元人民幣投資修建地鐵。國家修建大型水利設施如三峽工程但資金不足，等等。諸如此類的問題，都需要通過金融市場來解決。

另一方面，有些居民或企業的收入大於目前的支出，這樣就產生了可用於投資的資金。如某電力公司擁有1000萬元的超額資金；某人一年有50萬元的固定收入，但他/她一年的支出只有15萬元。他們很希望能夠進行投資，以使資金增值而不是白白

放在那裡。這些也都需要金融市場來解決。

金融市場就是把需要籌款的居民和企業同有多餘資金需要投資的居民和企業聯繫起來。它是在金融工具演變成金融產品之後，建立在金融產品買賣基礎上的融資場所、融資機制和多種金融活動的綜合市場體系。金融市場的參與者通過交易把資金在當前和未來之間進行分配。其參與者包括：個人（家庭）、非金融企業、政府、中央銀行、各類商業性金融機構等。

在現代經濟條件下，如果要給金融市場一個通用的、具有廣泛意義的概念，那就是金融商品買賣的場所。對此應當從三方面來理解：首先，金融市場的交易對象是同質的金融產品，即貨幣以及比較容易轉化為貨幣的金融工具如債券、股票等。其次，金融市場的參與雙方是資金的供給者和需求者，前者有盈餘的資金而後者資金不足。交易雙方不再是像現貨交易一樣的單純買賣關係，而是建立在信用基礎上的、一定時期內對資金使用權的有償轉讓。最后，金融市場不受固定場所、固定時間的限制。隨著現代通信手段的發展和計算機網路的普及，越來越多的金融交易借助於無形市場，在瞬間便可以完成。因此我們可以這樣說，金融市場是辦理各種票據、有價證券和外匯買賣以及同業之間進行貨幣借貸的場所。

另外，金融市場和商品市場或其他市場一樣，是供求雙方討價還價並最終確定金融工具價格的地方。因此，金融市場不僅是交易的場所和機制，也是確定金融工具價格的場所和機制。

(二) 金融市場的融資機制

金融市場的融資活動可以分為直接融資和間接融資兩種方式。

1. 直接融資

直接融資是資金的最終供求雙方直接見面，不通過其他金融仲介機構介入的一種資金融通方式。資金盈餘單位通過在金融市場上購買資金赤字單位發行的直接證券來完成資金的融通，其所買的直接證券包括非金融機構、政府、工商企業或個人所發行或簽署的公債、國庫券、債券、股票、抵押契約、借款合同以及各種形式的票據。直接融資的過程就是資金供求雙方通過直接協議或在公開市場上買賣直接證券的過程，如圖1-1所示。

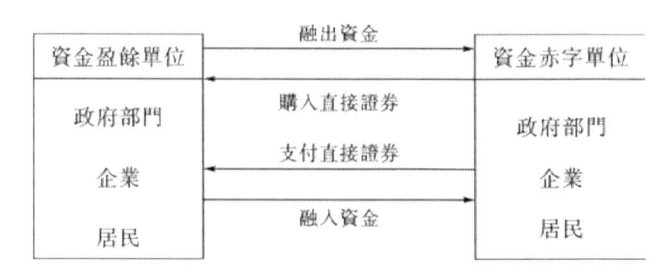

資金盈餘單位		資金赤字單位
政府部門 企業 居民	←融出資金— →購入直接證券— ←支付直接證券— —融入資金→	政府部門 企業 居民

圖1-1　直接融資過程

直接融資具有以下作用：

（1）擴大社會資金的活動範圍，通過利益機制的誘導，把資金用於效益較高的投資項目。

盈餘單位選擇直接融資形式轉移「盈餘」，是為了謀求較高的收益。直接融資相對於間接融資而言，風險較大，收益較高。因此，直接融資對於傾向於冒風險的投資者來說，具有更大的吸引力。企業選擇直接融資，是為了在銀行貸款之外另尋資金來源，以求更為自由地營運資金，打破資金的壟斷。為保證自己的盈利水平和償付融出資金者的收益，企業對其投資決策做出充分的估計。只有那些投資效益好、收益率高的企業才傾向於通過直接融資解決資金不足的問題。而那些投資效益差、瀕臨破產的企業則往往不能夠通過直接融資來解決資金困難。

（2）通過直接融資籌集的資金期限長，穩定性高，便於融資者長期使用。

直接融資籌集的資金統籌是長期的且期限固定，不能提前支取，這樣避免了資金流動的隨意性，使資金的運用相對穩定可靠。

資金供求雙方聯繫緊密，有利於資金的快速合理配置和提高使用效率。因為資金供求間構成直接的債權債務關係，將債務人的資金使用狀況與債權人的利益緊密結合在一起，債權人會特別關注和支持或監督債務人的經營活動，債務人面對直接的債權人有很大的壓力，這就有利於資金使用效率的提高。

但直接融資也有其局限性，主要表現在：

①資金供求雙方在數量、期限、利率等方面所受的限制比間接融資更多。

②直接融資的便利程度及其融資工具的流動性均受金融市場的發達程度制約。

③對資金供給者來說，直接融資的風險比間接融資大得多，需要直接承擔投資風險。

2. 間接融資

間接融資是指最終的資金供給方通過金融仲介機構來完成向最終的資金需求方融出資金的過程。資金供給方將多餘資金先提供給金融仲介機構，再由這些金融仲介機構將資金提供給資金需求方。在這種方式下，金融仲介機構發揮了重要作用，它通過發行間接證券來從資金供給方融入資金，再通過購買資金需求方發行的證券來提供資金，如圖1-2所示。充當資金融通仲介的機構可以是商業銀行、保險公司、信託公司、投資公司和互助基金等，其發行的間接證券包括銀行券、銀行票據、可轉讓存單、人壽保單、金融債券和各種借據等金融證券。

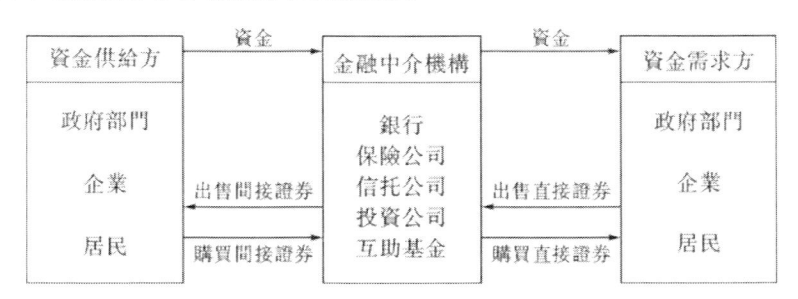

圖1-2 間接融資過程

間接融資的作用體現在以下幾個方面：
(1) 減少融資風險

市場經濟中的任何投資都具有一定的風險，資金供給方將手中的「盈余」借給他人使用所承擔的風險是很大的。通過金融市場進行直接融資可以減少風險，但由於每個資金供給方的「盈余」是有限的，所能購買的直接證券種類也是有限的。一般而言，盈余越少，通過金融市場分散投資、減少風險的可能性就越小。但是，通過金融機構進行間接融資卻可以把千家萬戶的「盈余」集中起來，投資於不同性質的金融證券，將風險減至最低。

分散投資之所以能減少風險，在於影響各種證券收益的因素不同。某一因素會使甲證券價格下跌，卻不一定使乙證券的價格也下跌。比如，石油降價會使石油生產企業的收益減少，但石油消費企業的收益卻會因此而增加。假如一種證券價格的下跌恰好被另一種證券價格的上漲所抵消，即兩種證券收益變化具有完全負相關的關係，那麼，金融資產的多樣化，可把金融投資的風險降到最小，所以投資於不同證券，可以減少總投資的風險。集中的資金越多，投資越分散，則總投資的風險就越小。所以，即使金融市場非常發達，以保證本金安全為首要目標的儲蓄者，仍傾向於通過金融機構進行間接融資。

(2) 降低融資成本

融通資金要支付一定的費用。第一，對借款人作資信調查和研究分析市場動向，收集這些信息情報、取得相應的專業化知識都要付出時間和費用。第二，購買、持有和銷售證券需要相當的費用，即通常所說的交易佣金、經紀人的佣金和買賣證券的其他費用，按百分比計算與交易的金額成反比變化。第三，資金分散投資需要較高的費用，投資於多種證券能夠減少總的風險，但如果資金有限而購買多種證券，支付的交易費用卻很高。第四，為保持資產的流動性需要較多的費用，任何人都需要一定的流動資產以備不測之用。比如，持有本金無收益，購買短期證券，收益較低；而購買長期證券，則要承擔較大的市場風險和交易費用。

利用金融機構，通過間接融資，可以匯聚小額資金，獲得專業化和規模經營所帶來的成本節約，從而極大地降低了融資成本。

間接融資的局限性主要有兩點：

①割斷資金供求雙方的直接聯繫，減少了投資者對資金使用的關注，降低了對籌資者的壓力。

②金融機構要從經營服務中獲取收益，從而增加籌資者的成本，減少投資者的收益。

在金融發展的歷史上，直接融資活動先於間接融資活動出現，間接融資是在直接融資的基礎上發展起來的，而間接融資的發展又極大地促進了直接融資的發展。在現代市場經濟中，直接融資與間接融資並行發展，相互促進。它們在充分發揮自身優點的同時，也相互彌補了各自的局限性。因此，對直接融資和間接融資必須給予同樣的關注和重視。

二、金融市場的分類

在金融市場上，各種金融交易的對象、方式、條件、期限等都不盡相同。為了更加充分地瞭解金融市場，需要對之加以分類。

1. 按交易期限劃分

按償還期的長短，金融市場可分為交易短期金融工具的貨幣市場（Money Market）和交易長期金融資產的資本市場（Capital Market）。

貨幣市場是進行短期資金融通的場所，一般融資期限在一年以內，比如短期存單、票據、貨幣頭寸和國庫券等。其資金主要用於短期週轉，解決市場主體的臨時性、短期性資金需求。這類金融工具償還期限短、流動性較高、風險較小，通常在流通領域起到貨幣的作用，故而這類場所被稱為貨幣市場。

資本市場是進行長期資金融通的場所，一般融資的期限在一年以上，長的可達數十年，比如長期債券、股票、長期借貸等。長期資金多用於企業的創立、設備的更新以及戰略性的投資等，政府的中長期公債則用於大型基礎性的投資以及其他的經濟建設項目。這類資產的償還期限長、流動性較低，因而風險較大，但可以給持有者帶來定期收入。

2. 按交易仲介劃分

按金融交易仲介商作用的不同，金融市場可以劃分為直接金融市場和間接金融市場。

直接金融市場是指資金供給者直接向資金需求者進行融資的市場。最有代表性的直接融資方式是企業通過發行債券和股票的方式進行的融資。

間接金融市場是指以銀行等信用仲介金融機構為媒介，來進行資金融通的市場，例如存貸款市場。在間接金融市場上，資金所有者將資金貸放給銀行等信用仲介，再由信用仲介機構轉貸給資金需求者。不論這筆資金最後歸誰使用，資金所有者的債權都只是針對信用仲介機構而言，對資金的最終使用者不具任何權利要求。

值得注意的是，直接金融市場和間接金融市場的差別並不在於是否有金融仲介機構介入，而在於仲介機構在這裡所扮演的角色和所起的作用。在直接金融市場通常也有仲介機構的介入，但這時這些機構並不是資金的仲介，而多數充當信息仲介和服務仲介。

3. 按交割方式劃分

按照金融交易中交割的方式和時間的不同，金融市場可以分為現貨市場和期貨市場。

在現貨市場上，買賣雙方必須在成交後的若干個交易日（通常是兩天）以內辦理交割，錢貨兩清。

在期貨市場上，交易達成后，交易雙方並不立即進行交割，而是在合同規定的一定時間以後才進行交割。交割時，不論市場價格變化如何，雙方都必須按照成交時的協定價格進行。

4. 按交易程序劃分

按照交易程序的不同，金融市場可以劃分為發行市場和流通市場。

發行市場又稱為一級市場，是投資銀行等證券經營者承銷政府和公司新發行證券的市場，是證券或票據等金融工具最初產生的市場。證券的發行是證券買賣、流通的前提。證券發行者與證券投資者的數量多少，是決定一級市場規模的關鍵因素。

流通市場又稱為二級市場，是各種證券和金融工具流通和轉讓的市場。金融資產的持有者需要資金時，可在二級市場出售其持有的金融資產，將其變現。想要進行投資卻並未進入一級市場的，可以在二級市場上購買金融資產。二級市場上買賣雙方的交易活動，使得金融資產的流動性大大增強，促進了經濟的繁榮。值得注意的是，雖然企業的融資需求是在一級市場上實現的，但由於只有二級市場才賦予金融資產以流動性，故二級市場的規模和發展程度也是衡量金融市場發達與否的重要標誌。

5. 按交易的標的物劃分

按金融交易的標的物，即金融資產的種類的不同，金融市場可以劃分為股票市場、債券市場、外匯市場、黃金市場、保險市場等。

股票是股份有限公司發行的可以證明股東在公司中擁有權益的一種股權憑證，是一種能夠給持有者帶來收益的有價證券，是資本市場上重要的金融商品或金融工具。股票的發行和流通，構成了股票市場。

債券是一種載明期限、利率的債務契約憑證。按其期限，債券可劃分為一年期以內和一年期以上兩大類，前者可統稱為短期債券，后者可稱為長期債券。

外匯市場是專門買賣外匯的場所，從事各種外幣或以外幣計價的票據及有價證券的交易。外匯市場實際上是由各國中央銀行、外匯銀行、外匯經紀人和客戶組成的外匯經營網路以及由他們形成的外匯買賣關係的總和。

黃金市場是專門集中進行黃金等貴金屬買賣的交易場所。儘管隨著時代的發展，黃金的非貨幣化趨勢越來越明顯，但是黃金作為國際儲備工具之一，在國際結算中仍佔有重要地位，黃金市場依然被視為金融市場的組成部分。

保險市場從事因意外災害事故所造成的財產和人身損失的補償，它以保險單和年金單的發行和轉讓為交易對象，是一種特殊形式的金融市場。

此外還有租賃市場、典當市場、抵押市場等。

6. 按交易場地劃分

按有無固定交易場地，金融市場可劃分為有形市場和無形市場。有形市場是指具有固定交易場所的市場，一般指證券交易所、期貨交易所等固定的交易場所。無形市場則是指在證券交易所外進行的金融資產交易的總稱，本身沒有固定的交易場所，市場的含義在這裡僅僅體現出「交易」的含義。無形市場上的交易一般通過現代通信工具在各金融機構、證券商和投資者之間進行。它是一個無形的網路，金融資產可以在其中迅速轉移。在當代世界，大部分的金融交易均在無形市場上完成。

7. 按金融市場作用的範圍劃分

按金融的融資地域和交易雙方的地理距離的遠近，金融市場可以劃分為國內金融市場和國際金融市場。

國內金融市場是指金融交易的作用範圍僅限於一國之內的市場，它除了包括全國性的以本幣計值的金融資產交易市場之外，實際上還包括了一國範圍以內的地方性金融市場或區域性金融市場。國際金融市場是指各種國際金融交易的場所，大多數都沒有固定的交易地點，屬於無形市場。國際金融市場的交易由眾多經營國際貨幣金融業務的機構參與，這些機構通過現代化的通信方式，進行各種跨越國境的金融交易。離岸金融市場是一種開放程度較高的國際金融市場，它是非居民之間從事國際金融業務的場所。它往往不受市場所在國法規的管轄，並可享受稅收優惠，資金出入境自由。這一市場的出現，縮小了國際金融市場之間時空上的距離，大大推動了國際金融業務的發展，但也有可能對有關國家造成一些負面影響。

第二節　金融市場的構成

一、交易主體

金融市場的基本功能在於將資金從盈餘者手中轉移到短缺者手中，因此對金融市場而言最重要的組成要素就是金融市場的主體，即參與金融市場的交易雙方。金融市場的交易主體由居民、非金融企業、政府以及金融機構四大部門構成，它們是市場上資金的供應者和需求者。

1. 居民

金融市場上絕大多數資金來源於居民的儲蓄。居民的收入在扣除消費以後出現結餘，便形成儲蓄。為了保證資金的安全及謀利，居民儲蓄大部分不會表現為現金方式，而會選擇合適的金融資產投資。他們或直接參與金融市場活動，或通過銀行或保險公司等金融機構的融資活動，間接為金融市場供應資金。居民作為金融市場的交易主體，具有兩個明顯特點：其一，它是金融市場資金的淨供給者，在金融市場上，居民幾乎總是以投資者的身分出現，即以購買金融商品的方式向市場貸出資金；其二，居民從事金融商品買賣活動的動機完全是追求個人經濟利益，在金融資產的流動性、盈利性、風險性之間進行權衡和選擇，其目的是獲取盈利。

2. 非金融企業

非金融企業是金融市場上首要的、大宗的資金需求者，同時也是資金供給者。在企業生產經營活動中，有時會出現暫時不用的流動資金和后備基金，提留折舊和盈利也會形成暫時儲蓄，這部分資金進入金融市場進行證券投資，形成資金的供給。但是，企業的生產經營性質決定了這些閒置資金大都屬於更換設備、擴大生產規模的支付準備，可能隨時被動用，當企業有生產支出的需要時，這些資金應退出金融市場。因而，企業在暫時運用閒置資金時，主要是購買流動性強、安全性高的短期證券，即成為貨幣市場的臨時資金供應者。同向市場提供的資金數量相比較，企業從金融市場上籌集的資金數量要大得多。企業在創業或擴大生產規模時所需的長期資金，主要是通過在市場出售股票、債券籌集；而營運過程中所需短期流動資金在難以從銀行貸款得到滿

足時，也大都通過向市場出售商業票據融入。所以，非金融企業是市場的資金淨借入者，以資金需求者的身分活躍於貨幣市場和資本市場。

3. 政府

政府作為金融市場的交易主體，充當著雙重角色。其一是作為資金的需求者和供應者，其二是作為市場的調節者。政府為彌補財政收支赤字，或為了某些特定項目的公共工程籌集建設資金，會充分利用政府良好的信用在金融市場上發行政府債券籌集資金。與非金融企業的情況相似，政府通常居於淨借款人的地位。政府部門也會向金融市場提供資金。其途徑之一是對原有負債的償還，償還債務的資金很大部分會被重新投入金融市場。當財政的收入超過支出的時候，還可能出現對負債提前償還的情況。另一個提供資金的途徑則表現為政府通過中央銀行對市場進行干預和調節，中央銀行參與金融商品交易，其目的是實施貨幣政策和維護金融市場的穩定，而非籌集資金或牟取收益。

4. 金融機構

金融機構是直接開展金融業務的市場主體，也是金融市場上最活躍的市場主體。它們對金融活動的參與，決定了它們既是資金的需求者，也是資金的供應者。一般來講，金融機構可以分為存款性金融機構與非存款性金融機構，前者包括商業銀行、儲蓄銀行、信用合作社等，後者包括保險公司、證券公司、證券投資基金等。我國的金融機構主要有商業銀行、保險公司、信託投資公司、證券公司、證券投資基金、財務公司等。這些金融機構在金融市場上起著仲介機構的作用，它們通過開展金融業務，不斷將社會閒置資金匯集起來，轉換為生產所需資金，因此，金融機構在金融市場的運行中起著核心作用。

二、金融工具

金融市場上資金的融通和轉移，是以金融工具為載體的。金融工具實際是一種具有法律效力的書面契約，它明確規定了融資雙方各自的權利和義務，代表著一定的資金融通關係。一種金融工具，對於發行人來講，一般代表對他人的債務，通過發行金融工具達到融進資金的目的；而對於工具的持有人來說則是一種金融資產，以融出資金為代價獲得一定的收益。不同的金融工具，反應著不同的融資關係和性質，適應不同的融資需要。金融工具的不斷創新和發展吸引了越來越多的投資者，同時不斷將儲蓄引向投資。

1. 金融工具的種類

按融資關係的不同，金融工具可分為股權類和債權類兩類工具。前者以股票為代表，股份公司通過發行股票籌集資金，購買者通過持有股票而成為公司的股東並擁有公司所有權。後者以各種債券和其他票據為代表，債券發行人和債券持有人之間構成了債權債務關係，債券發行人通過債券籌集資金並承擔到期還本付息的債務責任，而購買者通過持有債券，擁有了對發行公司的債權。

按金融工具的屬性劃分，金融工具可以分為基礎金融工具和衍生金融工具。基礎金融工具根據融資期限的長短又可進一步劃分為貨幣市場工具和資本市場工具。前者

包括商業票據、銀行承兌匯票、大額可轉讓定期存單、短期政府債券、回購協議等；后者包括公司債券、股票、政府債券、金融債券等。衍生金融工具是從外匯、基金、債券、股票等基礎金融資產派生出來的各種金融合約及其各種組合方式，主要包括遠期、互換、期貨、期權等品種。20世紀70年代以來，金融國際化與金融自由化浪潮的衝擊，極大地改變了國際金融環境。匯率與利率的劇烈波動，產生了對金融風險管理工具的巨大需求，在傳統的金融工具基礎上派生出來的各種衍生工具應運而生，它們主要用於分散和轉移由於基礎金融資產價格波動所帶來的價格風險。在20世紀90年代，衍生金融工具獲得了爆炸性的發展，與基礎金融工具一樣成為當今金融市場極為活躍的交易品種。

2. 金融工具的性質

金融工具種類繁多，各具特點，能滿足不同投資者和融資者的要求。但任何金融工具都具有以下基本性質，即期限性、流動性、風險性及收益性。

（1）期限性

期限性是指債務人在必須償還債務前所剩餘的時間期限。除了股票以外，幾乎所有金融工具都具有明確的到期日和償還期。金融工具的償還期有兩種理解：一是指金融工具從發行到應予以償還之間的全部期限。期限在票面標明，這是金融工具自身所具有的性質，通常稱為絕對償還期。它有兩種極端：一類是無償還期限，如股票，永遠不償還本金，持股人只是定期獲得股利；另一類是償還期為零，如即期金融工具，見票即付款。二是指證券從持有到債務人必須償還前所剩餘的時間，稱為相對償還期。一般而言，證券發行者所關心的是絕對償還期，這決定其資金利用的期限和成本；而證券購買人關心的則是相對償還期，這決定其讓渡資金的時間長短和風險程度。證券償還期越長，債務人可使用資金的時間就越長、越穩定，但同時也需要付出較高的成本，對於債權人而言則意味著持有證券的風險更大。

（2）流動性

流動性是指金融工具在短時期內變現而不受損失的能力。人們在持有有價證券等金融資產的同時，將貨幣資金讓渡出去，從而失去即時支付能力，如果產生交易需要，則必須依賴金融資產的變現來保證支付，這就要求金融工具能以較高的價格迅速轉讓出去。有的雖然能夠轉讓出去，但要以較大的價格損失為代價；有的金融工具的轉讓則很困難。我們一般用金融工具的交易成本來衡量流動性的強弱，具體包括交易時間、佣金費用及價差等內容。交易成本越低，則流動性越強。一般來說，金融工具的流動性與償還期成反比，償還期越短，流動性越強；金融工具的流動性與證券發行人的資信等級成正比，發行者的信用越高，表明證券的可靠程度越高，越容易為投資者所接受，其流動性自然較高。此外，金融工具的流動性在很大程度上還取決於二級市場的成熟程度，一個交易活躍、制度健全、設施先進的流通市場，能夠降低交易成本，從外部提供金融工具的流動性。

（3）風險性

風險性是指投資證券達不到預期收益或遭受損失的可能性。由於買賣金融工具的實質是貨幣資金的讓渡，對於投資者而言是用現在的貨幣資金和未來的貨幣資金進行

交換，而未來能夠獲得的貨幣資金是不確定的，也就產生了遭受損失的可能性，即風險。因此，風險的存在是所有金融工具的基本屬性。金融工具的風險分為系統性風險和非系統風險兩部分。系統性風險是指某種因素對市場上所有金融工具都會帶來損失的可能性，這種風險無法分散和規避，如市場風險、通貨膨脹風險等；非系統風險是指某種因素對部分金融工具造成損失的可能性，它可以通過分散投資和多樣化選擇予以規避，如信用風險、經營風險等。一般來講，金融工具的風險性與償還期成正比，與流動性成反比，與債務人的信用能力成正比。

(4) 收益性

收益性是指投資者因轉讓資金所有權或使用權、持有金融工具而相應獲得回報。金融資產不同，其收益的表現形式也不同，主要包括定期支付的利息、股利，稱為常期收益或基本收益，價格變動產生的價差收益，稱為資本增值或資本利得。金融工具的收益性與償還期、風險性、流動性存在著密切關係。償還時間越長，表明資金讓渡時間越久，資金時間價值越大，所獲收益就越高。償還期越長，收益的不確定性因素越多，發生逾期收益不能實現的可能性就越大，持有者當然要求較高的風險報酬。流動性越強，人們的接受意願越強，金融工具可以在較高價格即支付較少收益的情況下轉讓出去；反之，則必須提高金融工具的收益能力以作為犧牲流動性的補償才能使人們願意接受。風險性與收益性存在正向關係，因為人們總是力圖迴避風險，風險較大的金融工具必須以支付較高的風險預期報酬為條件，吸引購買者。所以一般而言，金融工具的收益性與償還期、風險性成正比，與流動性成反比。

三、金融仲介機構

金融仲介機構是指為資金融通提供媒介服務的專業性機構或取得專業資格的自然人。金融仲介在市場上發揮著媒介資金融通、降低交易成本、減少信息不對稱以及構造和維持市場運行等作用。

金融市場的仲介機構有狹義和廣義之分。狹義的金融仲介通過直接開展金融業務來進行資金融通，如短期融資公司、投資銀行、證券投資基金等；廣義的金融仲介還包括一些服務於資金融通活動的專業機構，如會計師事務所、資產評估事務所、律師事務所、資信評級機構等。這裡，我們著重介紹一下狹義的金融仲介機構。

1. 短期融資公司

短期融資公司是貨幣市場上從事短期金融交易的仲介機構，在貨幣市場上起著十分重要的作用。短期融資公司的業務通常包括：①同業拆借資金交易。短期融資公司從事同業拆借資金交易業務有兩種不同方式。一種是擔任無擔保的資金拆借仲介，短期融資公司在資金拆借雙方的交易過程中充當單純的仲介人，它不承擔融資風險，只是交易媒介並收取一定比例的手續費；另一種是擔任有擔保的超短期資金拆借仲介，短期融資公司通常採取買斷的方式，分別與貸方金融機構或借方金融機構進行直接交易，從中獲取利差收益。②票據買賣交易。短期融資公司通過不斷向金融機構買進和賣出各種優良的商業票據、銀行承兌匯票等，調劑金融機構之間的資金餘缺。③短期的政府債券交易。短期融資公司通常允許經營短期政府債券，作為政府債券發行的仲

介人，向政府承購債券，再轉讓給金融機構及大的機構投資者。

在發達的資本主義國家，短期融資公司在貨幣市場上發揮著重要的作用。但在我國，目前受貨幣市場欠發達的局限，貨幣市場的仲介機構也很不發達。

2. 投資銀行

投資銀行是資本市場上最主要的仲介機構，專門從事證券經營業務。投資銀行從事的業務種類很多，從一級市場上承銷證券到所有的資本市場業務，都屬於投資銀行的經營範圍。具體來講，投資銀行從事的主要業務有：證券承銷、證券經紀、證券自營、資產管理、兼併收購、風險投資、金融衍生工具以及投資諮詢服務等業務。在不同國家，投資銀行的表現形式不同，我國的投資銀行以證券公司為主體。

代理證券發行、代理證券交易以及自營證券，是投資銀行的傳統經營業務。在發行市場上，投資銀行幫助證券發行人確定籌資計劃，進行市場調查和推銷證券；在交易市場上，投資銀行作為經紀人，傳遞投資者的交易指令代理買賣；自營買賣則是投資銀行以自有資金參與證券市場交易，從證券買賣價差中賺取利潤，同時承擔交易價格風險。

兼併與收購是投資銀行近年來發展迅速、收益較高的業務。20世紀80年代以來，隨著全球兼併浪潮的高漲，證券市場上的併購行為日益頻繁，投資銀行的業務越來越多地涉入企業的併購活動。因為企業併購涉及的交易金額巨大，市場價值評估難度較高，交易過程複雜多樣，要求專業性仲介機構介入。投資銀行利用其豐富的資金和技術優勢，為收購公司或被收購公司尋找交易對手、策劃收購方案、提供必要的資金保障，極大地促進了併購的效率。

資產管理業務也是今年來投資銀行發展非常迅速的業務之一。隨著金融市場上交易產品的增多以及投資者參與金融交易積極性的增強，投資銀行利用自身的專業優勢，設立專門機構來管理投資者的金融資產，為投資者提供的理財服務越來越受歡迎。一些大的投資銀行甚至設計出許多細分化、精細化和量身定做的產品來滿足不同投資者的需求。

金融衍生工具業務是投資銀行的新型引申業務。創新一直是投資銀行競爭力的核心，競爭的日益激烈改變了客戶與投資銀行之間穩定的緊密聯繫的狀況。為了吸引客戶，投資銀行只有不斷開發出新的業務品種，才能保持對客戶的吸引力，提高證券市場的流動性。

研究及諮詢服務是投資銀行的技術核心。投資銀行一般設有研究部門，通過收集、分析和整理市場信息，寫出研究報告以供公司和投資者參考。現在，越來越多的投資銀行研究部門獨立出來，為特定的企業、機構投資者及個人提供有關宏觀經濟情況及對某一行業發展狀況的分析、上市公司及市場行情變動趨勢，協助擬訂資產管理計劃，收取相應的諮詢服務費。

四、監管機構

金融監管是指一國的金融當局或非官方性質的監管部門對金融機構以及各種金融活動實施監督和管制的行為。由於金融市場品種眾多、參與程度廣泛、交易規模巨大、

價格波動劇烈，對社會經濟發展影響強烈，因此，各國政府都對本國金融市場實行嚴格監管。金融市場的監管目標是保護投資者的利益，維護良好的金融市場環境，從而促進社會經濟的穩定和發展。

金融市場的監管機構可以分為兩類：一類是由政府授權的公共機構，另一類是非官方性質的自律機構。政府監管機構是在法律賦予的範圍內實施監管，其管理行為帶有一定的強制性，其監管的手段包括行政手段、經濟手段和法律手段等。自律機構是由本行業從業機構自發建立的社會法人團體，主要依據行業準則和職業操守等對本行業的機構和從業人員進行規範和約束，其管理的手段主要依靠監督、教育和一定的經濟手段，實施監管的強制力較弱。不同國家實行不同的監管體系，因此監管機構的設置也不同。分業管理的國家對銀行、保險、證券等部門設立不同的監管機構，如美國、中國。集中管理的國家設立統一監管機構對金融市場進行管理，如英國。金融監管的對象是指從事金融活動的一切金融機構、非金融企業和個人，以及相應的金融行為。金融監管的內容一般包括對金融機構市場准入、業務營運和市場退出等方面的監管，以及對各種金融活動的監管，比如證券的發行、證券的交易、兼併與收購等。

第三節　金融市場的產生和發展

一、金融市場的產生

金融市場是現代信用制度的產物，其形成要求有發達的商品經濟、多樣化的信用方式及金融機構的存在等制度條件。

金融市場是市場經濟發展的產物，其形成有特定的歷史條件與經濟規律。在商品生產和商品交換的長期發展過程中，貨幣逐漸擔當起一般等價物的功能，最初的以物易物的交易逐漸發展成商品貨幣經濟。應該指出，金融市場的形成必須以金融市場的主體、金融市場的客體和實際的交易活動為要件。因此，早期的金融市場受信用制度和信用工具的制約，其交易範圍和深度都十分有限。后來，隨著社會化大生產的發展，金融交易主體的需求日漸強烈，加之信用制度不斷完善，產生了多種多樣的融資方式和融資工具，這些融資方式和融資工具的頻繁運用和流通，使得商品貨幣經濟進一步發展為發達的信用經濟。隨著信用在經濟活動中的廣泛介入，以銀行業為主導的各種金融機構組織自然發展起來，逐步形成了更大規模的金融市場。

首先，以現代銀行業為核心的金融體系的發展，形成了現代金融市場的基本架構。在商品經濟中，最早的信用形式表現為高利貸等私人借貸，但私人借貸動員的資本效率有限，而且缺乏規範的制度保證使這種信用形式的運用受到較大的局限。隨著資本主義生產關係的確立，各種工商企業大量產生，信用形式進一步發展，產生了企業與企業間的商業信用。然而商業信用的範圍、規模仍然較小，難以滿足開展國際貿易的需求，貨幣兌換業應運而生；隨著貨幣兌換經營業務的不斷擴大，貨幣兌換商經營單一的貨幣兌換業務已不能適應當時的需要，就逐步演變為經營多種金融業務的銀行。

最早的銀行誕生於1580年的威尼斯，隨後米蘭、阿姆斯特丹、漢堡等城市相繼設立了銀行。銀行作為進入市場的主體和仲介，對金融市場的發展起到了巨大的推動作用。銀行通過將零散、小額資金集中起來運用，提高了資金供應規模和融資效率。銀行信用與商業信用形式的結合，也進一步促進了信用形式的創新和發展。

其次，股份公司的出現、股票、債券的發行與流通，是促進證券市場成立和發展的最大動力。股份公司是一種用發行股票和債券的方法向社會公眾籌集資本、舉辦企業的新型企業組織形式。商品經濟發展到一定程度后，資本家自身的資本累積已經跟不上資本主義現代化大生產的發展需要，客觀上就產生了需要許多個人資本入股合在一起形成大額資本的要求，於是，股份公司應運而生。17世紀上半葉，歐洲各國先後出現了業務經營較為穩定的股份公司，1602年荷蘭成立了東印度股份公司，隨後英國、法國等也先後建立了類似的股份公司。股份公司的大量出現，促進了證券市場的形成。1613年，一些商人在荷蘭的阿姆斯特丹開展股票交易，成立了世界上第一個證券交易所；1724年，法國設立了巴黎證券交易所；1773年，英國成立了倫敦證券交易所；美國於1792年成立了紐約證券交易所，美國的證券交易以政府債券為開端，證券市場得到了迅速發展。

最後，信用形式的多樣化，促進了金融市場工具的多樣化。伴隨著資本主義經濟的發展，信用形式也由單一的商業信用逐步發展為銀行信用、國家信用、國際信用和消費信用等多種信用並存。信用形式的多樣化，帶來了信用工具的多樣化，股份公司制度與信用制度聯繫起來以後，產生了公司債券這一融資工具；同時，隨著資本主義的發展，政府職能日益增強，公債制度得到極大發展，政府債券成為財政收入的重要來源。各種各樣的票據、債券、股票等金融市場工具不斷湧現，為金融市場的形成奠定了物質基礎，也使金融市場功能更加齊全，運轉更加靈活。

由於金融市場中的貨幣市場和資本市場經濟功能有所不同，因此，這二者在不同的經濟時期具有不同的發展速度。從國外金融市場的發展速度來看，在20世紀20年代以前，資本市場優先於貨幣市場得到發展。其後，中央銀行制度的建立以及貨幣政策調控的加強，極大地刺激了貨幣市場的發展，其表現是同業拆借市場、國庫券市場、大額可轉讓存單市場的相繼建立。20世紀60年代以後，貨幣市場在金融市場中的地位日益增強，並逐漸表現出快於資本市場的發展勢頭。

二、金融市場的發展趨勢

1. 資產證券化

資產證券化是指發起人將缺乏流動性但能在未來產生可預見的穩定現金流的資產或資產集合出售給特殊的機構（SPV），由它通過一定的結構安排，分離和重組資產的收益和風險並增強資產的信用，轉化成由資產產生的現金流擔保的可自由流通的證券，銷售給金融市場上的投資者的過程。在這一過程中，SPV以證券銷售收入償付發起人資產出售價款，以資產產生的現金流償付投資者所持證券的權益。證券化是一個複合概念。廣義的證券化是以股票、債券等證券發行作為直接融資方式，取代以銀行貸款為代表的銀行間接融資方式；狹義的證券化是指把已經形成的非證券形態的資產存量

轉變為證券資產，如把銀行已發放的貸款轉變成一種流通票據並轉讓出去形成二級資產市場。狹義的證券化即資產證券化。

(1) 資產證券化的趨勢

資產證券化的主要特點是將原來不具有流動性的融資變成具有流動性的市場性融資。資產證券化最早起源於美國，最初是儲蓄銀行、儲蓄貸款協會等機構的住宅抵押貸款的證券化，接著商業銀行也紛紛仿效，對其債權實行證券化，以增強資產的流動性和市場性。

最近幾年，資產證券化的發展出現了兩個明顯的趨勢：

第一個趨勢是大量的新品種被創造出來。證券化資產的種類已經擴展了很多品種，如汽車貸款、信用卡應收款、資本設備、商業房地產、耐用品等；既有小額債權的證券化，也有商業不動產租金收入的證券化。只要存在可預期的現金流，華爾街的金融工程師們就可以設計出數不清的證券化產品。

第二個趨勢是證券化創新的技術手段大大增強。在證券化過程中加強了資產現金流的組合，豐富了證券化品種，更加滿足投資者的不同需求。比如可將一筆債權收入分解為僅付本金（PO）和僅付利息（IO）。另外，證券化產品將抵押和其他類型的信用增級包括進來，諸如轉送證書、構造優先股、職員持股計劃、信用證和複雜的租約結構等，增強了證券的吸引力。比如說擔保抵押債券（CMO），這是將住宅抵押憑證、住宅抵押貸款等匯集起來，以此為擔保所發行的債券。其發行方式是由某個金融企業作為發行人，收購住宅抵押憑證並設立集合基金，再以此為擔保同時發行3～4組債券。發行者每月以抵押集合基金產生的資金流動為資金來源，在對各組債券支付利息的同時，只對其中的某一組債券的持有個人償還本金。發行此種債券在某種程度上是為了解決住宅抵押憑證在到期償還時現金流動不穩定的問題。最近，CMO已經被應用到垃圾債券和高槓桿銀行貸款的證券化上。

目前，資產證券化的趨勢正深入到金融活動的各個方面，不僅有傳統銀行貸款的證券化，而且經濟中以證券形式持有的資產占全部金融資產的比例也越來越大。社會資產金融資產化、融資非仲介化都是這種趨勢的反應。甚至有人認為，現代金融正由傳統的銀行信用向證券信用階段發展。在證券信用階段，融資活動以有價證券作為載體。有價證券把價值的儲藏功能和價值的流通功能集於一身，意味著短期資金可以長期化，長期資金亦可短期化，從而更好地適應了現代化大生產發展對資金調節的要求。

(2) 資產證券化的背景和原因

資產證券化之所以在20世紀80年代以來得到長足發展，主要有三方面原因：

①金融管制的放鬆和金融創新的發展。20世紀70年代以來，西方世界出現了一種經濟自由化的思潮，強調市場機制的作用，與此同時，銀行等金融機構的經營環境也發生了巨大的變化。20世紀30年代的大蕭條已經成為遙遠的過去，而經濟的「滯脹」則成為困擾西方發達國家的主要問題。這一時期，市場利率大幅波動，各類金融機構之間的競爭日趨激烈，一些以20世紀30年代經濟危機時的經驗總結為基礎制定的金融管制法規與現實經濟環境已不相適應。這樣，西方發達國家紛紛採取放鬆管制的措施，刺激本國金融業的發展。在這一過程中，金融創新起了推波助瀾的作用。金融管制的

放鬆和金融創新的發展促進了金融市場的活躍及效率的提高，從而構成了資產證券化的基礎。

②國際債務危機的出現。國際債務危機的出現導致了巨額的呆帳，一些國際性的大銀行深受債務拖欠之苦，希望通過加強資產的流動性來解決資金週轉的困難，而證券的發行無疑是途徑之一。資產的證券化，既使原有債權得以重新安排，又可使新增債權免受流動性差的困擾。因此，銀行越來越多地開始介入國際證券市場。銀行的介入又對資產的證券化起著較大的促進作用。

③現代電信及自動化技術的發展。現代電信及自動化技術為資產的證券化創造了良好的條件。一方面，隨著信息傳遞和處理技術的發展，信息的獲取成本降低。完全依賴金融機構的服務以消除借貸者之間信息不對稱的情況已有了很大變化。另一方面，交易過程中的計算機技術的廣泛使用，使數據處理成本大大下降，信息流通渠道大為暢通，從而使證券交易成本大幅度下降。另外，交易技術的改進，也為新的金融工具的開發創造了條件。這些都支持了資產證券化的發展。

2. 金融自由化

金融自由化的趨勢是指20世紀70年代中期以來在西方國家，特別是在發達國家所出現的一種逐漸放鬆甚至取消對金融活動的一些管制措施的過程。進入20世紀90年代以來，金融的自由化、全球化和金融市場的證券化表現得尤其突出，它們相互影響，互為因果，共同促進。其本質是在金融越來越成為經濟命脈的情況下，金融自由化和金融國際化使國際壟斷資本有了控制全球經濟的最重要槓桿，從而通過金融扼制，把整個世界經濟體系更牢固地置於自己的掌握之中。金融自由化弱化了經濟弱勢國家的經濟主權，使金融機構被國際壟斷資本控制，金融安全無保障，經濟危機不可避免。

（1）金融自由化的主要表現

①減少或取消國與國之間對金融機構活動範圍的限制。這是直到現在為止金融業務活動全球化的最重要推動因素之一。國與國之間相互開放本國的金融市場，允許外國銀行等金融機構在本國經營和國內金融機構一樣的業務，給予外國金融機構國民待遇，使國際金融交易非常活躍，金融的全球化進程大大加快。

②對外匯管制的放鬆或解除。英國已於20世紀70年代末取消了外匯管制，法國和日本也隨後逐漸地予以取消。美國在外匯管制較為寬鬆的情況下，於1990年又取消了對外資銀行帳戶的某些限制。外匯管制的放鬆或取消，使資本的國際流動進程大大加快，促進了國際金融的一體化。

③放寬金融機構業務活動範圍的限制，允許金融機構之間的業務適當交叉。在西方國家，除了少數實行全能銀行制度的國家如德國、奧地利、瑞士等外，絕大多數國家都在20世紀30年代經濟危機經驗教訓的基礎上，建立起嚴格的分業經營制度，即銀行業務和證券業務的嚴格分離。但這一管制措施在20世紀70年代末期以來已經有緩和的趨勢，特別是進入20世紀80年代後期以來，由於各國間金融競爭日趨激烈，金融國際化進程加快，各國為了搶佔國際金融市場，提高本國金融機構在國際金融競爭中的地位，這些限制已大為放寬。

④放寬或取消對銀行的利率管制。美國已經取消了Q項條例所規定的銀行存款利

率上限，其他一些主要發達國家也紛紛步其后塵，這導致了銀行領域內的自由化的快速發展。

除了上述管制措施的放寬或解除外，西方各國對金融創新活動的鼓勵，對新金融工具交易的支持與放任，實際上也是金融自由化興起的重要原因。

(2) 金融自由化的原因

①經濟自由主義思潮的興起。由於20世紀70年代以來西方經濟的「滯脹」，凱恩斯學派的經濟思潮受到質疑，代之以新經濟自由主義思潮的崛起。在20世紀70年代興起的貨幣學派和供應學派都強調市場機制的作用，反對政府的過度干預，並在當時受到了較為廣泛的歡迎，從而為金融的自由化奠定了理論和實踐的基礎。

②金融創新的作用。20世紀70年代末和80年代初，西方國家出現了兩位數字的惡性通貨膨脹，導致市場利率高企，而銀行等金融機構受存款利率上限的限制，在市場競爭中處於不利的地位。為了緩解經營困境，並應付來自於國內外金融同業之間的競爭，金融企業紛紛採取金融創新措施以規避管制，加之計算機與通信技術飛速發展，一些新的金融工具不斷地被開發出來。這些新的金融工具有效地避開了原有的管制條例，使監管者意識到許多舊的條例已不適應形勢的變化，從而在客觀上促進了管制的放鬆。

③金融的證券化和全球化的影響。金融市場的證券化、金融的全球化、自由化是相互促進，相互影響，共同發展的。證券化過程中不斷出現的新型金融工具已大大超出了原有管制條例的範圍，而全球24小時不間斷的金融市場交易活動對資本自由流動和外匯、利率及信貸等管制的放鬆提出了客觀的要求。在國際金融市場的交易中，機會是稍縱即逝的。要參與國際金融的競爭，提高本國金融業在國際市場上的地位，放鬆管制，推行金融自由化是必然的。同時，隨著各國經濟金融聯繫的增多，衝破各種制度障礙的動力越來越大。經濟全球化需要經濟自由化為其實現全球統一市場掃清障礙。因為經濟全球化的本質為：把全球作為一個統一的、無阻礙的自由市場。在金融全球化的時代，由於市場一體化程度的提高，任何國家的金融市場都不可能獨立於世界市場之外。資本在國際間的流動不斷衝擊一國國內金融管理上的制度障礙。各國政府一方面為了提高本國金融業的國際競爭力，另一方面為了適應本國經濟發展的需要，只得放鬆金融管制，加速金融自由化。

3. 金融工程化

金融工程是指將工程思維帶入金融領域，綜合採用各種工程技術方法（主要有數學建模、數值計算、網路圖解、仿真模擬等）設計、開發新型的金融產品，創造性地解決金融問題。這裡的新型和創造性指的是金融領域中思想的躍進、對已有觀念的重新理解與運用，或者是對已有的金融產品進行分解和重新組合。

金融工程化的動力來自於20世紀70年代以來社會經濟制度的變革和電子技術的進步。20世紀70年代以來，國際金融領域內社會經濟制度的最大變革是布雷頓森林體系的崩潰。匯率的浮動化使得國際貿易和國際投資活動的風險大大加劇，工商企業不僅要應付經營上的風險，還要面對匯率波動的風險。為保證國際貿易和國際投資的穩定，各國貨幣當局力圖通過貨幣政策控制匯率的波動幅度，其中最常用的是改變貼現率

這樣匯率的波動就傳導到了利率上。20世紀70年代的另外一個重大衝擊是石油提價引起的基礎商品價格的劇烈變動。這些變化共同形成了對風險管理技術的需求。

在過去的30年間，金融環境發生了變化，但是如果沒有相應的技術進步，金融方面的演變將是不可能的。今天的金融市場日益依賴於信息的全球傳播速度、交易商迅速交流的能力和個人計算機及其複雜的分析軟件的出現。金融工程採用圖解、數值計算和仿真技術等工程手段來研究問題，金融工程的研究直接而緊密地聯繫著金融市場的實際。大部分真正有實際意義的金融工程研究，必須有計算機技術的支持。圖解法需要計算機製表和作圖軟件的輔助，數值計算和仿真則需要很強的運算能力，經常用到百萬甚至上億次的計算，沒有計算機的高速運算和設計，這些技術將失去意義。電信網路的發展能夠實現即時的數據傳達，而只有這樣，在全球範圍內進行交易才成為可能。技術的進步使得許多古老的交易思想舊貌換新顏，在新的條件下顯示出更大的活力。譬如利用股票現貨市場與股指期貨市場之間的價格不均衡性來獲利的計算機程序交易，其基本的套利策略本身是十分陳舊的，這種策略被應用於穀物交易已經有一個多世紀了，但是將該策略擴展到股票現貨與股指期貨上則要求複雜的數學建模、高速運算以及電子證券交易等條件才能實現。

金融工程化的趨勢為人們創造性地解決金融風險提供了空間。金融工程的出現標誌著高科技在金融領域內的應用，大大提高了金融市場的效率。值得注意的是，金融工程是一把「雙刃劍」：1997年東南亞金融危機前，國際炒家正是利用它來設計精巧的套利和投機策略，從而直接造成了這一地區的金融、經濟動盪；2007年由美國的次貸危機引發並進而蔓延至全球的金融危機也是衍生工具惹的禍。反之，在金融市場日益開放的背景下，各國政府和貨幣當局要保持自己經濟和金融的穩定，也必須求助於這種高科技的手段。

第四節　金融市場的功能和作用

一、金融市場的功能

金融市場作為金融資產交易的場所，從整個經濟運行的角度來看，它具有以下幾種經濟功能：

1. 聚斂功能

金融市場的聚斂功能是指金融市場可以引導眾多分散的小額資金匯聚成為可以投入社會再生產的資金集合的功能。金融市場在其中起著「蓄水池」的作用。

由第一節的分析可知，在經濟生活中存在著收入大於支出的資金盈餘單位和收不抵支的資金赤字單位。資金盈餘單位所持有閒置資金的目的，或者是因為要預防未來的意外急需，或者是要等到累積到足夠數量以後進行某項大額投資或消費時，這些暫時閒置的資金在使用之前有通過投資謀求保值、增值的需要。對資金赤字單位而言，其對資金的需要往往是由於要進行某項投資活動，或者是為了滿足其比較迫切的需要，

但其手中累積的資金不足，因此，需要尋求更多的資金來源。但是，各經營單位的閒置資金是相對有限的，這些暫時不用的資金就顯得相對零散，不足以滿足大規模的投資要求，特別是企業為發展生產而進行的大額投資和政府進行大規模的基礎設施建設與公共支出的要求。這樣，就需要一個能將眾多小額資金集合起來以形成大額資金的渠道，金融市場則正是滿足了這一需求，這就是金融市場的資金聚斂功能。

金融市場之所以具有資金的聚斂功能，有兩方面原因：第一，金融市場創造了金融資產的流動性。現代金融市場正發展成為功能齊全、法規完善的資金融通場所，資金赤字單位可以很方便地通過直接或間接融資方式獲取資金，而資金盈餘單位也可以通過金融市場為資金找到滿意的投資渠道。第二，金融市場上多樣化的融資工具為資金盈餘單位的資金尋求和投資手段找到了出路。金融市場根據不同的期限、收益和風險要求，提供了多種多樣的供投資者選擇的金融工具，資金供應者可以根據自己的收益、風險偏好和流動性要求選擇其滿意的投資工具，實現其資金效益的最大化。

2. 配置功能

金融市場的配置功能表現在三個方面：一是資源的配置，二是財富的再分配，三是風險的再分配。

在經濟的運行過程中，擁有多余資產的盈餘部門並不一定是最有能力作為最有利投資的部門，現有的資產在這些盈餘部門得不到有效的利用，金融市場通過將資源從低效率利用的部門轉移到高效率利用的部門，從而使一個社會的經濟資源最有效地配置到效率最高或效用最大的用途上，實現稀缺資源的合理配置和有效利用。在金融市場中，證券價格的波動，實際上反應著證券背後所隱含著的相關信息。投資者可以通過證券交易中所公開的信息及證券價格波動所反應出來的信息來判斷整個經濟運行狀況以及相關企業、行業的發展前景，從而決定其資金和其他經濟資源的投向。一般來說，資金總是流向最有發展潛力、能夠為投資者帶來最大利益的企業和部門。這樣，通過金融市場的作用，有限的資源就能夠得到最為合理的運用。

財富是各經濟單位持有全部資產的總價值。當政府、企業和個人通過持有金融資產的方式來保有其財富時，一旦金融資產的價格發生波動，其財富持有數量也會發生相應的變化。一部分人的財富數量會隨著其持有的金融資產價格的上漲而增加，而另一部分人的財富則會因其持有資產價格的下跌而減少。這樣，社會財富就通過資產價格的波動實現了財富的再分配。

金融市場同時也是風險的再分配場所。根據人們對風險的喜好程度的不同，經濟主體可分為風險偏好型、風險中立型和風險厭惡型。利用金融市場上的各種金融工具，風險厭惡型的經濟主體可以把風險轉嫁給那些風險厭惡程度較低的風險中立型或風險偏好型的經濟主體，從而實現風險的再分配。

3. 調節功能

調節功能是指金融市場對宏觀經濟的調節作用。資本市場一邊連接著作為資金盈餘方的儲蓄者，另一邊連接著作為資金赤字方的投資者，金融市場的運行機制正是通過對儲蓄者和投資者的影響來發揮對宏觀經濟的調節作用。

在金融市場大量的融資活動中，投資者為了自身利益，會謹慎、科學地選擇國家、

地區、行業、企業、項目及產品。只有符合市場需要、效益高的投資對象，才能獲得投資者的青睞。同時，投資對象在獲取資本後，只有保持較高的經濟效益和較好的發展勢頭，才能繼續生存並進一步擴張；否則，其證券價格就會下跌，影響其在金融市場上繼續籌資的能力，其發展就會受到后續資本供應的限制。這實際上是金融市場通過其特有的引導資本形成及合理配置的機制首先對微觀經濟部門產生影響，進而影響到宏觀經濟活動的一種有效的自發調節機制。

金融市場的存在與發展，為政府實施對宏觀經濟的間接調控創造了條件。貨幣政策屬於調節宏觀經濟活動的重要宏觀經濟政策，其具體的調控工具有存款準備金政策、再貼現政策和公開市場操作等。這些政策的實施都以金融市場的存在、金融部門及企業成為金融市場主體為前提。金融市場既提供貨幣政策操作的場所，也提供實施貨幣政策的決策信息。首先，因為金融市場的波動是對有關宏觀、微觀經濟的反應，所以政府相關部門可以收集及分析金融市場的運行情況來為政策的制定提供依據；其次，中央銀行在實施貨幣政策時，通過金融市場可以調節貨幣供應量，傳遞政策信息，最終影響經濟主體的經濟活動，從而達到調節整個宏觀經濟運行的目的；最后，財政政策的實施也離不開金融市場，政府通過國債的發行及運用等方式對經濟主體的行為加以引導和調節，並提供給中央銀行進行公開市場操作的手段，也對宏觀經濟活動產生著較大的影響。

4. 反應功能

金融市場歷來被稱為國民經濟的「晴雨表」和「氣象臺」，是公認的國民經濟信號系統。這實際上就是金融市場反應功能的寫照。

金融市場的反應功能體現在以下幾個方面：

（1）由於證券買賣大部分都在證券交易所進行，人們可以隨時通過這個有形的市場瞭解到各種上市證券的交易行情，並據以判斷投資機會。證券價格的漲跌在一個有效的市場中實際上是反應著其背後企業的經營管理情況及發展前景。此外，一個有組織的市場，一般也要求上市公司定期或不定期地公布其經營信息和財務報表，這也有助於人們瞭解及推斷上市公司及相關企業、行業的發展前景。所以，金融市場首先是反應微觀經濟運行狀況的指示器。

（2）金融市場交易直接或間接反應國家貨幣供應量的變動。貨幣的緊縮和放松均是通過金融市場進行的，貨幣政策發揮效用時，金融市場會出現波動表示出緊縮和放松的程度。因此，金融市場所反饋的宏觀經濟運行方面的信息，有利於政府部門及時制定和調整宏觀經濟政策。

（3）由於證券交易的需要，金融市場有大量專業人員長期從事商情研究和分析，並且他們每日與各類工商企業直接接觸，能瞭解企業的發展狀態。

（4）金融市場有著廣泛而及時地收集和傳播信息的通信網路，整個世界金融市場已連成一體，四通八達，從而使人們可以及時瞭解世界經濟發展變化的情況。

二、金融市場的作用

金融市場的發育與形成，必然通過其功能的發揮而產生巨大的作用。

1. 引導儲蓄轉化為投資

在任何社會中，經濟發展的一個基本要素就是不要把當時生產的產品全部消費掉，而將其中一部分用來擴大再生產能力，以滿足將來生產、生活資料的需要。這就是說，經濟發展過程至關重要的是擴大儲蓄，並把儲蓄轉化為投資。如增加或更新生產設備、開發新資源、新產品和新技術等，都是投資的形式。然而，這一過程的開始，投資所必需的購買力是掌握在儲蓄者手中的貨幣收入，投資過程的中心是把儲蓄者手中的貨幣轉移到生產過程之中。這些儲蓄者一般包括居民、企業、政府和金融機構。資本市場通過出售證券，把這幾種儲蓄者手中閒置的貨幣收集起來，分派給長期資金需求者，以便用於擴大生產規模，變社會儲蓄為投資。這是資本市場的首要功能。

2. 開闢企業融資的多種途徑

現代企業在進行規模生產或進行產業擴張的過程中，需要大量的資金；同時，興辦新企業或投資新業務，都需要籌措資金。過去，在單一銀行體制下，融資渠道太窄，從而嚴重制約了經濟的發展。而在金融市場形成和健全的情況下，企業就可以通過各種方式從金融市場籌集資金，滿足企業日常經營和戰略擴張的需要。

3. 提供公眾參與分享企業利潤的機會

證券市場的存在，使社會公眾有可能通過購買企業股票的方式，參與企業生產和經營，並且通過股票紅利分配和債券利息收入，分享企業利潤。在今天的美國，大約一億人擁有一家或多家公司的股票，或者通過共同基金公司參加股票市場交易。我國截至2009年末股票市場開戶數達1.5億戶，每10人中就有1人參與股票交易。

4. 預測市場，引導投資方向

證券市場的價格是經常波動的。從中長期看，證券價格的漲跌往往體現了對一國經濟發展的樂觀和悲觀的預測。證券價格的變動，對企業的經營和發展會產生很大的影響。金融市場上資金流動的規律，是不斷從利潤率低的地方和行業流向利潤率高的地方和行業。利潤率高、證券價格高的部門和企業正是國民經濟中最需要發展、產品供不應求的部門和企業，這樣就造成了自發地驅動資金從生產過剩的部門和企業流向資金短缺的部門和企業，實現投資方向的市場引導。

5. 為中央銀行和國家的宏觀調控提供經濟機制

中央銀行作為最後貸款人，控制著全國的信貸規模，但是，在市場經濟中，這個信貸規模的控制不能依靠指令性計劃和單一的行政管理，而是需要有一個可以運用經濟手段的調節機制，以便根據國民經濟的發展情況，進行必要的擴大或收縮信貸。在貨幣市場存在的條件下，中央銀行可以運用再貼現等手段來實現對信貸規模的調控，所以，貨幣市場是中央銀行實現宏觀調控機制的組成部分，具有供應資金和穩定幣值的功能。

無論是實行計劃經濟的國家還是實行市場經濟的國家，在當代社會，國家的干預都是必要的。國家通過調節市場，實現對生產企業的引導。資本市場的存在，是國家運用經濟手段實現對國民經濟問接調控的一個較好的機制。國家通過中央銀行貨幣政策，用買進或是賣出有價證券的辦法，可以對金融市場注入或抽走貨幣，從而達到調節社會資金總供求的目的。

小結

1. 金融市場就是把需要籌款的居民和企業同有多余資金需要投資的居民和企業聯繫起來的綜合市場體系，其中的融資活動可以分為直接融資和間接融資兩種方式。
2. 金融市場的類別可以按交易期限、交易仲介、交割方式、交易程序、交易標的物、交易場地、金融市場作用的範圍等進行劃分。
3. 金融市場由市場主體、金融工具、金融仲介機構、監管機構構成。
4. 金融市場的發展趨勢主要有：資產證券化、金融自由化以及金融工程化。
5. 金融市場具備四大功能：聚斂功能、配置功能、調節功能、反應功能。
6. 金融市場的作用主要體現在：引導儲蓄轉化為投資、開闢企業融資的多種途徑、提供公眾參與企業分享利潤的機會、預測市場並引導投資方向、為中央銀行和國家的宏觀調控提供經濟機制等。

重要概念提示

金融市場　直接融資　間接融資　貨幣市場　資本市場　發行市場　流通市場
金融工具　金融仲介機構　資產證券化　金融自由化　金融工程

復習思考題

1. 如何理解間接融資的作用及其局限性？
2. 金融工具有哪些性質？
3. 如何理解金融市場的配置功能？
4. 金融市場發揮著哪些作用？
5. 你如何看待金融自由化趨勢？

第二章 貨幣市場

學習目標

在這一章中,我們將介紹和討論包括同業拆借市場、回購市場、商業票據市場、銀行承兌匯票市場、大額可轉讓定期存單市場、短期政府債券市場在內的各種貨幣市場。完成本章的學習後,你應該能夠:

1. 瞭解貨幣市場的含義及結構。
2. 掌握同業拆借市場的概念、意義以及我國同業拆借市場的發展狀況。
3. 瞭解回購市場的意義及我國回購市場的現狀。
4. 闡述商業票據的意義及其運行。
5. 掌握銀行承兌匯票的概念和意義。
6. 瞭解我國大額可轉讓定期存單市場。
7. 闡述短期政府債券市場的作用以及我國短期政府債券市場的發展。
8. 瞭解荷蘭式招標與美式招標的區別。

學習的重點和難點

1. 貨幣市場的結構。
2. 我國同業拆借市場的運行方式。
3. 銀行承兌匯票二級市場的運行。
4. 發展回購市場的意義。
5. 短期政府債券價格與收益的計算。

貨幣市場是一年期以內的短期金融工具交易所形成的供求關係及其運行機制的總和。貨幣市場的活動主要是為了保持資金的流動性,以便隨時可以獲得現實的貨幣。它一方面滿足資金需求者的短期資金需要,另一方面也為資金盈餘者的暫時閒置資金提供能夠獲取盈利機會的出路。在貨幣市場中,短期金融工具的存在及發展是其發展的基礎。短期金融工具將資金供應者和資金需求者聯繫起來,並為中央銀行實施貨幣政策提供操作手段。在貨幣市場上交易的短期金融工具,一般期限較短,最短的只有一天,最長的也不超過一年,較為普遍的是3~6個月。正因為這些工具期限短,可隨時變現,有較強的貨幣性,所以短期金融工具又有「準貨幣」之稱。

貨幣市場就其結構而言,可分為同業拆借市場、回購市場、商業票據市場、銀行承兌匯票市場、大額可轉讓定期存單市場及短期政府債券市場等若干個子市場。

第一節　同業拆借市場

　　同業拆借市場是金融機構之間進行短期資金融通的場所。隨著同業拆借市場規模的擴大，功能的完善，它已成為貨幣市場中最具影響力的子市場，對商業銀行經營管理和中央銀行宏觀調控發揮著重要作用。

一、同業拆借市場的形成和發展

　　同業拆借市場形成的根本原因是存款準備金政策的實施。為了保證商業銀行的存款支付能力和控制商業銀行的信用擴張能力，美國最早於1913年以法律形式規定，接受存款的商業銀行必須按存款餘額的一定比例向聯邦儲備銀行提交存款準備金，準備金數額不足的，將會遭受一定的經濟懲罰，甚至遭到停業處分。

　　然而，商業銀行在日常營運過程中，存款餘額會經常發生變動，在法定存款準備金率一定的前提下，存款準備的必需金額也會隨時變化；同時，商業銀行所擁有的實際準備金由於日常清算和收付也會不斷發生變化。這些變化使得一部分商業銀行的實際準備金超過法定存款準備金，形成超額準備；而另一部分商業銀行的實際準備金又低於法定存款準備金額度要求，表現為存款準備金不足。準備金多餘的銀行需要把超額部分運用出去以獲得盈利；而準備金不足的銀行為避免懲罰，又必須設法借入資金以補充準備金。這在客觀上提出了銀行間相互調劑、融通準備金的要求，為同業拆借市場的產生創造了條件。1921年，調劑聯邦儲備銀行會員商業銀行之間準備金頭寸的拆借在紐約首次出現，並逐漸形成以聯邦基金交易為內容的同業拆借市場。20世紀30年代大危機以後，由於各國普遍強化了中央銀行的作用，相繼採納存款準備金制度，同業拆借市場在世界許多國家和地區發展起來。

　　同業拆借在產生之初，主要是適應商業銀行調整準備金的要求。在經歷了較長時間的發展后，當今西方國家的同業拆借市場，無論是在交易內容、開放程度方面，還是在融資規模、功能作用方面，都發生了深刻變化。

　　首先，拆借市場的參與者呈現出多樣化的格局。以美國為例，同業拆借市場形成初期，市場僅局限於聯儲的會員銀行之間，后來，互助儲蓄銀行和儲蓄貸款協會等金融機構也參與到這一市場中。20世紀80年代，外國銀行在美國的分支機構也加入了這個市場。我國的同業拆借市場主體既有商業銀行，也有證券、保險、信託等非銀行金融機構。市場參與者的增多，使市場交易規模迅速擴大。

　　其次，在功能上，金融機構廣泛利用同業拆借彌補短期資金不足、票據清算差額以及解決臨時性的資金短缺需要。一方面，許多大銀行將同業拆借市場作為長期資金來源，它們或者減少持有短期、流動性資產而增加長期放款和投資，一旦出現清償要求時，則通過同業拆借市場拆入資金予以解決，或者採用今日借、明日還，明日借、后日還的循環拆借，獲取穩定的資金，以擴張其放款、投資能力；另一方面，許多中小銀行及其他金融機構鑒於資產管理對審慎性或流動性的較高要求，不願將經常存在

的超額準備運用於貸款或其他風險較大的短期資產業務，而主要是向資信狀況良好的大銀行拆出資金，既賺取利息，又避免風險，同業拆借也因此成為中小銀行一項持久的資金運用項目。可見，同業拆借有利於金融機構及時調整資產負債結構，同時兼顧資金的盈利性和流動性，實現經營管理目標。

最後，同業拆借市場是中央銀行監測銀根狀況，進行金融調控的重要窗口。同業拆借的交易對象是商業銀行的超額準備金，而中央銀行貨幣政策工具的使用會直接影響商業銀行的準備金變動狀況，進而使同業拆借利率出現相應升降的情況。同業拆借利率便成為及時反應銀根鬆緊狀況的敏感指標，並為其他資金市場利率的漲落提供依據，發揮著宣示中央銀行貨幣政府意圖和效果的作用，同業拆借利率也因此成為一些國家中央銀行進行調控的仲介指標。此外，在某些國家，如日本的中央銀行還通過向同業拆借仲介機構進行貸款或買賣證券、票據的方式對同業拆借市場吞吐基礎貨幣，實現貨幣政策目標。

二、同業拆借市場的運行程序

同業拆借市場雖然在拆借額度、利率等方面受到中央銀行的調控和影響，但是，其拆借程序一般是根據拆借雙方意願及傳統慣例確定，並因交易組織形式和拆借雙方所處的地理位置不同而有所差異。具體可分為：通過仲介機構的同城拆借、通過仲介機構的異地拆借、不通過仲介機構的同城拆借和不通過仲介機構的異地拆借四種情形。

同業拆借市場交易程序簡單快捷。借貸雙方可通過電話直接聯繫，或與市場仲介聯繫。在借貸雙方就貸款條件達成協議后，貸款方可直接或通過代理行經中央銀行的電子資金轉帳系統將資金轉入借款方的資金帳戶，轉帳程序數秒即可完成。歸還貸款也用同樣方式劃轉本金和利息，有時，利息的支付也可通過向貸款行開出支票的方式進行。

三、同業拆借的期限與利率

同業拆借市場的拆借期限通常以1~2天為限，短至隔夜，長則1~2周，一般不超過1個月，當然也有少數同業拆借交易的期限接近或達到一年。同業拆借的拆款按日計息，拆息額占拆借本金的比例為「拆借利率」。拆借利率每時每刻都在變化，其高低靈敏地反應著貨幣市場資金的供求狀況。

國際間大型銀行之間的大額資金拆借的拆借利率，往往以倫敦銀行間同業拆借利率（LIBOR）為基礎，在此基礎上，根據拆借對象的資信狀況和拆借時間確定拆借利率的浮動幅度。倫敦銀行間同業拆借利率是根據倫敦金融市場中的12家主要銀行報出的營業日當天銀行間拆借利率所確定的整個倫敦銀行間同業拆借市場的基準利率。由於倫敦銀行間同業市場在世界貨幣市場中的重要地位，倫敦銀行間同業拆借利率往往被作為國際間信譽度高的金融機構同業拆借利率和浮動利率確定的基礎。

而在美國金融市場上，聯邦基金利率則被作為一個最重要的同業拆借基準利率。聯邦基金是美國銀行間的日拆貸款，這些貸款不是由聯邦政府發放，也不是由聯邦儲備體系發放，而是在銀行之間互相拆放。這種貸款的利率，即為聯邦基金利率。聯邦

基金利率是反應銀行體系中信貸市場松緊狀況和貨幣政策趨向的「晴雨表」。

一般而言，同業拆借利率決定了銀行獲得資金的基本成本，因此被看成整個金融市場的基準利率。同業拆借利率的變化將直接影響其他相關利率的變化和金融工具的收益率與價格。理論上，市場利率與同業拆借利率同方向變動，因此，同業拆借利率與債券收益率正向相關，而與債券和股票的價格反向相關。

四、我國的同業拆借市場

我國同業拆借市場萌芽於1984年。1986年1月，國務院頒布《中華人民共和國銀行管理暫行條例》，規定專業銀行之間可以進行資金拆借，從法規上第一次為我國同業拆借的開展提供了依據。同年，上海資金市場成立，其他區域性的資金拆借市場（融資中心）也相繼成立。經過近10年的發展，同業拆借市場的規模迅速擴大，極大促進了金融機構之間的資金融通，在我國貨幣市場上占據了重要地位。但是，在同業拆借市場迅速發展的同時，我國的同業拆借市場也存在嚴重的問題，突出表現為拆借資金用途模糊、利率偏高、期限較長、違章拆借屢禁不止，嚴重擾亂金融市場秩序。對此，中國人民銀行於1993年以來先後頒布了一系列法規政策，對拆借市場的利率、期限、資金用途和運行程序進行了全面整頓，規範了各種拆借行為。然而，我國的同業拆借市場畢竟是以區域性同業拆借為主，地域分割、信息不暢使資金流動受阻，全國統一的市場和拆借利率難以形成。隨著我國金融體制改革的逐步深化，中國人民銀行逐步建立起間接調控機制。利率市場化和進一步完善貨幣市場的需要，使建立全國統一的同業拆借市場成為趨勢。

1996年年初，人民銀行決定依託中國外匯交易中心的基礎，組建全國銀行間同業拆借中心。1月3日，信用拆借電子交易系統正式啟用，標誌著全國統一的同業拆借市場在我國誕生，從此，我國的同業拆借市場進入嶄新的規範化發展階段。數年來，全國同業拆借交易系統運行良好，市場交易量穩步增加，市場規模發展迅速，有效地解決了市場分割、多頭拆借、中央銀行難以監管的局面。由此形成的市場化的同業拆借利率對完善我國利率體系和中央銀行間接調控體系發揮著重要的作用。

全國同業拆借交易系統運用先進的通信和信息處理設備將全國的銀行拆借活動連為一體，具有資金拆借業務資格的金融機構法人及其授權分支機構，都可從事信用拆借業務。金融機構從事信用拆借業務，可以通過交易中心的電子交易系統，也可以在交易系統之外自行達成。參與交易中心電子交易系統的金融機構即為交易成員，須經人民銀行批准。在交易系統之外達成交易的金融機構一般為交易量小、交易頻率低的機構，其交易必須報當地人民銀行備案。為了確保拆借市場健康有序的發展，人民銀行對市場准入進行嚴格審核，對每一類金融機構設定拆入資金期限和拆借規模。交易中心通過電子交易系統把人民銀行的監管要求轉化為電子監控，確保交易成員不突破拆借規模和期限的要求，為金融機構規避政策制度的風險提供便利。截至2015年9月，可以參與交易的拆借會員達到1003家，成員種類涵蓋了國有獨資銀行、股份制商業銀行、政策性銀行、城市商業銀行、商業銀行授權分行、外資銀行、金融租賃公司、保險公司、證券公司、投資基金、財務公司、農村信用聯社、信託投資公司、基金管理

公司、城市信用社等幾乎所有金融機構類別。

同業拆借交易系統採用自主報價、格式化詢價、逐筆確認成交的方式。交易系統以一定格式將詢價內容固定，交易員可通過計算機終端界面查詢前一交易日每一品種的加權平均價、收盤價、當日交易的開盤價、收盤價、最高成交價、最低成交價和最新成交價。交易雙方在規定的次數內向對方輪流報價，直至確認。會員的確認報價經交易系統記錄備案后，由交易系統簽發成交通知單，作為交易雙方成交確認的有效憑證，其內容包括拆借雙方名稱、金額、期限、利率、結算、帳戶、抵押品和數量等。成交後，會員按照成交通知向交易對方全額辦理資金清算。成交雙方根據成交單的內容，本著自主清算、自擔風險的原則，通過支付系統進行資金清算。

全國同業拆借市場交易主要由1天、7天、21天、2個月四個品種的利率指標組成。從目前的交易情況看，1天和7天的頭寸拆借占了總交易金額的較大比重，表明我國銀行資金拆借需求仍以中短期為主。1996年6月1日，中國人民銀行宣布全面放開同業拆借市場利率，不再實行上限管理的直接控制方式，由拆借雙方根據市場資金供求狀況，自行確定同業拆借利率，而交易系統每日公布的「全國銀行間拆借市場利率」（簡稱CHIBOR）則是各個交易品種在每一交易日加權平均利率的總稱，有利於中央銀行監測同業拆借市場利率。目前，同業拆借市場利率已成為反應社會資金供求狀況的重要參考指標之一，是我國現行利率體系中市場化程度最高的利率。

1997年6月16日，全國統一同業拆借市場正式推出銀行間債券交易，將國債、中央銀行融資券及政策性金融債券引入同業拆借市場，大大提高了同業拆借的交易品種，並在一定程度上降低了短期拆借的風險。債券交易一旦達成，不可撤銷和變更，債券登記託管結算機構不得為未通過同業拆借中心交易系統達成的債券交易辦理結算。銀行間債券交易包括現券交易和回購交易兩種方式，交易雙方根據授權範圍和額度，通過交易系統的計算機屏幕進行詢價交談並最終成交。債券清算通過中央國債登記結算有限責任公司，資金清算則利用人民銀行清算系統，採用「T+1或T+0」方式進行。

1998年保險公司進入同業拆借市場。1999年8月，證券公司進入市場。2002年6月，中國外幣交易中心開始為金融機構辦理外幣拆借業務，統一的同業拆借市場正式形成。

第二節　回購市場

一、回購的概念

回購市場是指通過回購協議進行短期資金融通交易的市場。所謂回購協議（Repurchase Agreement），是指證券持有人在賣出一筆證券的同時，與買方簽訂協議，約定一定期限和價格，買回同一筆證券的活動。其實質是一種短期抵押融資行為，抵押品為證券，購回價格與賣出價格的差額為借款利息。

回購協議包括正回購和逆回購兩種行為。逆回購的操作方向與正回購相反，即證

券買方在獲得證券的同時約定在將來一定時期內重新賣出。從交易雙方的不同角度看，同一項交易既可被稱為正回購，也可被稱為逆回購；從證券提供者（賣方）的立場看，某項交易為正回購行為；而從資金提供者（買方）的立場看，這項交易則是逆回購行為。因而，一項交易究竟被稱為正回購還是逆回購主要取決於處在哪一方的立場上。通常，發生在證券交易商和客戶之間的回購交易往往以交易商的立場來描述。

二、回購市場的意義

回購協議是 20 世紀貨幣市場最重要的金融創新活動之一。回購協議的出現和回購協議市場的發展，深刻改變了以商業銀行為代表的金融機構對於資產管理的理念，顯著增強了各種金融工具的流動性和資產組合的靈活性，從而大大提高了資金的使用效率，促進了金融體系的穩定，豐富了中央銀行公開市場操作的手段。近年來，回購協議已經成為西方銀行之間同業拆借的主要方式。

與傳統的金融活動相比，回購協議的優越性主要表現在以下方面：

（1）對於資金借入方來說，回購協議可以使其免受購回金融資產時市場價格上漲引起的損失，降低市場風險。如果投資者不採用證券回購，而是採用直接買進債券的方式，那麼在證券持有期間內，由於利率波動或其他因素變化引起的證券價格變動會使投資者遭受資本損失的風險。另外，回購市場則為投資者提供了更加靈活地選擇到期日的機會，也為通過直接買賣證券難以有效利用的極短期資金找到了良好的出路。

（2）對於資金借出方，回購協議中涉及的抵押證券可以使其在減少債務人無法按期還款的信用風險的同時，也免受賣出時市場價格下降引起的損失。

（3）回購協議的出現，使得商業銀行可以將大量的資產投資於國庫券、銀行承兌匯票等有利可圖的生息資產，將超額準備金降到最低限度，從而最大限度拓展業務、增加盈利，避免了由於發放貸款或者支付需要而以貼現的方式出售原有金融資產或回收貸款，加大了銀行資金運用的靈活性。

（4）商業銀行利用回購協議獲得的資金無須向中央銀行繳納法定存款準備金，從而降低了商業銀行籌集資金的成本，增加了商業銀行擴張業務的積極性。

（5）回購協議的出現，降低了銀行間同業拆借的風險和成本，能夠更好地引導信貸資金實現最佳配置。

（6）對於證券公司、保險公司等非銀行金融機構和政府機構而言，由於進入同業拆借市場融資對其有較大的限制，採用回購協議融資可以避免政府對放款的管制。

（7）中央銀行採用回購協議，可以保證對貨幣供應量的調節不致失控，同時降低公開市場操作的成本。相對於直接買賣證券，中央銀行通過開展回購業務來調節基礎貨幣，能夠減少利率波動給中央銀行所持債券資產帶來資本損失的風險，對證券市場的衝擊也小於直接交易。因此，回購協議在中央銀行公開市場業務中占據日益重要的地位。

（8）證券回購市場對於證券交易商和商業銀行而言，增加了證券的運用途徑和資金的靈活性。證券交易商可以通過正回購交易融入短期資金，也可以通過逆回購交易獲得證券以滿足自己或顧客的需要。有的證券交易商甚至利用證券回購市場開展空頭

交易，實現套利的目的。商業銀行作為國庫券等高等級債券的持有者，在調整資產流動性時，常常會以手中持有的債券進行回購交易，以融入資金滿足流動性要求。由於回購交易具有抵押擔保性質，其資金利率一般低於同業拆借利率。因而，商業銀行是十分重要的市場參與者，由此也形成了銀行同業間的證券回購市場。

三、回購市場的結構

（一）回購協議的參與者

回購協議市場的參與者包括商業銀行、非銀行金融機構、企業、政府和中央銀行。

商業銀行是回購協議市場上的主要參與者。商業銀行在短期資金不足的情況下，可以通過正回購協議借入資金，彌補不足；也可以在短期資金盈餘時，通過逆回購協議貸出資金，獲得收益。可見，商業銀行在回購協議市場中，既可以是資金需求者，也可以是資金供給者。

非銀行金融機構同樣是回購協議市場上的主要參與者。它們包括證券公司、基金管理公司、保險公司和儲蓄類機構等非銀行金融機構。與商業銀行相同的是，這些非銀行金融機構也會視自身的短期資金狀況，既可以成為資金需求者，也可以成為資金供給者。但非銀行金融機構與商業銀行在短期資金盈餘或不足的產生原因、方向、期限、數額等方面不盡相同。因此，它們往往與商業銀行成為交易對手，形成互補交易。

企業作為回購協議市場的參與者，主要是資金供給者。因為企業在日常生產、經營活動中可能存在閒置資金，這些閒置資金可以通過回購協議的方式貸給資金需求者，從而獲得高於存款利率的收益。

政府或政府機構大多也是作為資金供給者參與回購協議市場的。政府或政府機構可以在該國法律允許的範圍內，將暫時閒置的資金通過回購協議貸出，從而使資產增值。

中央銀行參與回購協議市場則有著不同於其他參與者的意圖。中央銀行參與回購交易並非為了獲得收益，而是要通過回購協議市場進行公開市場操作，從而有效實施貨幣政策。

（二）回購協議的種類

以所質押的證券所有權是否由正回購方轉移給逆回購方進行區分，回購交易可以分為封閉式回購和開放式回購兩種交易方式。

在封閉式交易方式中，正回購方所質押證券的所有權並未真正讓渡給逆回購方，而是由交易清算機構作質押凍結處理，並退出二級市場；待回購協議到期，正回購方按雙方約定的回購利率向逆回購方返還本金並支付利息後，交易清算機構對質押凍結證券予以解凍，質押證券重新進入二級市場流通。在回購期間，逆回購方沒有對質押證券實施轉賣、再回購等進行處置的權力。封閉式回購實際上是一種以證券為質押的資金拆借方式。

開放式回購，又稱買斷式回購，是指證券持有人（正回購方）將證券賣給證券購買方（逆回購方）的同時，交易雙方約定在未來某一日期，正回購方再以約定價格從

逆回購方買回相等數量同種證券的交易行為。與封閉式回購不同，開放式回購的交易雙方對質押證券採取買斷和賣斷的方式，逆回購方擁有買入證券的完整所有權和處置權，因而賦予逆回購方在回購期間靈活運用質押證券的權力。在回購到期前，逆回購方可以根據資金管理的需要和市場形勢的把握將質押證券用於再回購或在二級市場上交易，並只需在未來某一日期再以約定價格將相等數量的同種證券返售給正回購方即可。開放式回購實際上是一種依附於證券買賣的融資方式。

(三) 回購協議的證券品種

在證券的回購交易中，可以作為回購協議標的物的主要有國庫券、政府債券、企業 (公司) 債券、金融債券、其他有擔保債券、大額可轉讓存單和商業票據等。

(四) 回購協議的期限

回購協議是短期的，它是指從賣方賣出證券資產時與買方簽訂回購協議直到賣方最終將證券資產購回的這段時間。具體的期限從1天到數月不等，如1天、7天、14天、21天、1個月、2個月、3個月和6個月等。其中，1天的回購協議又被稱為隔夜回購，超過1天的回購協議則被統稱為定期回購。

(五) 回購協議的報價方式

國際通行的回購協議報價方式是以年收益率進行報價，這有利於直接反應回購協議雙方的收益與成本。在一筆具體的回購協議交易中，所報出的年收益率對以券融資方 (正回購方) 而言，代表其固定的融資成本；對於以資融券方 (逆回購方) 而言，代表其固定的收益。

在回購市場中，利率是交易的價格，並且在市場上不斷波動。利率的確定取決於多種因素，這些因素主要有：①貨幣市場中其他子市場的利率水平。回購協議的利率水平不可能脫離貨幣市場中其他子市場的利率水平而單獨決定，否則該市場將失去吸引力。它一般是參照同業拆借市場利率而確定的。由於回購交易實際上是一種用較高信用的證券特別是政府證券作抵押的貸款方式，風險相對較小，因而利率也較低。②用於回購的證券的質地。證券的信用度越高，流動性越強，回購利率就越低；否則，利率就會相對來說高一些。③回購期限的長短。一般來說，期限越長，不確定因素越多，因而利率也應高一些。但這並不是一定的，實際上利率是可以隨時調整的。④交割的條件。如果採用實物交割的方式，回購利率就會較低；如果採用其他交割方式，則利率就會相對高一些。

回購協議中的交易計算公式為：

$$I = PP \times RR \times T/360$$

$$RP = PP + I$$

$$RR = (RP - PP)/PP \times 360/T$$

式中，PP 表示本金，RR 表示證券商和投資者達成回購時應付的利率，T 表示回購協議的期限，I 表示應付利息，RP 表示回購價格。

四、證券回購市場的運行

證券回購主要有三個層次的需求：證券交易商融通資金、銀行同業拆借市場的回購以及中央銀行開展公開市場業務。

（1）證券交易商與投資者之間的回購交易。證券交易商在證券回購市場上可以直接充當回購交易的買賣方，也可以充當買賣雙方的仲介，前者稱為自主回購，后者稱為委託回購。自主回購是證券商融入資金的渠道。證券商在從事證券業務的過程中，自有資金所占比例很小，大部分資金要靠信用方式取得，證券回購是主要的途徑。因為證券商作為證券交易的組織者，為順利實現經銷功能，經常在自己的帳戶中保持一定的證券，而在投資者參與證券直接買賣時，有時會在交割日出現差額，使其證券經紀商出現暫時性的保有證券，證券商常常將這些庫存證券以附回購協議的方式出售給投資者，從而融進短期資金。委託回購則是證券商之外的賣方將持有證券通過證券商以附回購協議方式轉讓給買方，證券商介於買方（資金運用者）和賣方（資金籌措者）之間，成為雙方回購協議的對方，即證券商先暫時以自己的帳戶買進回購協議，然后向買方賣出回購協議。通常，證券商與投資者的回購交易是通過證券商櫃臺市場進行，投資者通過櫃臺信息網路，查詢不同證券商提供的不同期限、不同利率的報價，從中選擇合適的交易對象。

（2）銀行同業之間的回購交易。這種回購交易一般通過同業拆借市場進行，買賣雙方以直接聯繫進行報價，或者通過市場仲介詢價的方式進行協商、成交。它也是金融機構之間融通短期資金的重要方式。合理、規範的回購交易與同業拆借相比，具有安全性更高、靈活性更強的特點，因此，回購利率往往低於同業拆借利率，從而吸引了眾多參與者。

（3）中央銀行公開市場業務中的回購交易。中央銀行在對證券買賣、開展公開市場業務時，會根據不同情況選擇操作方式。如果中央銀行希望影響銀行準備金的長期變化時，往往採取直接買賣證券方式；如果希望基礎貨幣及銀行準備金只在短時期內變化時，則會傾向於運用證券回購。證券正回購是中央銀行向銀行體系輸入更多貨幣的途徑；逆回購則相當於公開市場業務的一級交易商向中央銀行發放質押貸款，是中央銀行抽緊銀根的表現，但其操作前提是中央銀行持有一定數量的證券。

中央銀行的回購業務程序是：①中央銀行首先通過計算機網路，在電腦終端上輸入一個回購決定（包括種類和期限），向一級交易商公布，並給予15分鐘的報價時間。②15分鐘以後，一級交易商的報價在電腦屏幕上由高到低排列，操作室進行選擇成交，直至達到預期交易總量。③中央銀行反饋成交信息，獲得成交的一級交易商告知操作室抵押券種，由中央銀行進行資產估價。④一級交易商通過在商業銀行開立資金和證券帳戶進行清算交割，商業銀行則通過在中央銀行開立準備金帳戶進行清算。

五、回購交易風險

儘管證券回購是一種高質量的抵押借款，但交易雙方仍然面臨一定的風險，封閉式回購與開放式回購因為交易過程複雜程度的差異，交易者所承受的風險也不盡相同。

(一) 封閉式回購風險分析

封閉式回購的質押證券的所有權不從正回購方轉讓給逆回購方，只是由專門機構將所質押證券凍結。儘管這樣做犧牲了所質押證券的流動性，但能夠在一定程度上控制風險。封閉式回購的風險主要有信用風險和清算風險兩種。

信用風險是指交易雙方不履行回購協議中的買回或賣回義務，而使對方遭受損失的可能性。一種情況是，證券賣方到期未再購回證券，則買方只能擁有此證券，若市場利率上升，證券價格會下降，賣方會遭受損失；另一種情況是，市場利率下降，證券價格上漲，賣方不履行按約定價格賣回給買方的義務，證券買方會遭受損失。減少信用風險的方法有如下兩種：①設置保證金。回購協議中的保證金是指證券抵押品的市值高於貸款價值的部分，其大小一般在1%~3%之間。對於較低信用等級的借款者或當抵押證券的流動性不高時，差額可能達到10%。②根據證券抵押品的市值隨時調整的方法。即既可以重新調整回購協議的定價，也可以變動保證金的數額。如在回購協議的條款中規定，當回購協議中的抵押品價值下跌時，回購協議可以要求按新的市值比例追加保證金，或者降低貸款的數額。

在回購交易中，買方（資金供應者）付款收取抵押證券，到期收回本金和利息，返還抵押證券。由於到期時間很短，交割實物證券的成本很高，因而產生了以帳戶劃轉的交割方式，並以證券保管憑單代替實物證券。這大大節省了時間和費用，但隨之而來的是清算風險的增加，即可能出現並無足額抵押證券的買空、賣空行為，加劇了融資風險。為避免此種風險，許多國家要求證券由第三方金融機構統一進行保管，保管憑單必須以真實、足額證券為依據。

(二) 開放式回購風險分析

由於開放式回購交易過程更為複雜，因此除了信用風險和清算風險以外，它還有自身特有的風險，這種風險主要體現在開放式回購的賣空機制裡。

開放式回購的賣空機制是由於開放式回購協議一旦簽訂，逆回購方就擁有了正回購方所質押證券的所有權，而且可以在回購協議到期前，對所擁有的質押證券進行再回購和賣出交易。儘管賣空交易的存在可以增加質押證券的流動性，但與此同時，也產生了更多的風險。

（1）提前賣出交易的價格風險。如果逆回購方預期未來協議到期時證券價格下降，將會進行質押證券賣出交易。如果實際的證券價格變動方向與預期相反，逆回購方在協議到期時必須返回證券的情況下，只能以更高的價格購入質押證券用以履行回購協議，從而承擔一定的價差損失。

（2）循環再回購交易的交易鏈斷裂的風險。在開放式回購方式中，每一回購交易中的逆回購方都擁有再回購交易的權利，因此對於同一筆質押證券就可能存在循環再回購交易的情形。當整個循環再回購交易鏈條中的任一逆回購方到期不能按照協議買回所質押證券或不能足額償還時，整個再回購交易鏈就會出現斷裂，從而可能發生連鎖到期償付困難。

（3）利用賣空交易，操縱市場的投機風險。如果不對賣空交易進行限制，資金實

力雄厚的逆回購方就可以通過大量的證券賣出交易有意壓低質押證券價格，從而實現其在協議到期日以低價購回所質押證券進行履約的目的。這種利用賣空交易操縱市場從而獲利的操縱行為對於整個市場的健康發展是相當不利的。

六、我國的證券回購市場

我國的證券回購市場始於1991年。為提高國債的流動性，STAQ系統於1991年上半年制定了國債代保管制度、會員互開代保管單等證券回購業務的具體規則，並於同年7月開始試運行。隨后武漢、天津等證券交易中心也相繼試辦國債回購業務。上海證券交易所和深圳證券交易所分別於1993年12月和1994年10月開辦了以國債為主要品種的回購交易，推動回購市場進入高速發展時期，幾個主要市場的回購業務初具規模，交易量急遽擴大。然而，在證券回購市場的發展過程中，也暴露出許多嚴重的問題：①賣空、買空十分嚴重。在回購交易中大量存在缺乏足額抵押證券、虛開代保管單的現象，使證券回購徒有其名，增加了回購交易的融資風險。②交易場所和交易主體混亂，交易行為不規範。許多組織回購交易的場所和交易主體不具備相應資格，交易種類也隨心所欲，回購期限大多逾期。③資金來源和用途不當。1993年下半年證券回購規模迅速擴張，其重要原因之一是中央銀行對同業拆借市場進行嚴格清理和整頓，使眾多金融機構轉向依靠證券回購變相拆借資金。證券回購市場成為銀行及其他金融機構違規拆借、繞規模放款的場所，大量信貸資金通過回購市場流入股市和企業計劃外固定資產投資領域，嚴重擾亂了金融秩序。

為了規範發展我國的證券回購市場，1995年，中華人民共和國財政部（以下簡稱「財政部」）、中國證券監督管理委員會（以下簡稱「證監會」）和中國人民銀行聯合發出《關於堅決制止國庫券賣空行為的通知》和《關於重申對進一步規範證券回購業務有關問題的通知》，對證券回購的交易主體、場所、券種、期限和證券保管進行嚴格規定：參加回購交易的主體限於具備法人資格的金融機構；交易場所為證券交易所及批准的融資中心；回購券種為國庫券、中國人民銀行融資券及經人民銀行總行批准發行的金融證券；回購期限為一年以下；不得用於企業、固定資產投資、股市等領域；抵押證券必須全額擁有，由證券登記託管機構集中保管，不得賣空。經過治理、整頓，證券回購市場的運行秩序得到極大改善，證券回購市場在我國貨幣市場中的地位也隨之增強。

1996年4月9日，中國人民銀行正式在公開市場業務中啟動以短期國債為工具的回購交易。其具體做法是：中國人民銀行每週二通過計算機交易網路（中國外匯交易中心）向作為一級交易商的17家商業銀行發出回購招標書，一級交易商對回購利率和數量進行投標，最后，中央銀行確定中標利率和數量。利用證券回購進行公開市場業務操作的優點是中央銀行可以主動確定回購期限的長短，增強中央銀行調控基礎貨幣的主動性、靈活性和時效性。

1997年6月，全國銀行間證券回購市場啟動運行。該市場利用全國銀行間同業拆借中心的交易網路，由中央國債登記結算有限責任公司負責證券託管和結算。交易成員限於商業銀行和城市合作銀行，回購券種有國債、政策性金融債和央行融資券，回

購期限最短為2天，最長為4個月，交易雙方通過全國同業拆借交易系統進行報價、詢價和成交，成交后由託管清算系統根據結算指令辦理結算。證券清算通過中央國債登記結算有限責任公司，資金清算則通過中國人民銀行清算系統辦理。2002年12月30日和2003年1月3日，為推動我國企業證券市場的發展，上海證券交易所和深圳證券交易所分別推出了企業證券回購交易。

至此，我國的回購協議市場有上海證券交易所市場和深圳證券交易所市場，其證券回購券種主要是國債和企業債；我國的回購協議市場還包括全國銀行間同業拆借中心市場，其證券回購券種主要是國債、中央銀行融資券、中央銀行票據和特種金融證券。

回購交易的價格是回購利率。回購利率體系是指各個品種的回購加權平均利率，它的生成機制與CHIBOR類似，是以各品種的每一筆交易量為權重計算出來的加權平均利率。目前回購利率體系由11個品種的利率構成。由於證券回購市場風險小、成交量大，回購利率體系已經逐漸具備了短期基準利率的特徵。

第三節　商業票據市場

商業票據（Commercial Paper）是由信譽較高的工商企業發行，承諾在指定日期按票面金額向持票人付現的一種短期無擔保憑證。由於商業票據是由信譽卓著、知名度高的大公司發行，且近年大量商業銀行以提供信貸限額擔保的方式參與其發行，更增強了商業票據的信用程度，商業票據成為貨幣市場上又一重要的短期融資工具。

一、商業票據的歷史

商業票據是貨幣市場上歷史最悠久的工具，最早可以追溯到19世紀初。早期商業票據的發展和運用幾乎都集中在美國，發行者主要為紡織品工廠、鐵路、菸草公司等非金融性企業。大多數早期的商業票據通過經紀商出售，主要購買者是商業銀行。20世紀20年代以來，商業票據的性質發生了變化。汽車和其他耐用消費品的進口使得消費者對短期季節性貸款產生了需求。這一時期產生了大量的消費信貸公司，以滿足消費者融資、購買的需要，而其資金來源則通過發行商業票據獲取。首家發行商業票據的大消費信貸公司是美國通用汽車承兌公司，它發行商業票據的主要目的是為消費者購買通用汽車公司的汽車融資。通用汽車承兌公司進行的改革是將商業票據直接出售給投資者，而不通過商業票據經紀商銷售。

20世紀60年代，商業票據的發行量迅速增加。其原因有三：① 持續八年的經濟增長，西方一些國家的大公司為克服向銀行借款時，面臨信貸緊縮、成本增加的困境，轉而進入商業票據市場融資。② 聯儲體系實行緊縮的貨幣政策。1966年和1969年，那些過去使用銀行短期貸款的公司發現由於Q條例利率上限的限制使銀行無法貸款給它們。這樣，許多公司轉向商業票據市場尋找替代的資金來源。③ 銀行為了滿足其資金需要，自己發行商業票據。為逃避Q條例的限制，銀行僅在1969年就發行了110多億

美元的商業票據。

歷史上，商業銀行是商業票據的主要購買者。自20世紀50年代初期以來，由於商業票據風險較低、期限較短、收益較高，許多公司也開始購買商業票據。現在，商業票據的主要投資者是保險公司、非金融企業、銀行信託部門、地方政府、養老基金組織等。商業銀行在商業票據的市場需求上已經退居次要地位，但銀行在商業票據市場上仍具有重要作用。這表現在商業銀行代理發行商業票據、代保管商業票據以及提供商業票據發行的信用額度支持等。由於許多商業票據是通過「滾動發行」償還，即發行新票據取得資金償還舊票據，本來在這種活動中銀行角色就很重要，加之許多投資者在選擇商業票據時又較為看重銀行的信用額度支持，因此，商業銀行的信用額度對商業票據的發行影響較大。

二、商業票據的性質及意義

（一）商業票據的性質

由於發票人即承諾付款人，商業票據本質上是一種本票，但它又不同於一般的商業本票，二者的區別主要體現在以下幾個方面：

（1）代表的關係不同。商業本票是一種交易性或隨物性票據，是某一特定的商品、勞務交易過程的產物，代表商品買賣以及相應的商業信用關係；商業票據則是融資性票據，是某些大公司憑藉自己的信譽發行，以籌措短期資金。可見，商業票據已脫離特定的商品交易過程，不再體現商品勞務買賣關係，而只代表單純的債權債務關係。

（2）票面內容不同。商業本票代表著因商品、勞務交易而產生的買賣雙方之間的商業信用關係，因而它是一種雙名票據，即票面上記載收款人和付款人的名稱、票面金額、期限也因商品、勞務交易額而零整不一、每筆不同；商業票據則是一種單名票據，票面上只記載付款人（發行者）名稱，而無確定的收款人，其票面金額較大且固定，期限也因融資要求的不同而具有不同檔次，通常為30日、60日、90日、180日。

（3）市場性不同。商業本票明確記載收款人（持票人）和付款人（發票人）。由於記名票據的轉讓往往要經過背書程序，若發票人到期不能向最終持票人付款，賣方還要承擔付款責任，所以極大限制了持票者進行流通轉讓。其中，只有很少部分的付款有保證的商業本票可以通過貼現方式轉讓給銀行或貼現公司。商業票據則是一種市場性極強的票據，一般無特定的銷售對象，它憑藉發行人本身的經濟實力和商業信譽在金融市場上公開發行、流通。到期時發行人不得以任何理由要求延期和轉期。商業票據以發行人的信用為保障，且大多不記名，從而大大增強了其流通轉讓的能力。

（二）商業票據的意義

1. 對於發行者而言，商業票據融資較銀行短期借款具有以下優點：

（1）獲取資金的成本較低。一般來說，利用商業票據融資的成本通常低於銀行的短期借款成本，一些信譽較好的大機構發行商業票據的利率，有時甚至可低至同等銀行同業拆借利率，原因是發行機構的信用有些可能比一般的中小銀行的信用更好，加上直接從投資者獲得資金，節省了銀行從中收取的費用。此外，國外商業銀行在貸

款時都要求借款人在該行保持補償性余額,即每筆貸款以一定的比例回存在該行帳戶上,這使客戶的借款成本進一步提高,利用商業票據籌資則可避免這一成本的發生。

(2) 籌集資金的靈活性較強。用商業票據籌資,根據發行機構與承銷機構的協議,發行者可在約定的某段時期內,不限次數及不定期地發行商業票據,以靈活地配合短期資金的需要。

(3) 有利於提高發行公司的信譽。商業票據在貨幣市場上是一種標誌信譽的工具,公司發行商業票據實際上達到了免費宣傳和提高公司信用和形象的效果。當公司向銀行借貸時,也可借此爭取較佳的借貸條件,長遠來看有利於公司借貸成本的降低。

2. 對於投資者而言,商業票據提供了新的投資途徑

投資者選擇持有商業票據,除可以享受較銀行存款更高的利息收入以外,還可在到期前將票據在二級市場轉讓,收回現金,獲得較存款更強的流動性。不過,由於商業票據期限短、風險小、利率高且投資者可以根據自身資金狀況選擇商業票據的金額、期限,商業票據的持有者大多將票據持有到期進行兌付,因此,商業票據的二級市場規模很小。

三、商業票據市場的運行

(一) 發行者

商業票據的發行視經濟及市場狀況的變化而變化。一般說來,高利率時期商業票據的發行數量較少,而資金來源穩定、市場利率較低時,發行數量較多。商業票據的發行者包括金融性公司和非金融性公司。金融性公司主要有三種:附屬性公司、與銀行有關的公司及獨立的金融公司。第一種公司一般是附屬於某些大的製造公司,如前述的通用汽車承兌公司,第二種是銀行持股公司的下屬子公司,第三種則為獨立的金融公司。非金融性公司發行商業票據的頻次較金融公司少,發行所得主要解決企業的短期資金需求及季節性開支,如應付工資及繳納稅收等。

(二) 面額及期限

同其他貨幣市場信用工具一樣,發行者利用商業票據吸收了大量資金。在美國商業票據市場上,雖然有的商業票據的發行面額只有 25,000 美元或 50,000 美元,但大多數商業票據的發行面額都在 100,000 美元以上。二級市場商業票據的最低交易規模為 100,000 美元。據統計,商業票據市場上每個發行者平均擁有 1.2 億美元的未到期的商業票據,一些大的單個發行者擁有的未到期的商業票據達數十億美元。

商業票據的期限較短,一般不超過 270 天。市場上未到期的商業票據平均期限在 30 天以內,大多數商業票據的期限在 20~40 天。

(三) 銷售

商業票據的銷售渠道有兩種:一是發行者通過自己的銷售力量直接出售;二是通過商業票據交易商間接銷售。究竟採取何種方式,主要取決於發行者使用這兩種方式的成本的高低。非金融性公司主要通過商業票據間交易商進行銷售,因為它們的短

期信用需求通常具有季節性和臨時性，建立永久性的商業票據銷售隊伍不合算。一些規模非常大的公司則通過自己的下屬金融公司直接銷售，在這樣的大公司中，其未到期的商業票據一般在數億美元以上，其中大多數為大金融公司和銀行持股公司所持有。

經銷商承銷發行的形式通常有兩種。一是代銷發行，即商業票據經銷商與發行公司議定承銷期限，按照發行公司指定的承銷價格，由經銷商代理銷售，承銷期滿未售完部分退回發行公司，經銷商不承擔發行風險，只按銷售金額提取一定比例的手續費。二是包銷發行，這是最主要的承銷方式，經銷商與發行機構簽訂承銷協議後，先以一定的價格從發行者手中購入商業票據，然後以較高價格出售給其他投資者，從中賺取價差收入。在商業票據的包銷過程中，具體可以通過一次性發行來完成籌資目標，也可以利用循環式包銷協議發行。所謂循環式包銷協議，是發行機構與包銷商簽訂協議，由后者承諾在一定期間內（例如 3 年），負責包銷發行機構所發行的一切商業票據，包銷責任以指定總額為限，發行機構在任何時候已發行商業票據的累計總額不能超越此限額，但若已發行票據期滿贖回後，不足限額部分可再繼續循環使用。循環式包銷協議保證了發行機構在協議有效期內，可隨時獲得限額之內的資金供應，令資金週轉更加靈活。當然，為得到包銷商的承諾，發行機構須按年繳付包銷商一項承諾費用。目前，商業票據中的絕大部分是通過此方式發售的。

儘管在投資者急需資金時，商業票據的交易商和直接發行者可在到期之前兌現，但商業票據的二級市場並不活躍。一個原因是商業票據的期限非常之短，購買者一般都計劃持有到期；另一個原因是商業票據是高度異質性的票據，不同經濟單位發行的商業票據在期限、面額和利率等方面各有不同，其交易難以活躍。

（四）信用評估

在商業票據發行過程中，票據的評級是十分重要的環節。對商業票據發行者來說，只有經過評級的商業票據才易為公眾所接受並獲得更好的銷路；對商業票據的投資者來說，資信評級機構對商業票據做出的信用評級結果是進行投資選擇、決策和降低風險的重要依據。美國主要有四家機構對商業票據進行評級，它們是穆迪投資服務公司、標準普爾公司、德萊·費爾普斯信用評級公司和費奇投資公司。商業票據的發行人至少要獲得其中的一個評級，大部分獲得兩個。商業票據的評級和其他證券的評級一樣，也分為投資級和非投資級。美國證券交易委員會認可兩種合格的商業票據：一級票據和二級票據。一般說來，要想成為一級票據，必須有兩家評級機構對所發行的票據給予了「1」的評級，成為二級票據則必須有一家給予了「1」的評級，至少還有一家或兩家的評級為「2」。二級票據為中等票據，貨幣市場的資金對這種票據的投資會比較有限。

（五）投資者

商業票據的投資者主要是大商業銀行、非金融公司、保險公司、基金會及投資公司。個人投資者很少，原因是商業票據面值較大（美國商業票據面值最低為 2.5 萬美元），且購買單位較大（通常以 10 萬美元為 1 購買單位），個人一般無力購買。投資者可以從三個方面購買商業票據：從交易商手中購買；從發行者那裡購買；購買投資商

業票據的基金份額。

四、商業票據的發行價格和發行成本

(一) 發行價格

商業票據一般採用貼現方式發行，即以低於票據面值的折扣價格（票面值減除折扣部分）發行，期滿則以票面值償還。折扣部分又稱貼現額，代表票據實際利息支付水平，它取決於商業票據的實際利率（對投資者的實際收益），又直接影響商業票據的發行價格。因此，發行機構和承銷機構通常在考慮以下影響商業票據利率的因素後，共同確定發行價格。

(1) 同期借貸利率與貨幣市場利率。商業票據的發行利率決定著發行機構的借貸成本和認購者的投資收益水平。為使商業票據更具競爭力，發行機構會根據同期借貸利率和貨幣市場利率來確定商業票據的發行利率，以吸引投資者。當借貸利率和貨幣市場利率因資金供應緊張而提高時，意味著發行機構利用商業票據的借貸成本會相應提高，其發行利率隨之上升。

(2) 發行機構的信用等級及有無擔保。發行機構的信用及擔保狀況對投資者承擔的風險至關重要。票據的信用程度與利率通常具有相反關係，資信等級越高，發行利率越低；有擔保的商業票據比無擔保的商業票據利率低；有高等級銀行擔保的商業票據的利率較低等級銀行擔保的商業票據低。

(3) 其他貨幣市場工具的利率。商業票據與其他貨幣市場工具的差別決定利率的差異。如商業票據的風險性比國庫券大，流動性比國庫券差且需納稅，因而它的利率應高於國庫券利率。

(4) 商業票據的期限。商業票據利率還受到期限的影響，所發行的商業票據期限越長，則利率越高。

此外，境外企業如在它國商業票據市場上籌資，其利率一般要高於該國國內企業，因為境外發行人發行的商業票據面臨的政治、外匯風險較大，投資者往往要求提高利率以增加風險收益。

(二) 發行成本

商業票據的發行成本主要由以下部分構成：

(1) 利息總額（即折扣額）。它受發行金額、實際利率和期限的影響，計算公式為：

$$利息總額 = 發行金額 \times 實際利率 \times （期限/360）$$

(2) 承銷費。承銷費即根據承銷金額、期限及方式支付承銷機構相應的發行費用。

(3) 鑒證費。為證明商業票據記載項目正確，一般應由權威機構予以鑒證，通常按鑒證金額收費。

(4) 保證費。金融機構為商業票據發行者提供信用擔保要收取保證費，收費標準一般按商業票據保證金年利息的1%計付，對發行量大、資信良好的公司可酌減。有時則以補償余額的方式支付，即發行者必須在銀行帳號中保留一定金額的無息資金。

(5) 評級費。資信評級機構一般按照發行量的一定比例收取評級費和其他服務費用。

第四節 銀行承兌匯票市場

一、銀行承兌匯票原理

銀行承兌匯票（Banking Acceptance）市場，是貨幣市場上歷史最悠久的市場之一。在商品交易活動中，售貨人為了向購貨人索取貨款而簽發的匯票，經付款人在票面上蓋上到期付款的「承兌」字樣並簽章後，就成為承兌匯票。經購貨人承兌的匯票稱商業承兌匯票，經銀行承兌的匯票為銀行承兌匯票。由於銀行承兌匯票由銀行承諾承擔最后付款責任，實際上是銀行將其信用出借給企業，因此，企業必須繳納一定的手續費。這裡，銀行是第一責任人，而出票人則只負第二手責任。以銀行承兌票據作為交易對象的市場即為銀行承兌票據市場。

銀行承兌匯票是為方便商業交易活動而創造出的一種工具，在商業貿易中獲得廣泛運用。銀行承兌匯票多由購貨商簽發，經銀行允諾負責支付並蓋上「承兌」字樣，到期日按票面價值兌現，也可以到票據市場進行轉讓或貼現。其償還期一般為90天，短的有30天，長的有180天。當一筆交易發生時，由於銷貨商對購貨商的信用不瞭解，加之沒有其他的信用協議，銷貨商擔心對方不付款或不按時付款，購貨商擔心對方不發貨或不能按時發貨，交易就很難進行。這時便需要銀行信用從中作保證。一般地，購貨商向銀行申請信用支持，提供信用的銀行成為首要的付款銀行。在獲得信用支持後，購貨商開出以銀行為付款人的匯票，可以是即期的，也可以是遠期的。若是即期匯票，付款銀行見票付款；若是遠期匯票，付款銀行在匯票正面簽上「承兌」字樣，填上到期日，並蓋章為憑。這樣，銀行承兌匯票就產生了。承兌后，這張遠期匯票便成為承兌銀行的不可撤銷負債。銷貨商收到匯票後，可持有匯票到期，然後要求承兌行付款；也可在到期前向其他銀行進行貼現，提前取得現款。貼現行取得匯票後，可持有至到期日向承兌行收款，也可以將匯票拿到金融市場上出售，還可進行轉貼現或再貼現。

二、銀行承兌匯票的性質和意義

商業匯票是基於合法的商品交易而產生的票據，它是購貨商和銷售商之間根據約期付款的購銷合同和商品交易而開具的反應債權債務關係並約期清償的票據。商業匯票可以由收款人簽發，也可由付款人簽發，前者稱為指己匯票，后者稱為對己匯票。依據付款日期的不同，商業匯票可以分為即期商業匯票和遠期商業匯票，前者是見票即付的票據，不具備可流通性，后者是約定一定支付期限的票據。

遠期商業匯票必須經過承兌才有實際意義。承兌即是承兌人對收款人的一種無條件支付票款的保證。根據承兌主體的不同，遠期商業匯票可再分為商業承兌匯票和銀行承兌匯票。由工商企業承兌、付款的匯票為商業承兌匯票；由銀行承兌、付款的匯票為銀行承兌匯票。可見，銀行承兌匯票本質上是商業信用的產物，是一種商業票據。

同其他貨幣市場信用工具相比，銀行承兌匯票在某些方面更能吸引儲蓄者、銀行和投資者。因而作為信用工具，它既受借款者歡迎又為投資者青睞，同時也受銀行喜歡。

(一) 從借款人角度看

首先，借款人利用銀行承兌匯票進行借款的成本較傳統銀行貸款的利息成本及非利息成本之和要低。要求銀行承兌匯票的企業實際上就是借款者，它必須向銀行交付一定的手續費。當它向銀行貼現後，又取得現款，故其融資成本為貼息和手續費之和。傳統的銀行貸款，除必須支付一定的利息外，借款者還必須在銀行保持超過其正常週轉資金餘額的補償性最低存款額，這部分存款沒有利息，構成企業的非利息成本。對比而言，使用傳統銀行貸款的成本比運用銀行承兌匯票的成本高。

其次，借款者運用銀行承兌匯票比發行商業票據籌資有利。能在商業票據市場上發行商業票據的都是規模大、信譽好的企業。許多借款企業都沒有足夠的規模和信譽以競爭性的利率發行商業票據籌資，這部分企業卻可以運用銀行承兌票據來解決資金上的困難。即使是少數能發行商業票據的企業，其發行費用和手續費加上商業票據利息成本，總籌資成本也高於運用銀行承兌票據的成本。

(二) 從銀行角度看

首先，銀行運用承兌匯票可以增加經營效益。銀行通過創造銀行承兌匯票，不必動用自己的資金，即可賺取手續費。當然，有時銀行也用自己的資金貼現承兌匯票，但由於銀行承兌匯票擁有大的二級市場，很容易變現，因此銀行承兌匯票不僅不影響其流動性，而且提供了傳統的銀行貸款所無法提供的多樣化的投資組合。

其次，銀行運用其承兌匯票可以增加其信用能力。一般地，各國銀行法都規定了銀行對單個客戶提供信用的最高額度。通過創造、貼現或出售符合中央銀行要求的銀行承兌匯票，銀行對單個客戶的信用可在原有的基礎上增加10%。

最後，銀行法規定出售合格的銀行承兌匯票所取得的資金不要求繳納準備金。這樣，在流向銀行的資金減少的信用緊縮時期，這一措施將刺激銀行出售銀行承兌匯票，引導資金從非銀行部門流向銀行部門。

(三) 從投資者角度看

投資者最重視的是投資的收益性、安全性和流動性。投資於銀行承兌匯票的收益同投資於其他貨幣市場信用工具，如商業票據等工具的收益不相上下。銀行承兌匯票的承兌銀行對匯票持有者負有不可撤銷的第一責任，匯票的背書人或出票人承擔第二責任，即如果銀行到期拒絕付款，匯票持有人還可向匯票的背書人或出票人索款。因此，投資銀行承兌匯票的安全性非常高。最後，一流質量的銀行承兌匯票具有公開的貼現市場，可以隨時轉售，因而具有高度的流動性。

三、銀行承兌匯票的一級市場

銀行承兌匯票的一級市場就是指銀行承兌匯票的發行市場，它出票和承兌兩個

環節構成，二者缺一不可。

出票是指出票人簽發票據並將其交付給收款人的票據行為。出票行為由兩個步驟組成，一是按照法定格式做成票據，二是將票據交付給收款人。匯票做成后，必須經過交付才能完成出票行為。票據設定的權利義務關係因出票行為而發生。其他各種票據行為都須以此為基礎。所以，出票是基本的票據行為。

承兌是指匯票付款人承諾在匯票到期日支付匯票金額的票據行為。匯票承兌具有十分重要的意義。匯票的付款人並不因出票人的付款委託而成為當然的匯票債務人，在匯票承兌以前，付款人只處於被提示承兌，或被提示付款的地位，只有經過承兌，才對匯票的付款承擔法律上的責任。付款人一經承兌，就稱為承兌人，是匯票的主債務人。因此，承兌雖然是在匯票簽發的基礎上所做的一種附屬票據行為，但它是確定票據權利與義務關係的重要步驟。

四、銀行承兌匯票的二級市場

經過出票、承兌環節之後，銀行承兌匯票作為商業信用的產物便形成了，但尚未說明銀行承兌匯票在貨幣市場中的功能和作用。事實上，匯票持有人為避免資金積壓，不會將銀行承兌匯票持有至到期日再收款，大多數情況下會立即將銀行承兌匯票予以轉讓，以融通短期資金。而經過銀行承兌的匯票，其信用程度顯著提高，從而可作為市場交易對象進入流通流域。銀行承兌匯票的二級市場，就是一個銀行承兌匯票不斷流通轉讓的市場。它由票據交易商、商業銀行、中央銀行、保險公司以及其他金融機構等一系列的參與者和貼現、轉貼現與再貼現等一系列的交易行為組成。銀行承兌匯票的貼現、轉貼現與再貼現等票據轉讓行為都必須以背書為前提。

（一）背書

背書是以將票據權利轉讓給它人為目的的票據行為。經過背書，匯票權利即由背書人轉移到被背書人。背書有兩個動作，一個是在匯票背面或在粘附於匯票背面的粘單上簽章，另一個是將匯票交付給被背書人。背書人是匯票的債務人，它要承擔保證其后手所持匯票承兌和付款的責任，並證明前手簽字的真實性和背書的連續性，以證明票據權利的正當性。如果匯票遭到拒絕付款，其后手有權向背書人追索款項。背書的次數愈多，匯票負責人也愈多，匯票的擔保性也愈強，持票人的權利就愈有保障。

（二）貼現

貼現就是匯票持有人為了取得現款，將未到期的銀行承兌匯票以貼付自貼現日起至匯票到期日為止的利息向銀行或其他貼現機構所做的匯票轉讓。通過貼現，急需資金的持票人以其持有的未到期票據，經過背書轉讓給銀行，向銀行兌取現款，銀行從票面額中扣除自貼現日起到到期日為止的利息，將余額支付給持票人。票據到期時，由銀行向票據付款人按票面額索回款項。票據貼現從表面上看是一種票據轉讓行為，其實質是短期資金的融通。

在票據貼現的過程中，貼現人把票據轉讓給銀行，貼現銀行則把從貼現額中扣除貼現利息后的余額（即實付貼現金額）付給申請貼現人。實付貼現金額是由貼現額、

貼現期和貼現率三個因素決定。

（1）貼現額。貼現額是指貼現銀行核定的憑以計算實付貼現金額的基數，一般均按票據的票面金額來核定。

（2）貼現期。貼現期是貼現銀行向申請貼現人支付貼現票款之日起至該貼現票據到期日為止的期限。

（3）貼現率。匯票貼現時扣除的自貼現日起至匯票到期日為止的利息稱為貼息，它與匯票票面金額的比率稱為貼現率。影響貼現率水平的因素主要有四個：一是市場利率水平，它與貼現率成正相關；二是匯票的信用程度，信用程度高的匯票，其貼現率相對較低；三是貼現期限，接近到期日的匯票，貼現率較低；四是供求關係，這會影響貼現率上下浮動。實付貼現金額的計算公式是：

$$貼息 = 貼現額 \times 貼現期 \times 貼現率$$
$$實付貼現金額 = 貼現額 - 貼息$$

例如甲企業向乙企業出售一筆價值1000萬元貨物，採用商業票據的方式收款。甲企業開出匯票，乙企業到期承兌，確定貼現日期為120天，月貼現率3‰，乙企業實付貼現金額是多少？

貼息 = $1000 \times 120 \times 3‰ \times 1/30 = 12$（萬元）

實付貼現金額 = $1000 - 12 = 988$（萬元）

（三）轉貼現

轉貼現就是辦理貼現業務的銀行將其貼現收進的未到期票據，再向其他銀行或貼現機構進行貼現的票據轉讓行為，是金融機構之間相互融通資金的一種形式。對申請轉貼現的銀行來說，通過轉貼現可提前收回墊付於貼現票據的資金，解決臨時資金需要；對接受轉貼現的銀行而言，又是運用閒置資金的有效途徑。在西方國家發達的票據市場上，轉貼現行為十分普遍，銀行和市場上的其他投資者往往利用銀行承兌匯票進行多次轉貼現，以靈活運用資金並獲取收益。

（四）再貼現

再貼現是指商業銀行或其他金融機構將貼現所獲得的未到期匯票向中央銀行再次貼現的票據轉讓行為。在一般情況下，再貼現就是最終貼現，票據即退出流通轉讓過程。中央銀行進行再貼現時，同樣要先計算出貼現日到匯票到期日應計收的利息，把票面金額扣除利息後的金額支付給貼現銀行。為了保證商業銀行辦理貼現業務有一定的利潤，中央銀行的再貼現率一般低於商業銀行的貼現率。

五、我國的銀行承兌匯票市場

我國銀行承兌匯票市場的發展起步於1986年，當時在北京、上海、天津、廣州、重慶、武漢、瀋陽、哈爾濱、南京、常州十個城市的工商銀行系統之間推廣商業匯票承兌和貼現業務。到1994年，中國人民銀行先後頒布了《商業匯票辦法》、《再貼現辦法》和《信貸資金管理暫行辦法》等一系列管理辦法，銀行承兌匯票市場開始進入快

速增長的階段，承兌、貼現、再貼現規模成倍擴大。1995—2003 年，銀行承兌匯票市場的承兌餘額由 865 億元增至 12,776 億元，貼現餘額由 150 億元增至 8167 億元，再貼現餘額由 322 億元增至 766 億元。

2003 年 6 月，中國票據網開通，標誌著全國統一票據市場形成。中國票據網是利用現代電子信息技術形成的全國統一票據市場綜合服務平臺，建立初期只是一個網路服務平臺，向金融機構提供票據轉貼現和票據回購的報價、查詢、在線洽談等服務。未來中國票據網將以商業票據無紙化發行與交易為目標，逐步建成囊括票據貼現、轉貼現、再貼現的報價、交易、登記、查詢等多種業務和各流通環節，覆蓋金融同業市場、銀企間市場、企業間市場等多市場層次的全方位的全國統一的票據市場服務系統。

需要說明的是，我國票據市場上的商業票據是企業在商品交易活動中簽發的，以真實商品交易為背景的結算工具，而不是國際金融市場上通常所指的脫離具體商品交易、公開發行的短期債務憑證。我國的商業票據大部分屬於匯票，而且以銀行承兌匯票占絕對多數，而國際市場上的商業票據屬於本票。但是我國在 20 世紀 90 年代曾有少數企業發行過期限在一年和一年以內的短期債券（也稱短期融資券），近年政策性銀行在銀行間債券市場發行的短期金融債券具備商業票據的特徵，但這些短期企業融資券和短期金融債券發行量不大，二級市場交易量也很小。2005 年 5 月 25 日中國人民銀行公布實施《短期融資券管理辦法》和配套的規程，允許符合條件的企業在銀行間債券市場發行短期融資券，這將為我國的商業票據市場帶來新的契機。

次貸危機過後，我國的銀行承兌匯票總量大幅上升，截止到 2015 年 5 月，市場上的銀行承兌匯票存量達 6.94 萬億人民幣。票據業務的發展加速了企業資金週轉，有利於改善商業銀行的資產結構。

第五節　大額可轉讓定期存單市場

大額可轉讓定期存單（Negotiable Certicates of Deposit，CD），是商業銀行發行的固定面額、固定期限、可以流通轉讓的大額存款憑證。

一、大額可轉讓定期存單市場的形成與意義

大額可轉讓定期存單最早出現於美國。20 世紀 50 年代末期，隨著金融市場的逐步活躍，金融工具種類增多且市場利率不斷提高，而商業銀行受聯邦儲備委員會 Q 條例的約束，活期存款不能支付利息，定期存款利率也有上限限制，致使許多存款人紛紛將手中臨時閒置資金轉投於國庫券和其他短期高息票據，從而引起銀行存款的大量流失。為擺脫困境，一些銀行設計了新的類似於貨幣市場其他工具的存單以開闢新的資金來源，但是由於這種存單不能流通，這項新舉措未取得成功。1961 年 2 月，紐約第一國民城市銀行（花旗銀行）在一些大經紀商的支持下，向大公司和其他客戶推出大額可轉讓定期存單，並允許持有人在存單到期前進行轉讓，以避免 Q 條例的限制。由於該存單具有強大的二級市場，克服了活期存款無收益、定期存款不能流動的問題，

從而吸引了大批客戶，並逐漸成為美國貨幣市場上重要的融資工具。后來，許多國家紛紛效仿美國發行該種存單，極大地擴張了大額可轉讓定期存單市場。

　　大額可轉讓定期存單實質上是定期存款的一種，但又不同於銀行普通定期存款。二者的區別在於：第一，普通定期存款的存單是記名的，不能轉讓，更不能在金融市場上流通；而大額可轉讓定期存單則通常採用不記名形式，可以在金融市場進行流通、轉讓。第二，普通定期存單的票面金額不固定，因存款人不同而有大有小、有整有零；而大額可轉讓定期存單的面額固定，且起點較高，如美國的大額可轉讓定期存單最低面額為2.5萬美元，通常為10萬、50萬和100萬美元。第三，普通定期存單儘管到期才能支付本息，但實際上存款人只要放棄一部分利息，仍然能夠提前支取；而大額可轉讓定期存單則必須到期才可向銀行提取本息，到期前持有人如需現金，只能通過其二級市場轉讓變現。第四，普通定期存單以長期為主，一般在1年以上；而大額可轉讓定期存單則通常為短期，最短期為14天，以3月期、6月期居多。第五，普通定期存單的利率大多固定；而大額可轉讓定期存單的利率則既有固定的也有浮動的，而且，即使是固定利率，在二級市場轉讓時，仍要根據轉讓時的市場利率計算價格。

　　對於商業銀行而言，大額可轉讓定期存單是一種新的有效的籌資工具。它具有主動性和靈活性，能夠以較低成本吸收數額龐大、期限穩定的資金；同時，它也是一種金融創新，極大地改變了商業銀行的經營管理思想。過去，商業銀行總認為對存款的增減難以控制，所以注重資產管理，注意力主要放在貸款和證券投資的選擇方面，當需要流動性時，往往依靠減少貸款或出售證券的資產結構變化來滿足。隨著大額可轉讓定期存單的發行及流通市場的形成，商業銀行開始認識到，調節流動性，不一定必須依靠減少放款或出售證券，通過主動發行大額可轉讓定期存單的方式增加負債也是獲取資金，滿足流動性的良好途徑。大額可轉讓定期存單市場便成為商業銀行調整流動性的重要場所，商業銀行的經營策略也在資產管理的基礎上引入了負債管理的理念。

　　對於部分投資者而言，大額可轉讓定期存單為其閒散資金的利用提供了一個極好的選項。一方面，大額可轉讓定期存單到期前可以隨時變現，具有與活期存款近似的流動性；另一方面，它具有定期存款的收益水平，能夠滿足大宗短期閒置資金擁有者對流動性和收益性的雙重要求。由於大額可轉讓定期存單的面額較大，其投資者主要是大企業、基金會、地方政府及其他金融機構，也有少數個人投資者。

二、大額可轉讓定期存單的發行

　　在大額可轉讓定期存單發行前，決策具有十分重要的意義。對大額可轉讓定期存單發行的決策是指商業銀行在比較各種負債方案時，通過權衡利弊對存單發行方案進行選擇。在通常情況下，商業銀行在決定存單發行時應考慮以下因素：

　　（1）銀行資產業務需要量及支付日期。在分析銀行資產負債結構的同時，商業銀行要預測負債增長能否在數量上滿足預期的資產項目的資金需要，或者在期限上能否滿足預期資產使用的穩定性要求。商業銀行在此基礎上決定存單發行數量與期限結構。

　　（2）市場資金供應狀況和利率變動情況。商業銀行一方面應根據市場資金可供量來確定存單發行規模，另一方面應根據市場利率變動預測來確定適當的期限。一般而

言，如預期利率上升，物價上漲，可將存單期限定長一些，反之則短一些。同時，市場資金和利率水平也是確定存單利率的重要依據。

（3）本銀行的資信等級和市場形象。若本行信用等級高、形象好，則可將存單利率定低一些；反之，則高一些。

（4）金融管理法規。商業銀行應根據本國有關金融法規確定發行規模、發行方式和發行利率等。

存單發行價格是否恰當，往往決定著發行的成敗，因此，商業銀行在確定發行價格時，應該綜合考慮自身資信等級狀況、市場利率水平、存單期限及市場資金供應狀況等因素，並選擇合適的計算方式。大額可轉讓定期存單的發行價格有兩種：一種是按票面值出售，到期償還本金和利息；另一種是貼現發行，以低於票面值的折扣價格發行，到期按票面值進行償還。

按面額發行的固定利率存單，其到期支取的本息為：

$$到期支取的本息 = 本金 + 本金 \times 利率 \times (期限/360)$$

浮動利率存單到期支取本息時按付息期的基數加浮動幅度，公式同前。貼現發行的存單，其利息反應在折扣裡，在發行時即進行支付。

三、大額可轉讓定期存單的流通

大額可轉讓定期存單的流通市場是對已發行但尚未到期的存單進行買賣的市場，通常由存單買賣者和經紀商組成。在一級市場購買存單的投資者，由於急需資金，可以在二級市場將其出售給經紀商，以維持流通性。經紀商買入這些存單後可一直持有至到期，兌取本息，也可以再到二級市場出售，從而形成連續的市場轉讓。可見，在大額可轉讓定期存單流通市場中發揮重要作用的是各種經紀商，它們一方面承擔推銷、發售存單的任務，不斷為顧客提供零售、批發服務；另一方面不斷充當存單轉讓仲介，創造二級市場以保證存單的流動性。

大額可轉讓定期存單的轉讓價格決定於轉讓時的市場利率。投資者在市場上轉讓存單時，當時的市場利率可能與存單的約定利率存在差異，即市場利率可能高於，也可能低於存單利率。存單的新購買者總是以當時的市場利率作為可接受的收益率，而存單到期時，銀行是按約定利率支付利息。這種差異就要求存單的轉讓價格依據市場利率的升降而相應調整，當市場利率高於存單利率時，存單轉讓價格相對發行價低些；反之，則相對較高。

按面額發行的固定利率存單，其轉讓價格公式為：

$$P = \frac{FV \times [1 + i \times (T/360)]}{1 + r \times (t/360)}$$

式中，P是存單轉讓價格，FV是存單面值，i是存單票面利率，T是存單的期限，t是存單的存續期限，r是市場利率。

按貼現發行的大額可轉讓定期存單，其轉讓價格計算較為簡便，公式為：

$$P = \frac{FV}{1 + r \times (t/360)}$$

四、大額可轉讓定期存單的風險與收益

對投資者來說，可轉讓存單的風險主要有兩種，一是信用風險，二是市場風險。信用風險指由發行存單的銀行在存單期滿時無法償付本息而引發的風險。在美國，雖然一般的會員商業銀行必須在聯邦存款保險公司投保，但由於存單發行面額大，而每戶存款享受的最高保險額只有 10 萬美元，因此存單的信用風險依然存在。實行存款保險制度國家的銀行發行的存單尚存在風險，更不用說沒有實行存款保險制度國家的銀行所發行的存單了。而且，由於近年來國際金融風波不斷，信用風險還有加大的趨勢。市場風險指的是存單持有者急需資金時，存單不能在二級市場上立即出售變現或不能以較合理的價格出售。儘管可轉讓存單的二級市場非常發達，但其發達程度仍比不上國庫券市場，因此大額可轉讓定期存單並非完全沒有市場風險。

一般地說，存單的收益取決於三個因素：發行銀行的信用評級、存單的期限及存單的供求量。另外，收益和風險的高低也緊密相連。可轉讓存單的收益要高於同期的國庫券收益，主要原因是國庫券的信用風險低並且具有免稅優惠。另外，國庫券市場的流動性也比存單市場高。

五、我國的大額可轉讓定期存單市場

我國的大額可轉讓定期存單市場始辦於 1986 年 10 月。交通銀行上海分行籌備成立之初，面對各專業銀行的強大競爭，經中國人民銀行上海市分行批准，設計、推出了大額可轉讓定期存單這一新型融資工具。由於大額可轉讓定期存單具有存期短、利率高、轉讓方便的特點，受到許多企事業單位的普遍歡迎。1989 年，中國人民銀行總行制定了《大額可轉讓定期存單管理辦法》，批准在全國推行大額可轉讓定期存單。但在大額可轉讓定期存單的業務經營中，出現某些不法分子與銀行內部工作人員勾結，盜開大額存單進行非法融資，或偽造存單進行詐騙活動等問題，嚴重損害了銀行的利益。1996 年，中國人民銀行總行對 1989 年制定的《大額可轉讓定期存單管理辦法》進行修改，修改后的《大額可轉讓定期存單管理辦法》內容主要包括以下方面：

（1）發行及發行對象。大額可轉讓定期存單的發行者限於各商業銀行，其他金融機構不得發行大額可轉讓定期存單。大額可轉讓定期存單的發行對象為城鄉居民個人和企事業單位。對城鄉居民個人發行的大額可轉讓定期存單，面額為 1 萬元、2 萬元、5 萬元；面向企事業單位發行的大額可轉讓定期存單，面額為 50 萬元、100 萬元、500 萬元。

（2）期限與利率。大額可轉讓定期存單的期限為 3 個月、6 個月和 12 個月。其利率由中國人民銀行制定，大額可轉讓定期存單在存期內按存單開戶日銀行掛牌公布的利率水平和浮動幅度計付利息，不分段計息。存單不能提前支取，到期后一次還本付息，逾期部分不計付利息。

（3）發行方式和流通。大額可轉讓定期存單採用記名方式發行，以背書方式轉讓，轉讓次數不限，背書應當連續。經中國人民銀行批准，商業銀行和經營證券交易業務的金融機構可以辦理大額可轉讓定期存單的轉讓業務，但企業、事業單位持有的大額

可轉讓定期存單只能在經營證券業務的金融機構辦理轉讓。大額可轉讓定期存單的轉讓採用自營買賣和代理買賣兩種交易方式。自營買賣的價格不得低於存單面額，交易價格由交易機構自定，並公開掛牌；代理買賣的價格根據委託人的要求確定，公開掛牌發行大額可轉讓定期存單的商業銀行在辦理轉讓業務時，只能辦理代理買賣業務。

（4）大額可轉讓定期存單憑證格式統一，由中國人民銀行統一組織印製，並由中國人民銀行負責大額可轉讓定期存單業務的審批和監督工作。中國人民銀行確定大額可轉讓定期存單的發行計劃，並根據各商業銀行總行的申請，核定各商業銀行的發行額度。商業銀行向中國人民銀行申請發行大額可轉讓定期存單時，必須報送有關資料，包括申請發行額度、期限、面額、利率等內容，同時附上與指定經營大額可轉讓定期存單業務的證券機構達成的轉讓協議。各商業銀行發行大額可轉讓定期存單吸收的存款，應當向中國人民銀行繳存存款準備金。對違反管理規定的金融機構，中國人民銀行及其分支機構有權視情節輕重予以相應的處罰。

實踐中，我國的大額可轉讓定期存單市場很不發達，企業對於大額可轉讓定期存單反應冷淡，在很長的時間裡存單售出的數量寥寥，並沒有給銀行帶來預期的收益。從事大額可轉讓定期存單交易的市場在中國也基本不存在，使大額可轉讓定期存單的吸引力非常欠缺。這主要是因為大額可轉讓定期存單在美國和在我國產生的背景有很大的不同。1961 年，花旗銀行之所以會創造大額可轉讓定期存單，是因為當時美國在銀行之外還存在繁榮的直接融資市場——股票市場和債券市場，這個市場的繁榮，導致人們紛紛把資金從銀行中取出投入其中。而由於美國銀行法 Q 條例中關於活期存款不允許付息，定期存款利息不得超過 6% 的管制，銀行的資金來源受到威脅，因此才發明了這種既可轉讓又有利息收入的產品來逃避利率管制，以增加資金來源。

而 20 世紀 80 年代的中國，情況則明顯不一樣，銀行幾乎是整個社會唯一的金融投資場所，雖然中國的利率受到嚴格的管制，但這並沒有從根本上影響人們將餘錢存入銀行的習慣。嚴格的財務制度、單調的金融市場、稀少的投資渠道，最重要的是中國對於活期存款支付利息的規定，使得銀行根本就用不著擔心資金的來源問題，那麼銀行對於創造和銷售大額可轉讓定期存單顯然缺乏必要的積極性。

近年來，隨著我國金融市場的發展，資金流向開始多元化，商業銀行主動負債的意識增強，大額可轉讓定期存單又開始活躍起來。2015 年 6 月央行正式推出《大額存單管理暫行辦法》，對 1996 央行發布的《大額可轉讓定期存單管理辦法》（以下簡稱《辦法》）有了重要修改。《辦法》明確了大額存單屬於一般性存款範疇，面向的「非金融機構投資人」包括個人、非金融企業、機關團體和中國人民銀行認可的其他單位。在額度方面，《辦法》規定，個人投資人認購大額存單起點金額不低於 30 萬元，機構投資人認購大額存單起點金額不低於 1000 萬元。在期限方面，大額存單分 1 個月、3 個月、6 個月、9 個月、1 年、18 個月、2 年、3 年和 5 年共 9 個品種。大額存單利率分為固定利率和浮動利率兩種。固定利率存單採用票面年化收益率的形式計息，浮動利率存單以上海銀行間同業拆借利率（Shibor）為浮動利率基準計息。關於贖回方式，新規中大額存單的轉讓可以通過第三方平臺開展，轉讓範圍限於非金融機構投資人。對於通過發行人營業網點、電子銀行等自有渠道發行的大額存單，可以根據發行條款通

過自有渠道辦理提前支取和贖回。新辦法的實施為我國大額存單市場的發展開闢了新道路，有利於大額存單真正發揮價值。

第六節　短期政府債券市場

短期政府債券通常稱為國庫券（Treasury Bills，TB），是由財政部發行、政府提供信用擔保的短期債券。政府債券依據期限分為三種：期限 10 年以上的長期債券、期限 1～10 年的中期債券和期限 1 年以內的短期債券。1 年以內的短期政府債券通常被稱為國庫券，是貨幣市場最重要的交易工具。

一、短期政府債券市場的形成與作用

世界上最早發行國庫券的國家是英國，它於 1877 年即利用發行國庫券來籌措短期財政資金。美國的國庫券發行從 1929 年開始。1929 年以前，美國聯邦政府的短期融資以國庫券為工具，期限為 1 年，採取固定利率，平價發行，到期還本付息。這種工具由於期限結構單調、利率無法隨市場變動，給籌資和投資雙方均帶來不便。因此，美國政府於 1929 年 6 月仿照英國做法，授權財政部長以貼現方式發行期限更短的國庫券，同年 11 月，美國發行第一批國庫券。我國於 1981 年首次發行國庫券，但其實際上是中期國債。直到 1994 年，我國國債市場打破以往以中長期國債為主的單一格局，嘗試設計、發行了半年期和 1 年期短期國債，才標誌著真正意義的國庫券的出現，而 1996 年推出的 3 月期國庫券，極大地豐富了國庫券的期限品種，同時開始依照國際慣例在國庫券發行中採用招標、貼現方式。

與其他貨幣市場工具比較，國庫券具有以下特點：①安全性高。由於國庫券是由財政部發行，是政府的直接債務，一般不存在違約風險，被認為安全可靠。因而，國庫券利率往往被稱為無風險利率，成為其他利率確定的依據。②流動性強。極高的安全性、組織完善、運行高效的市場賦予國庫券極強的流動性，使持有者可隨時在市場上轉讓變現。③稅收優惠。政府為增強國庫券的吸引力，通常給予購買者稅收方面的優惠，如豁免州和地方的所得稅、交易稅等。

由於國庫券的上述特點，其市場規模增長十分迅速。它已成為眾多國家貨幣市場上交易量最大的金融工具，並廣泛為銀行、政府、公司、個人等各類型的投資者所持有，尤其是以商業銀行和中央銀行為最主要的持有者。商業銀行往往以國庫券的期限短、安全性高、流動性強為依託，將臨時多餘頭寸投資於國庫券，作為二級準備，既保證了頭寸運用的收益能力，又有利於及時、靈活調整流動性。中央銀行則把國庫券作為公開市場業務操作的主要工具之一，通過對國庫券的直接買賣或再購回協議等方式向銀行體系吞吐貨幣，進而調控社會貨幣供應量，實現貨幣政策目標。

二、短期政府債券的發行與流通

(一) 短期政府債券市場的參與者

短期政府債券一級市場的參與者主要有政府和投資者。發行短期政府債券對於政府來說有三個重要的意義：①融資以滿足政府短期資金週轉的需要。儘管政府年前預算力求保證下一年度的收支平衡，但由於季節性收支變動，仍有可能出現年內短期資金週轉缺口，通過發行短期政府債券可以彌補臨時性資金短缺。②規避利率風險。固定利率中長期債券的利率風險較大，當市場利率較發行債券那一刻降低時，政府要承擔相對高的利息成本。而短期政府債券由於期限較短，且政府可以有不同期限的選擇，因此利率波動的風險小很多。③為中央銀行的公開市場業務提供可操作的工具。中央銀行具體實施公開市場業務都在短期政府債券的二級市場上進行，但一級市場的發行為其奠定了基礎。由於短期政府債券的信用風險小，價格變動的利率彈性小，發行量大，品種多，是商業銀行超額準備的主要資產，因此，短期政府債券就成了中央銀行進行公開市場業務操作的極佳工具。

一級市場中的投資者主要是參與短期政府債券發行投標的一級自營商，它們通常由資力雄厚的大投資銀行與商業銀行共同組成。一旦獲得了短期政府債券一級自營商的資格，該金融機構就有義務連續參加短期政府債券的發行活動。

在一級市場還有除自營商以外的金融機構、企業、外國中央政府等參與者。金融機構參與者主要是一些資金實力相對較小的商業銀行和投資銀行，它們沒能夠成為一級自營商，但也可以通過競標獲得一級市場直接投資短期政府債券的機會。

短期政府債券一級市場上的企業主要是指那些在滿足了日常生產經營活動資金需要后依然有資金盈余的經濟主體。它們主要是希望利用盈余的資金投資於風險較小的短期政府債券，以獲得穩定的投資收益。

外國中央政府參與一國短期政府債券一級市場主要有兩個目的：一個是投資目的，即通過投資一國短期政府債券獲得收益；另一個是穩定匯率的目的，即通過購買一國金融資產以穩定兩國貨幣之間的匯率。

短期政府債券二級市場的參與者包括發行國中央銀行和各類投資者。發行國中央銀行參與二級市場交易主要是進行公開市場業務操作，通過買賣短期政府證券來控制貨幣供應量，實現其貨幣政策目標。二級市場上的各類投資者包括：作為短期政府債券承銷人的一級自營商、各類金融性與非金融性機構、個人投資者以及其他國家的政府等。

(二) 短期政府債券的發行

財政部發售國庫券主要是為政府籌措短期資金以彌補短期、季節性財政赤字，或應付其他短期資金需求，如償還到期的國庫券，同時也必須與財政金融政策的需要相適應。因此，財政部在決定國庫券的發行數量、時間、期限和利率時，通常應考慮政府的短期資金需求規模、市場利率水平及中央銀行貨幣政策目標等因素。

短期政府債券的發行人是中央政府，一般由財政部負責發行。短期政府債券通常

採用貼現方式發行，即投資者以低於面值的價格購得短期政府債券，到期時按面額獲得償還金額，發行短期政府債券的面額與購買價格之間的差額就是投資者的收益。

短期政府債券一般採取公開招標發行的方式，即通過投標人的直接競價來確定國庫券的發行價格（或收益率），發行人將投標人的報價自高價向低價或者由低利率向高利率排列，發行人則從高價（或低利率）選起，直到達到需要發行的數額為止。因此，最終所確定的價格恰好是供求決定的市場價格。目前，美國、義大利、英國等發達國家都採取這一方式。我國也採用這一方式發行國債。

從招標競爭標的物看，存在繳款期、價格和收益率招標三種形式；從確定中標的規則看，有單一價格（美國式）招標與多種價格（荷蘭式）招標之分。

1. 按標的物分類

（1）繳款期招標。投標商以繳款時間作為競爭標的物，發行人按由近及遠的原則確定中標者，直至募滿發行額為止。繳款期招標一般多在發行價格或票面利率已定的條件下使用，適應於招標機制並不健全的環境。

（2）價格招標。招標商以發行價格作競爭標的物，發行人按由高到低的原則確定中標者和中標額。貼現債券多採用這種辦法發行。如果附息債券或附有票面利率的零息債券也要實行價格招標，則必須確定發行票面利率。貼現債券的中標收益率依不同的招標價格而定。附有票面利率的債券的中標收益率則分兩種情況：當中標價高於面值時收益率低於票面利率；反之，則高於票面利率。

（3）收益率招標。招標商以債券投資收益率為投標競爭標的物，發行人按由低到高的順序確定中標者。對於附有票面利率的債券，通過招標過程所確定的票面利率一般為所有中標收益率的加權平均數。由於發行價格是預先規定好的，所以中標商的盈虧是由其繳款價格相對於面值的差額所體現出來的，即當中標收益率低於加權平均中標收益率時，則繳款價格高於面值，相對虧損；反之，則相對盈利。

2. 按中標方式分類

（1）荷蘭式招標，也稱單一價格招標，即在招標規則中，發行人按募滿發行額時的最低中標價格作為全體中標商的最后中標價格，每家中標商的認購價格是相同的。在這種招標形式下，如果市場對債券需求強烈，招標商為了能夠多認購債券，往往會將價格抬得較高。因為就單個投標商而言，即使將價位報得較高，最后與其他中標商同樣按最低中標價格認購債券，而且還能滿足自己增加認購量的需求。如果所有投標商都抱有這種心理，必然會使最低中標價格也較高。這種結果對發行人當然有利，但容易使新發債券的發行收益率因競爭激烈而被壓低，在淨價交易制度下，附息債券進入二級市場的交易價格可能低於面值。當市場對債券需求不大時，最低中標價格可能會很低，新發債券的收益率相應提高，這當然對發行人不利。因此，從國債發行和管理者的角度來看，當市場需求不大時，不宜採用荷蘭式招標。

（2）美式招標，亦稱多種價格招標，即在招標規則中，發行人按每家投標商各自中標價格確定中標者及其中標認購數量，招標結果一般是各中標商有各自不同的認購價格，每家的成本與收益率水平也不同。這種招標形式因為中標價格各不相同，最能體現各投標商的認購能力。投標商會更加認真地綜合考慮每個價位上的認購能力、中

標概率，公開競爭性較為明顯。但如果沒有合理的限額規定，美國式招標也容易出現壟斷現象，新發債券的收益率會取決於少數實力雄厚的機構。與荷蘭式招標相比，市場需求強烈時，美式收益率招標所確定的票面利率會相對低些；市場需求不高時，情況則會相反。

在美國，財政部的國庫券拍賣主要通過聯邦儲備銀行進行。財政部於每星期四宣布七天后的國庫券發行數量，向銀行、信託公司、證券交易商和其他投資人進行公開招標，投標截止時間為下周星期一下午一點半之前，投標人將投標書按時送達本儲備區的聯邦儲備銀行。

國庫券的投標分為競爭性和非競爭性兩種：競爭性投標者應在投標書中列明購買的價格和數量，投標人可能因出價太低失去購買機會，或者因投標價格太高造成損失，因而風險較高；非競爭投標者應在投標書中表明參加非競爭性投標，它們不提出投標價格，而以競爭性投標者的平均價格為價格，但購買數量受到限制，一般以20萬美元為限。

聯邦儲備銀行於星期一下午一點半開啓投標書，依照出價高低排列順序並通知財政部。財政部收到投標書后，首先將投標分為競爭性投標和非競爭性投標兩類，將非競爭性投標人的投標額列為中標，然后將此次發行額的其余部分按競爭性投標的出價高低依次配售給出價最高的投標人，直到國庫券售完為止。競爭性投標完成之后財政部按競爭性投標的中標價格和數額用加權平均法標出平均價格，以此價格向非競爭投標者發售國庫券。最后，財政部宣布此次國庫券標售結果，包括投標數額、中標數額、中標的最高報價、最低報價及平均價格等，並由聯邦儲備銀行通知中標人。星期四正式發售國庫券，中標人向聯邦儲備銀行交款，領取國庫券。

(三) 短期政府債券的流通

短期政府債券的流通市場主要是用來實現短期政府債券的流動性。在短期政府債券市場上債券的流通主要通過兩種途徑。一種是流通市場上的投資者之間進行的短期政府債券的買賣轉讓。當持有債券的一方缺少短期資金或者預期未來市場利率上升可能導致債券價格下降時，債券持有者就會將所持有的債券公開出售，而另一方投資者由於短期資金盈余想投資以獲利或者預期未來市場利率下降債券價格將上漲，從而願意利用手中多余的資金買入市場上公開出售的短期政府債券，市場上眾多投資者之間的這種買賣關係就形成了短期政府債券的流通轉讓市場。另一種是指那些在一級市場上沒有購得短期政府債券的投資者要想持有短期政府債券，實現投資目的，可以通過二級市場從政府短期債券的交易商那裡購得債券。

三、短期政府債券的價格與收益

國庫券按照貼現方式發行，即以折扣價格出售，期滿按票面值償還。發行價格取決於折扣額的高低。折扣額就是投資者在持有國庫券期間的實際利息收入。

如果我們通過市場拍賣獲得了債券的發行價格，我們就可以計算出國庫券的名義收益率，其計算公式為：

名義收益率＝（面額－發行價格）/面額×（360/存續期限）

名義收益率相當於國庫券的票面利率，它與國庫券的實際收益率還是不同。國庫券的實際收益率為：

實際收益率＝（面額－發行價格）/發行價×（360/存續期限）

當然，如果我們事先知道了債券的名義收益率，我們就可以估計出債券的發行價格：

發行價格＝面額－面額×名義收益率×（存續期限/360）

例如，某一國庫券的期限為 1 年，年收益率為 6%，面值為 10,000 美元，則根據上述公式，有：

發行價格＝10,000－10,000×6%×（360/360）＝9400（美元）
實際收益率＝（10,000－9400）/9400×（360/360）＝0.0638

國庫券的轉讓價格主要取決於兩個因素：一是轉讓時與到期日是否接近，距到期日越近，則賣價越高，因為離兌現日較近；二是轉讓時的市場利率高低，利率越低，賣價越高，因為市場利率實際上是新購買者所要求的實際收益率水平。

國庫券轉讓價格的計算公式為：

$$P = \frac{FV}{1 + r \times (t/360)}$$

式中，P 是存單轉讓價格，FV 是存單面值，t 是存單的存續期限，r 是市場利率。

例如，某一國庫券面值為 10,000 美元，將於第三天到期，當天的市場收益率為 6%，則該國庫券當天的轉讓價格為：

$$P = \frac{10,000}{1 + 6\% \times (2/360)} = 9996.67（美元）$$

四、我國的國庫券市場

我國政府於 1994 年首次發行期限短於一年的短期國債。1994 年年初，為配合中國人民銀行擬議中的公開市場操作，我國採用無紙化方式向銀行、證券公司等金融機構發行了兩期短期國債。第一期是期限半年的 50 億元短期國債，第二期是期限一年的 80 億元短期國債。1996 年，我國又發行了期限為 3 個月、6 個月和 1 年期的短期國債，當年的短期國債發行額為 649 億元，占國債發行總額的 32.99%。到了 1997 年，由於種種原因，短期國債被停止發行。

我國的短期政府債券在停止發行幾年後，從 2003 年起又開始恢復發行。2003 年 12 月 25 日，財政部在全國銀行間債券市場進行了為期三個月的記帳式（十三期）國債發行招投標，發行計劃總額為 100 億元，採用的是單一價格競爭性招標方式，招標標的為價格，最終每百元面值的短期政府債券以 99.41 元的貼現價格發行。2003 年 12 月 31 日起該短期政府債券在全國銀行間市場通過現券交易和回購的方式實現了上市流通。2004 年 11 月 4 日，財政部又通過招投標方式貼現發行了 253.2 億元的 3 個月期的短期政府債券，並允許這筆發行的短期政府債券從該年的 11 月 10 日起以現券和回購的方式在全國銀行間債券市場上流通。目前我國的短期政府債券期限一般為 3 個月、6 個月、

9個月、12個月，2014年全年發行短期政府債券8433.63億元人民幣。

短期政府債券市場的發展有利於增強我國政府債券市場的流動性，從而有助於更有效地發現我國固定收益金融產品定價所依賴的利率期限結構；同時，短期政府債券市場的發展也有利於我國中央銀行更好地運用公開市場操作工具實施其貨幣政策。雖然當前的短期政府債券市場還處於一個剛剛起步的階段，但隨著我國國債發行規模的繼續擴大以及國債管理逐漸從「赤字管理」向「餘額管理」過渡，短期政府債券市場也必然會形成一定的規模。

小結

1. 同業拆借市場是金融機構之間進行短期資金融通活動的場所。
2. 回購協議是指證券持有人在賣出一筆證券的同時，與買方簽訂協議，約定一定期限和價格，買回同一筆證券的活動。
3. 商業票據市場上交易的是由信用等級較高的大公司以貼現方式出售的一種無擔保短期融資憑證。
4. 銀行承兌匯票市場交易的銀行承兌匯票，是為方便商業交易而創造的，其本質是一種商業票據。
5. 大額可轉讓定期存單是銀行為逃避利率管制而進行創新的產物，主要用於吸引企業的短期閒置資金。
6. 短期政府債券市場是國庫券發行及流通所形成的市場。

重要概念提示

同業拆借市場　回購協議　逆回購協議　商業票據　銀行承兌匯票　大額可轉讓定期存單　短期政府債券　荷蘭式招標　美國式招標

復習思考題

1. 貨幣市場的界定標準是什麼？它包括哪些子市場？
2. 試述同業拆借市場的主要參與者、交易對象及交易程序。
3. 比較封閉式回購與開放式回購的不同。
4. 商業票據市場和銀行承兌票據市場有哪些聯繫和區別？
5. 大額存單市場是如何產生的？有哪些特徵？
6. 國庫券相對於其他貨幣市場工具有哪些特點？

第三章 債券市場

學習目標

在這一章中，我們將討論債券市場的一些基本概念、債券市場的運行以及債券的定價和收益。完成本章的學習後，你應該能夠：

1. 掌握債券的票面要素和特徵。
2. 瞭解債券的分類方式。
3. 分析債券市場的功能。
4. 闡述我國債券市場的發展現狀。
5. 瞭解債券信用評級的內容及過程。
6. 瞭解債券發行市場和流通市場。
7. 掌握債券的定價模型以及債券收益的計算。
8. 闡述債券市場的利率期限結構和利率風險結構。

學習的重點和難點

1. 我國債券市場的發展現狀。
2. 債券信用評級的機構、內容及過程。
3. 債券定價模型。
4. 債券價格的久期與凸性。
5. 債券的利率期限結構。

第一節 債券與債券市場概述

債券中的「債」指的是一種債權債務關係；「券」，顧名思義，就是一種證書。所以債權通俗來講，就是反應債權債務關係的證書。債券作為金融市場上常見的融資工具之一，有很多的種類：政府債券、企業債、金融債、附息債、貼現債等。同樣，根據它的發行者不同，它有很多的發行主體，基本上囊括了各類社會經濟主體。它的收益按事先約定的方式支付，所以屬於典型的固定收益證券。債券市場是交易債券的場所，它是現代金融市場的一個重要組成部分，發揮著重要的融資、資源配置以及形成金融市場基準利率的作用。特別是在我國尚未實現利率市場化的今天，要實現利率市場化，就必須要發揮債券市場的作用。因為利率市場化很難在一個銀行體系中完成，必須要有債券市場的參與，需要銀行和債券市場相互競爭，才能實現真正意義上的利

率市場化。

一、債券的票面要素和特徵

我們通常意義上所講的債券是指當政府、金融機構、工商企業等社會各類經濟主體直接向社會籌措資金時，向投資者發行的、承諾按一定的利率支付利息並按約定條件償還本金的債務債權憑證。由於債券的利息通常都是事先確定的，所以債券又被稱為固定收益證券。從債券的概念中，我們可以看出，債券的本質是債權債務關係的證明書，具有法律效力。在債券所載明的債權債務關係中，我們把債券的發行人，即資金的需求方，比如政府、金融機構、工商企業等稱為債務人，表明該方承擔到期償還債務的義務。相應地，我們把購買債券的人（可以是個人，也可以是機構）稱為債權人，即其有要求債務人按期償還債務的權利。

1. 債券的票面要素

債券作為證明債權債務關係的憑證，一般用具有一定格式的票面形式來表現。雖然每種債券所包含的具體內容不盡相同，但一般來講，債券票面上標明的內容主要由以下幾個方面構成：

（1）票面價值，簡稱為面值，是發行人對債券持有人在債券到期后應償還的本金數額，也是債券發行人向債券持有人按期支付利息的計算依據。債券的面值與債券實際的發行價格並不一定是一致的，發行價格大於面值稱為溢價發行，小於面值稱為折價發行。

（2）還本期限，是指債券從發行之日到償清本息之日止間隔的時間。

（3）票面利率，是指債券利息與債權票面價值的比率，是發行人承諾以後一定時期支付給債券持有人報酬的計算標準。通常年利率用百分之幾表示。債券票面利率的確定主要受到銀行利率、發行者的資信狀況、償還期限和利息計算方法以及當時資金市場上資金供求情況等因素的影響。

（4）發行人名稱，是指明債券的債務主體，為債權人到期追回本金和利息提供依據。

（5）利息支付方式，是指發行人支付利息的頻率。它可以是到期一次性支付，或一年、半年或者三個月支付一次。在考慮貨幣時間價值和通貨膨脹因素的情況下，付息期對債券投資者的實際收益有很大影響。

上述幾個要素是債券票面的基本要素，但在發行時並不一定全部在票面印製出來，例如，在很多情況下，債券發行者是以公告或條例形式向社會公布債券的期限和利率。此外，一些債券還包含有其他要素，如求償等級、限制性條款、抵押擔保以及選擇權（如贖回與轉換條款）等。表3-1給出了我國國債的實例。

表3-1　　　　　　　　　國債02（000002）基本資料

債券名稱	2000年記帳式（二期）國債		
債券簡稱	國債02	債券代碼	000002
發行額（億元）	280.00	發行價（元）	100.00
發行方式	利差招標	期限（年）	10
發行票面利率（%）	2.80	上市場所	銀行間市場
計息日	2000-04-18	到期日	2010-04-18
發行起始日	2000-04-18	發行截止日	2000-04-24
發行單位	財政部	還本付息方式	按年付息
到期收益率（%）		剩餘期限（年）	
發行對象	銀行間債券市場機構		

2. 債券的特徵

債券作為一種債權債務憑證，與其他有價證券一樣，也是一種虛擬資本，而非真實資本，它是經濟運行中實際運用的真實資本的證書。債券作為一種重要的融資手段和金融工具，具有如下特徵：

（1）償還性。債券一般都規定有償還期限，發行人必須按約定條件償還本金並支付利息。

（2）流動性。債券一般都可以在流通市場上自由轉讓。債券的流動性受交易市場的影響而不同，一般來講，在證券交易所交易的債券的流動性要高於在場外市場交易的債券。

（3）安全性。與股票相比，債券通常規定有固定的利率，與企業績效沒有直接聯繫，收益比較穩定，風險較小。此外，在企業破產時，債券持有者享有優先於股票持有者對企業剩餘資產的索取權，即在求償等級上，債權人有優先取得公司資產的權利。

（4）收益性。債券的收益性主要表現在兩個方面：一是投資債券可以給投資者定期或不定期地帶來利息收入；二是投資者可以利用債券價格的變動，買賣債券獲得差額收入。

二、債券的分類

債券的種類繁多，且隨著人們對融資和證券投資的需要又不斷產生出新的債券形式，在現今的金融市場上，債券的種類可按發行主體、發行區域、發行方式、期限長短、利息支付形式、有無擔保等的不同分為十類。

（一）按發行主體分類

根據發行主體的不同，債券可分為政府債券、金融債券和公司債券三大類。

1. 政府債券

政府債券具體又可分為：中央政府債券、地方政府債券和政府機構債券。

（1）中央政府債券。由中央政府發行的債券也稱公債、國庫券或國債，一般都由財政部代表中央政府發行，它以國家信用作為償還的保證，因此國債在所有債券品種中信用等級最高，故又被稱為「金邊債券」。另外，投資人購買國債的利息收入免徵個人所得稅。國債主要分為儲蓄式國債和記帳式國債。其發行債券的目的都是為了彌補財政赤字或投資於大型建設項目。國債按不同標準可以有多種劃分方法：按期限劃分，有長期國債、中期國債、短期國債；按流通形式劃分，有可轉讓國債、不可轉讓國債；按利率劃分，有浮動利率國債和固定利率國債；按所籌資金的用途劃分，有戰爭國債、赤字國債和建設國債；按籌資來源劃分，有國內債和外幣債等。

（2）地方政府債券。由各級地方政府機構如市、縣、鎮等發行的債券被稱為地方政府債券，其發行目的主要是彌補財政赤字或為地方建設籌集資金。按償還的資金來源可分為普通債券和收益債券。普通債券是以發行人的無限徵稅能力為保證籌集資金用於基本的政府服務，如教育、治安、防火、抗災等，其償付列入地方政府的財政預算。收益債券是為了給某一特定的盈利建設項目（如公用電力事業、自來水設施、收費公路等）籌資而發行的，其償付要依靠這些項目建成后的營運收入。2009年3月27日，總量為30億元的2009年新疆維吾爾自治區政府債券（一期）作為我國首期地方政府債券，由財政部代理順利進行了公開招標，於3月30日至4月1日在銀行間債券市場和證券交易所市場分銷，並於4月3日起在上述兩個市場上市交易。

（3）政府機構債券。在美國、日本等不少國家，除了財政部以外，一些政府機構也可以發行債券。政府機構債券是政府所屬的公共事業機構、公共團體機構或公用公司所發行的債券。在美國，最常見的機構債券為抵押貸款轉付證券，例如由政府國民抵押協會（Government National Mortgage Association，GNMA）、聯邦國民抵押協會（Federal National Mortgage Association，FNMA）、或聯邦住宅貸款抵押公司（Federal Home Loan Mortgage Corporation，FHLMC）所發行的轉付證券。在這些機構當中，只有GNMA是由美國政府提供完全信用保證；而FNMA和FHLMC則是以機構本身向美國財政部融資的權利作為擔保，保障性相對較小。

在我國，香港特區政府於2009年9月4日發行了總值約為35億港元的兩年期政府機構債券，該批債券將於2011年9月5日期滿，利率為年息0.92厘，每半年派息一次。該批債券發行的首要目的，是通過有系統地發行政府債券，促進本地債券市場的持續發展。

2. 金融債券

金融債券發行的目的一般是為了籌集長期資金，其利率也一般要高於同期銀行存款利率，而且持券者需要資金時可以隨時轉讓。在歐美很多國家，由於商業銀行和其他金融機構多採用股份公司這種組織形式，所以這些金融機構發行的債券與公司債券一樣，受相同的法規管理，一般歸類於公司債券。在我國及日本等國家，金融債券區別於公司債券，金融債券的管理受制於特別法規。從廣義上講，金融債券還應該包括中央銀行債券，只不過它是一種特殊的金融債券，其特殊性表現在：一是期限較短；二是為實現金融宏觀調控而發行。

20世紀60年代以前，只有投資銀行、投資公司之類的金融機構才發行金融債券，

因為這些機構一般不吸收存款，或者只吸收少量的長期存款，發行金融債券成為其籌措資金來源的一個重要手段。而商業銀行等金融機構，因能吸收存款，有穩定的資金來源，一般不允許發行金融債券。20世紀60年代以後，商業銀行等金融機構為改變資產負債結構或用於某種特定用途，紛紛加入發行金融債券的行列，從而打破了金融債券的發行格局。金融債券能夠較有效地解決銀行等金融機構的資金來源不足和期限不匹配的矛盾。

3. 公司債券

公司債券是由非金融性質的企業發行的債券，是股份制公司發行的一種債務契約，公司承諾在未來的特定日期，償還本金並按事先規定的利率支付利息。其發行目的是為了籌集長期建設資金。按有關規定，企業要發行債券必須先參加信用評級，只有級別達到一定標準之後才可發行。因為企業的資信水平比不上金融機構和政府，所以公司債券的風險相對較大，因而其利率一般也較高。2007年9月19日，我國的水電航母——中國長江電力股份有限公司發行公司債券的申請獲得中國證監會正式核准。它標誌著公司債券這一品種在我國正式誕生，我國邁出了企業債權融資市場化改革的第一步。公司債券的誕生樹立起中國證券發展史上的重要里程碑。

由於發行人信用等級差異較大，公司債券往往都有些特殊權利安排，代表性的有提前贖回公司債券和附有選擇權的公司債券。提前贖回公司債券給予發行人一定的權利，發行公司在債券到期前有權購回其發行的全部或部分債券。附有選擇權的公司債券是給予持有人一定的選擇權，如可轉換公司債券（附有可轉換為普通股的選擇權）、有認股權證的公司債券和可回售公司債券（附有持有人在債券到期前可將其回售給發行人的選擇權）等。

(二) 按發行的區域分類

按發行的區域劃分，債券可分為國內債券和國際債券。國內債券就是由本國的發行主體以本國貨幣為單位在國內金融市場上發行的債券；國際債券則是本國的發行主體到別國或國際金融組織等以外國貨幣為單位在國際金融市場上發行的債券。如最近幾年我國的一些公司在日本或新加坡發行的債券都可稱為國際債券。由於國際債券屬於國家的對外負債，所以本國的企業如到國外發行債券事先需徵得政府主管部門的同意。

(三) 按期限長短分類

根據償還期限的長短，債券可分為短期、中期和長期債券。一般的劃分標準是期限在1年以下的為短期債券，期限在10年以上的為長期債券，而期限在1～10年之間的為中期債券。

(四) 按利息的支付方式分類

根據利息的支付方式的不同，債券一般分為附息債券和貼現債券。附息債券是在它的券面上附有各期息票的中長期債券，息票的持有者可按其標明的時間期限到指定的地點按標明的利息額領取利息。貼現債券是在發行時按規定的折扣率將債券以低於

面值的價格出售，在到期時持有者仍按面額領回本息，其票面價格與發行價之差即為利息。

(五) 按發行方式分類

按照是否公開發行，債券可分為公募債券和私募債券。公募債券是指按法定手續，經證券主管機構批准在市場上公開發行的債券，其發行對象是不限定的。這種債券由於發行對象是廣大的投資者，因而要求發行主體必須遵守信息公開制度，向投資者提供多種財務報表和資料，以保護投資者的利益，防止詐欺行為的發生。私募債券是發行者向與其有特定關係的少數投資者為募集對象而發行的債券。該債券的發行範圍很小，其投資者大多數為銀行或保險公司等金融機構，它不採用公開呈報制度，債券的轉讓也受到一定程度的限制，流動性較差，但其利率水平一般較公募債券要高。

(六) 按有無抵押擔保分類

根據有無抵押擔保，債券可以分為信用債券和擔保債券。信用債券亦稱無擔保債券，是僅憑債券發行者的信用而發行的、沒有抵押品作擔保的債券。一般政府債券都為信用債券。少數信用良好的金融公司也可發行信用債券。擔保債券指以抵押財產為擔保而發行的債券。它具體包括：以土地、房屋、機器、設備等不動產為抵押擔保品而發行的抵押公司債券、以公司的有價證券（股票和其他證券）為擔保品而發行的抵押信託債券和由第三者擔保償付本息的保證債券。當債券的發行人在債券到期而不能履行還本付息義務時，債券持有者有權變賣抵押品來清償抵付或要求擔保人承擔還本付息的義務。

(七) 按是否可轉換分類

按是否可轉換來區分，債券又可分為可轉換債券與不可轉換債券。可轉換債券是能按一定條件轉換為其他金融工具的債券，而不可轉換債券就是不能轉化為其他金融工具的債券，又稱為普通債券。由於不可轉換債券沒有賦予債券持有人將來成為公司股東的權利，所以其利率一般高於可轉換債券。可轉換債券一般都指的是可轉換公司債券，這種債券的持有者可按一定的條件根據自己的意願將持有的債券轉換成股票。它具有債務與權益雙重屬性，屬於一種混合性籌資方式。由於可轉換債券賦予債券持有人將來成為公司股東的權利，因此其利率通常低於不可轉換債券。若將來轉換成功，在轉換前發行企業達到了低成本籌資的目的，轉換后又可節省股票的發行成本。根據《中華人民共和國公司法》的規定，發行可轉換債券應由國務院證券管理部門批准，發行公司應同時具備發行公司債券和發行股票的條件。

(八) 按利率是否固定分類

按利率是否固定，債券可以分為固定利率債券和浮動利率債券。固定利率債券是將利率印在票面上並按其向債券持有人支付利息的債券。該利率不隨市場利率的變化而調整，因而固定利率債券可以較好地抵制通貨緊縮風險。浮動利率債券的息票率是隨市場利率變動而調整的利率。因為浮動利率債券的利率同當前市場利率掛勾，而當前市場利率又考慮到了通貨膨脹率的影響，所以浮動利率債券可以較好地抵制通貨膨

脹風險。

(九) 按是否能夠提前償還分類

按是否能夠提前償還，債券可以分為可贖回債券和不可贖回債券。可贖回債券是指在債券到期前，發行人可以以事先約定的贖回價格收回的債券。公司發行可贖回債券主要是考慮到公司未來的投資機會和迴避利率風險等問題，以增加公司資本結構調整的靈活性。發行可贖回債券最關鍵的問題是贖回期限和贖回價格的制定。不可贖回債券是指不能在債券到期前收回的債券。

(十) 按償還方式不同分類

按償還方式的不同，債券可以分為一次到期債券和分期到期債券。一次到期債券是發行公司於債券到期日一次償還全部債券本金的債券；分期到期債券是指在債券發行的當時就規定有不同到期日的債券，即分批償還本金的債券。分期到期債券可以減輕發行公司集中還本的財務負擔。

三、債券市場的功能

縱觀世界各個成熟的金融市場，無不有一個發達的債券市場。債券市場在社會經濟中佔有如此重要的地位，是因為它具有以下幾項重要功能：

(一) 融資功能

債券市場作為金融市場的一個重要組成部分，具有使資金從資金剩餘者流向資金需求者，為資金不足者籌集資金的功能。與股票市場一樣，債券市場為資金需求者提供了一個直接融資的渠道。我國政府和企業先後發行多批債券，為彌補國家財政赤字和支持國家的許多重點建設項目籌集了大量的資金。2014 年我國國債發行 1.44 萬億元，企業債發行 0.7 萬億元，銀行債發行 2.3 萬億元，支持了多項國家和地方基礎設施建設、重點項目建設以及城市公用設施建設。

(二) 資源配置功能

效益好的企業發行的債券通常較受投資者歡迎，因而發行時利率低、籌資成本小；相反，效益差的企業發行的債券風險相對較大，受投資者歡迎的程度較低，籌資成本較大。因此，通過債券市場，資金得以向優勢企業集中，從而有利於資源的優化配置。

(三) 宏觀調控功能

一國中央銀行作為國家貨幣政策的制定者與實施部門，主要依靠存款準備金、公開市場業務、再貼現和利率等政策工具進行宏觀經濟調控。其中，公開市場業務就是中央銀行通過在證券市場上買賣國債等有價證券或發行央行票據，從而調節貨幣的供應量，實現間接宏觀調控的重要手段。在經濟過熱、需要減少貨幣供應量時，中央銀行賣出債券或發行央行票據收回金融機構或公眾持有的一部分貨幣，從而控制經濟的過熱運行；當經濟蕭條需要增加貨幣供應量時，中央銀行便買入債券，增加貨幣的投放。

（四）提供市場基準利率

從國際金融市場的一般運行規律來看，在比較健全的金融市場上，有資格成為基準利率的只能是那些信譽高、流通性強的金融產品的利率，而國債利率一般被視為無風險資產的利率，被用來為其他資產和衍生工具進行淨價的基準。而只有一個高流動性的、開放的、價格發現機制成熟的國債市場才能提供一個有意義的市場基準利率。

（五）防範金融風險

一個較為完備的債券市場可以有效地降低一國金融系統的風險。一個高流動性的、開放的國債市場不僅提供了市場基準利率，同時也是本幣國際化的重要支撐。金融債的發行也可以極大地補充銀行的附屬資本，尤其是次級債券的發行使得銀行不僅獲得了中長期資金來源，並且在股東之外還增加了債權人的約束，有利於銀行的穩健經營。債券市場上投資者的行為高度市場化，企業債務的不履行將迅速導致債權人「用腳投票」，使得企業無度融資的衝動受到有效遏制。在債券融資的背景下，公司債一旦出現債務不履行，會迅速導致公司在投資人群體中的名譽損失，並且通過債券市場信息披露會使廣大社會公眾掌握公司的信譽，使這種懲罰自動擴散到整個社會。

四、我國債券市場概述

（一）我國國債的發展歷程

我國首次發行的債券，是 1894 年清朝政府為支付甲午戰爭軍費的需要，由戶部向官商巨賈發行的「息借商款」。甲午戰爭後，清政府為交付賠款，又發行了公債，稱「昭信股票」。自此以后，為維持財政平衡，從北洋政府到國民黨政府先後發行了數十種債券。

新中國成立后至今，我國國債的發展可以分為兩個主要階段。

第一個階段：1950—1958 年。

新中國成立后於 1950 年發行了「人民勝利折實公債」，成為新中國歷史上第一種國債。在此后的「一五」計劃期間，又於 1954—1958 年間每年發行了一期「國家經濟建設公債」，發行總額為 35.44 億元，相當於同期國家預算經濟建設支出總額 862.24 億元的 4.11%。1958 年后，由於歷史原因，國債的發行被終止。

第二個階段：1981 年至今。

我國於 1981 年恢復了國債發行，時至今日國債市場的發展又可細分為幾個具體的階段。

1981—1987 年，國債年均發行規模僅為 59.5 億元，且發行日也集中在每年的 1 月 1 日。這一期間尚不存在國債的一、二級市場，國債的發行採取行政攤派形式，面向國營單位和個人，且存在利率差別，個人認購的國債年利率比單位認購的國債年利率高四個百分點。券種比較單一，除 1987 年發行了 54 億元 3 年期重點建設債券外，均為 5~9 年的中長期國債。

1988—1993 年，國債年發行規模擴大到 284 億元，增設了國家建設債券、財政債券、特種國債、保值公債等新品種。1988 年國家分兩批在 61 個城市進行國債流通轉讓

試點，初步形成了國債的場外交易市場。1990年后國債開始在交易所交易，形成國債的場內交易市場，當年國債交易額占證券交易總額120億元的80%以上。1991年我國開始試行國債發行的承購包銷；1993年10月和12月上海證券交易所正式推出了國債期貨和回購兩個創新品種。

1994年財政部首次發行了半年和一年的短期國債；1995年國債二級市場交易活躍，特別是期貨交易量屢創紀錄，但包括「3.27」事件和回購債務鏈問題等違規事件的頻頻出現，致使國債期貨交易於5月被迫暫停。

1996年國債市場出現了一些新變化：第一是財政部將以往國債集中發行改為按月滾動發行，增加了國債發行的頻度；第二是國債品種多樣化，對短期國債首次實行了貼現發行，並新增了最短期限為3個月的國債，還首次發行了按年付息的10年期和7年期附息國債；第三是在承購包銷的基礎上，對可上市的八期國債採取了以價格（收益率）或劃款期為標的的招標發行方式；第四是當年發行的國債以記帳式國債為主，逐步使國債走向無紙化。

1996年以後，國債市場交易量有所下降。同時，國債市場出現了託管走向集中和銀行間債券市場與非銀行間債券市場相分離的變化，呈現出「三足鼎立」之勢，即全國銀行間債券交易市場、深滬證交所國債市場和場外國債市場。

(二) 中國債券市場的市場框架

1. 市場格局

市場格局如圖3-1所示。

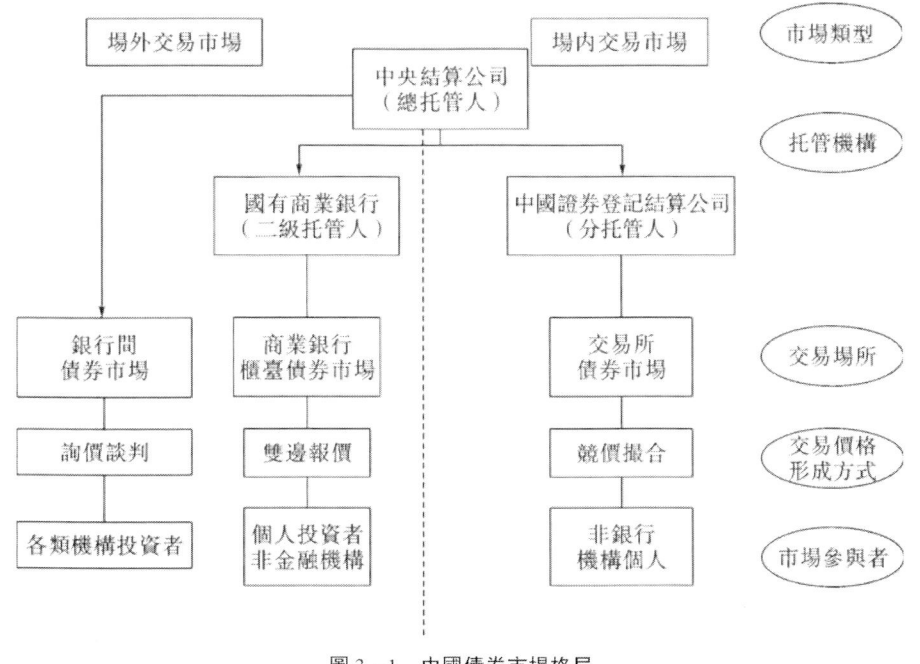

圖3-1 中國債券市場格局

從交易場所看，中國債券市場可以分為場外交易市場和場內交易市場。其中，場外交易市場主要指銀行間債券市場和商業銀行櫃臺交易市場，場內交易市場指交易所債券交易市場（包括上海證券交易所和深圳證券交易所）。從交易量看，銀行間債券市場是中國債券市場交易的主體場所，在中國債券市場中發揮主導作用。

從託管體系看，中央結算公司是中國債券市場的總託管人，直接託管銀行間債券市場參與者的債券資產，而中證登公司作為分託管人託管交易所債券市場參與者的債券資產，四大國有商業銀行作為二級託管人託管櫃臺市場參與者的債券資產。

2. 債券分類

中國債券市場的債券分類主要有：

按幣種可以分為：①人民幣債券。人民幣債券占據當前中國債券市場託管量和交易結算量的絕大部分，達到總託管量和總交易結算量的 99% 以上。②外幣債券。2003年9月，國家開發銀行發行的5億美元金融債券是新中國成立以來在國內發行的第一筆外幣債券。

按債券屬性可以分為：①政府債券。政府債券包括記帳式國債、儲蓄國債（憑證式）、儲蓄國債（電子式）。國債的發行人為中國財政部，主要品種有記帳式國債和儲蓄國債。其中，儲蓄國債分為傳統憑證式國債和電子憑證式國債。通常，人們按照習慣將傳統憑證式國債稱為「憑證式國債」，而將2006年6月底首發的電子憑證式國債稱為「儲蓄國債」。我國發行的大多數憑證式國債是通過商業銀行櫃臺發行。②中央銀行債券。中央銀行債券，即央行票據，其發行人為中國人民銀行，期限從3個月到3年，以1年期以下的短期票據為主。③金融債券。金融債券包括政策性金融債券、商業銀行債券、特種金融債券、非銀行金融機構債券、證券公司債券、證券公司短期融資券。其中，商業銀行債券包括商業銀行次級債券和商業銀行普通債券。④企業債券。包括中央企業債券和地方企業債券。⑤短期融資券。短期融資券是指中國境內具有法人資格的非金融企業發行的短期融資券。證券公司短期融資券不屬於本類，計入非銀行金融債。⑥資產支持證券。⑦非銀行金融債，包括非銀行機構金融債券和證券公司短期融資券。⑧國際機構債券。它指國際機構在我國境內發行的債券。⑨可轉換債券。

此外，按流通狀態可以將債券分為可流通債券和不可流通債券。

3. 交易品種

當前中國債券市場的交易品種有：現券交易、回購和遠期交易。其中，回購交易包括質押式回購和買斷式回購。分市場情況如下：銀行間債券市場的交易品種——現券交易、質押式回購、買斷式回購、遠期交易；交易所債券市場的交易品種——現券交易、質押式回購、買斷式回購；商業銀行櫃臺市場的交易品種——現券交易。

4. 發行上市

在中國債券市場，債券可以通過三種方式發行：人民銀行債券發行系統、中央債券簿記系統簿記建檔發行方式、商業銀行櫃臺發行方式。

5. 託管和轉託管

從託管體系看，中央結算公司是中國債券市場的總託管人，直接託管銀行間債券市場參與者的債券資產，而中證登公司作為分託管人託管交易所債券市場參與者的債

券資產，四大國有商業銀行作為二級託管人託管櫃臺市場參與者的債券資產。銀行間債券市場採用實名制一級帳戶託管體制，託管依託中央結算公司的債券簿記系統進行。

轉託管，是指處於不同市場、由不同機構分別託管的債券可以通過轉託管業務將債券從一個市場轉移到另一個市場進行交易。目前，跨市場轉託管的債券主要是部分國債和企業債。

6. 交易結算

交易與結算，分屬債券交易的前臺和后臺。債券交易，由中國外匯交易中心提供報價和交易平臺，由中央國債登記結算公司提供債券過戶和結算平臺。在電子化進程中，高效、安全的直通式處理（STP）的交易結算構架日益受到重視。2005 年 10 月 17 日在中國人民銀行的統一部署下，CGSDTC 的債券系統與同業中心的報價交易系統實現了聯網，銀行間債券市場的交易、結算從此可以實現自動化程度更高的直通處理方式，市場基礎設施建設又邁上了一個新臺階。STP 使得交易確認能於交易達成當日及時進行，對市場參與者而言提高了業務處理效率，同時也便於其內部更及時、有效地進行結算和風險控制。

一般而言，交易與結算之間的清算環節，由投資者自行選擇商業銀行自主完成，但券款對付情況下的清算由央行大額支付系統自動完成。

債券市場的結算分為兩類：全額結算、淨額結算。在結算分類下，它又分為四種不同的結算方式：券款兌付（DVP）、見券付款、見款付券、純券過戶。不同的結算分類和方式，決定了結算週期的長短。通常，DVP 方式的結算週期為「T+0」，表示交易當天可以完成結算。其他結算方式的結算週期為「T+1」或「T+N」。按照十國央行支付清算委員會（CPSS）和國際證券委員會組織（IOSCO）的證券結算推薦標準（2001 年），交易結算的最終完成應不遲於交易達成後的第三日（T+3），並推薦使用券款對付（DVP）。

銀行間債券市場採用全額逐筆結算方式和連續滾動結算制度。根據有關部門的管理規定，銀行間市場交易必須通過 CGSDTC 結算。根據市場參與者的選擇，結算週期可以是「T+0」或「T+1」，目前幾乎全部的直接成員之間的交易都在當日確認。結算成員可以在線即時查詢交易對手的結算狀態；只有交易雙方的結算指令匹配，CGSDTC 系統才會生成結算合同並進行后續處理；在現有市場規則下，間接成員通過結算代理人（直接成員）辦理結算，不需要向 CGSDTC 發送確認指令，但結算代理人應事先逐筆取得間接成員的授權。根據目前的運行情況，在 CGSDTC 生成結算合同后發生結算失敗的情況極低，可忽略不計，且多為誤操作引起的，最晚在「T+2」日就可以排除。整個交易制度明確激勵成員按時結算。CGSDTC 系統即時提示結算狀態。一旦結算失敗，CGSDTC 將展開調查，誤操作且情節較輕的，給予口頭警告，惡意行為則會被報告給中國人民銀行。

交易所債券市場採用日終淨額結算方式，配合集中性撮合交易。商業銀行櫃臺市場是二級託管市場，由銀行作為二級託管人和投資者進行逐筆全額交易結算。

第二節 債券市場的運行

一、債券市場的評級

2009 年 5 月 15 日，「2009 陸家嘴論壇」在上海召開，中國人民銀行副行長吳曉靈在主題為「中國金融市場展望」分論壇上發表演講時指出，應該在中國債券市場上建立雙評級制度，一個債券發行主體或同一個債券應分別由兩家或兩家以上的獨立信用評級機構進行信用評級，同時對投資者公布結果，而且其中有一家必須是中國的全資金融機構。此觀點旨在促進評級業尤其是民族評級業的發展；同時，也從一個側面彰顯了評級在債券市場的重要性。

(一) 債券信用評級的概述

信用評級最初產生於 20 世紀初期的美國。1902 年，穆迪公司的創始人約翰‧穆迪開始對當時發行的鐵路債券進行評級，后來延伸到各種金融產品及各種評估對象。所謂的債券信用評級，是以企業或經濟主體發行的有價債券為對象進行的信用評級。債券信用評級大多是企業債券信用評級，是對具有獨立法人資格企業所發行的某一特定債券，按到期還本付息的可靠程度進行評估，並標示其信用程度的等級。這種信用評級，是為投資者購買債券和證券市場債券的流通轉讓活動提供信息服務。國家財政部發行的國庫券和國家銀行發行的金融債券，由於有政府的保證，因此不參加債券信用評級。對於地方政府或非國家銀行金融機構發行的某些有價證券，則有必要對其進行信用評級。

(二) 進行債券信用評級的原因

進行債券信用評級的最主要原因是方便投資者進行債券投資決策。投資者購買債券是要承擔一定風險的。如果發行者到期不能償還本息，投資者就會蒙受損失，這種風險稱為信用風險。債券的信用風險因發行后償還能力不同而有所差異，對廣大投資者尤其是中小投資者來說，事先瞭解債券的信用等級是非常重要的。由於受到時間、知識和信息的限制，投資者無法對眾多債券進行分析和選擇，因此需要專業機構對準備發行的債券還本付息的可靠程度，進行客觀、公正和權威的評定，也就是進行債券信用評級，以方便投資者決策。

債券信用評級的另一個重要原因，是減少信譽高的發行人的籌資成本。一般來說，資信等級越高的債券，越容易得到投資者的信任，能夠以較低的利率出售；而資信等級低的債券，風險較大，只能以較高的利率發行。

(三) 債券信用評級機構

目前國際上公認的最具權威性的信用評級機構，主要有美國標準普爾公司和穆迪投資服務公司。上述兩家公司負責評級的債券很廣泛，包括地方政府債券、公司債券、外國債券等，由於它們佔有詳盡的資料，採用先進、科學的分析技術，又有豐富的實

踐經驗和大量專門人才，因此它們所做出的信用評級具有很高的權威性。標準普爾公司和穆迪投資服務公司都是獨立的私人企業，不受政府的控制，也獨立於證券交易所和證券公司。它們所做出的信用評級不具有向投資者推薦這些債券的含義，只是供投資者決策時參考，因此，它們對投資者負有道義上的義務，但並不承擔任何法律上的責任。

(四) 債券信用評級的內容及過程

債券信用評級機構在收集和整理原始資料的基礎上，採用科學的方法對資料進行各項有針對性的分析。其主要內容有：分析債券發行單位的償債能力；考察發行單位能否按期付息；評價發行單位的費用；考察投資人承擔的風險程度。

信用評級過程一般包括：收集足夠的信息來對發行人和所申報的債券進行評估，在充分的數據和科學的分析基礎上評定出適當的等級，然后監督已定級的債券在一段時期內的信用質量，及時根據發行人的財務狀況的變化做出相應的信用級別調整，並將此信息告知發行人和投資者。

(五) 債券信用評級的等級

信用評級的結果以信用等級的形式表現出來。不同國家的不同評估機構所採用的評級標準都不盡相同。標準普爾公司把債券的評級定為四等十二級：AAA、AA、A、BBB、BB、B、CCC、CC、C、DDD、DD、D。為了能更精確地反應出每個級別內部的細微差別，在每個級別上還可視情況不同加上「＋」或「－」符號，以示區別。這樣，又可組成幾十個小的級別。

AAA 是信用最高的級別，表示無風險，信譽最高，償債能力極強，不受經濟形勢的影響。AA 表示高級，最少風險，有很強的償債能力。A 表示中上級，較少風險，支付能力較強，在經濟環境變動時，易受不利因素影響。BBB 表示中級，有風險，有足夠的還本付息能力，但缺乏可靠的保證，其安全性容易受不確定因素影響，這也是在正常情況下投資者所能接受的最低信用度等級。

以上這四種級別一般被認為屬投資級別，其債券質量相對較高。后八種級別則屬投機級別，其投機程度依此遞增，這類債券面臨大量不確定因素。特別是 C 級，一般被認為是瀕臨絕境的邊緣，也是投機級中資信度最低的，至於 D 等信用度級別，則表示該類債券是屬違約性質，根本無還本付息希望，因此，是三個 D 還是兩個 D 意義已不大。

以上等級標準及評判尺度各國可能略有不同，有的類別稍有差異，但按其風險大小，以 A、B、C、D 形式依此排列的做法還是相通的，對股票的評級也大同小異。我國債券評級標準是參照國際慣例的做法和我國評級實際情況，主要側重於債券到期還本付息能力與投資者購買債券的投資風險程度而制定的，其級別設置沒有 D 級，屬三等九級。

二、債券發行市場

債券發行市場主要由發行者、認購者和委託承銷機構組成。只要具備發行資格，

不管是國家、政府機構、金融機構，還是公司、企業、其他法人，都可以通過發行債券來借錢。認購者就是給我們投資的人，主要有社會公眾團體、企事業法人、證券經營機構、非營利性機構、外國企事業機構和我們的家庭或個人。委託承銷機構就是代發行人辦理債券發行和銷售業務的仲介人，主要有投資銀行、證券公司、商業銀行和信託投資公司等。

1. 債券發行條件

債券發行條件是指債券發行者在以債券形式籌集資金時所必須考慮的有關因素，包括發行金額、票面金額、期限、償還方式、票面利率、付息方式、發行價格、發行費用、稅收效應以及有無擔保等項內容。

債券的發行者在發行前必須按照規定向債券管理部門提出申報書；政府債券的發行則須經過國家預算審查批准機關（如國會）的批准。發行者在申報書中所申明的各項條款和規定，就是債券的發行條件。其主要內容有：擬發行債券數量、發行價格、償還期限、票面利率、利息支付方式、有無擔保等。債券的發行條件決定著債券的收益性、流動性和安全性，直接影響著發行者籌資成本的高低和投資者投資收益的多寡。對投資者來說，最為重要的發行條件是債券的票面利率、償還期限和發行價格，因為它們決定著債券的投資價值，所以被稱為債券發行的三大基本條件。而對發行者來說，除上述條件外，債券的發行數量也是比較重要的，因為它直接影響籌資規模。如果發行數量過多，就會造成銷售困難，甚至影響發行者的信譽以及日後債券的轉讓價格。

2. 發行方式

按照債券發行對象的不同，債券發行可分為私募發行和公募發行兩種。

私募發行是指面向少數特定的投資者發行債券，一般以少數關係密切的單位和個人為發行對象，不對所有的投資者公開出售。具體發行對象有兩類：一類是機構投資者，如大的金融機構或是與發行者有密切業務往來的企業等；另一類是個人投資者，如發行單位自己的職工，或是使用發行單位產品的用戶等。私募發行一般多採取直接銷售的方式，不經過證券發行仲介機構，不必向證券管理機關辦理發行註冊手續，可以節省承銷費用和註冊費用，手續比較簡便。但是私募債券不能公開上市，流動性差，利率比公募債券高，發行數額一般不大。

公募發行是指公開向眾多不特定的投資者發行債券。公募債券發行者必須向證券管理機關辦理發行註冊手續。由於發行數額一般較大，通常要委託證券公司等仲介機構承銷。公募債券信用度高，可以上市轉讓，因而發行利率一般比私募債券的利率低。公募債券採取間接銷售的具體方式又可分為三種：代銷、餘額包銷和全額包銷。

西方國家以公募方式發行國家債券一般採取招投標的辦法進行。投標又分競爭性投標和非競爭性投標。競爭性投標是先由投資者（大多是投資銀行和大證券商）主動投標，然後由政府按照投資者自報的價格和利率，或是從高價開始，或是從低利開始，依次確定中標者名單和配額，直到完成預定發行額為止。非競爭性投標，是政府預先規定債券的發行利率和價格，由投資者申請購買數量，政府按照投資者認購的時間順序，確定他們各自的認購數額，直到完成預定發行額為止。

按照債券的實際發行價格和票面價格的異同，債券的發行可分為平價發行、溢價

發行和折價發行。

（1）平價發行，指債券的發行價格和票面額相等，因而發行收入的數額和將來還本數額也相等。前提是債券發行利率和市場利率相同。

（2）溢價發行，指債券的發行價格高於票面額，以後償還本金時仍按票面額償還。只有在債券票面利率高於市場利率的條件下才能採用這種方式發行。

（3）折價發行，指債券發行價格低於債券票面額，而償還時卻要按票面額償還本金。折價發行是因為規定的票面利率低於市場利率。

在我國，一般情況下，企業債券發行須經中國人民銀行批准，重點企業債券和國家債券發行須經國務院批准。除貼現金融債券和企業短期融資融券的一部分採取折價發行方式外，其他各種債券均採取平價發行的方式。

三、債券流通市場

根據市場組織形式的不同，債券流通市場又可進一步分為場內交易市場和場外交易市場。

1. 場內交易市場

場內交易市場又稱交易所市場，是專門進行債券買賣的場所，如我國的上海證券交易所和深圳證券交易所。這種市場組織形式是債券流通市場的較為規範的形式，交易所作為債券交易的組織者，本身不參加債券的買賣和價格的決定，只是為債券買賣雙方創造條件、提供服務，並進行監管。

2. 場外交易市場

場外交易市場是債券流通的主要市場，大約90%以上的債券轉手交易都是通過場外交易市場進行的。之所以會如此，一方面是因為場外市場本身具有降低交易成本的功能，另一方面與債券自身的特點有關。比如，債券的種類特別多，高達數萬種，不可能都被交易所所容納。許多證券經營機構都設有專門的證券櫃臺，通過櫃臺進行債券買賣，所以場外交易市場又被稱為櫃臺市場。在櫃臺交易市場中，證券經營機構既是交易的組織者，又是交易的參與者。此外，場外交易市場還包括銀行間交易市場以及一些機構投資者通過電話、電腦等通信手段形成的市場等。

第三節　債券的定價與收益

一、債券的價格

1. 債券的定價模型

對於有價債券的定價，我們通常採用收入的資本化定價法。收入的資本化定價法認為任何資產的內在價值取決於該資產在未來帶來的現金流收入的現值。因此，債券價格確定的條件是：預期現金流量的估計值；使債券所有現金流的現值等於債券市價的貼現率（必要的、合理的到期收益率）。

債券預期現金流量一般是確定的，計算簡單。但不同類型的債券的現金流量並不相同，附息債券的現金收入流量是由在到期日之前的週期息票利息支付和到期票面價值兩項構成。零息債券不進行任何的週期性息票支付，而是將到期價值和購買價格之差額作為投資者得到的利息，它的現金流量即為債券的面值或到期價值。

如何確定貼現率是債券定價的一個重要環節。必要的或合理的到期收益率是指通過對市場上一些信用等級和償還期限相同債券的收益率加以比較而確定的收益率，通常是以國債的收益率作為基準利率加上一定的風險水平，這一收益率是投資者在一定風險條件下對債券投資的期望收益率。

根據收入的資本化定價原理，我們可以得出不同類別債券的定價公式。

（1）附息債券的定價公式

$$P = \sum_{t=1}^{n} \frac{C}{(1+r)^t} + \frac{FV}{(1+r)^n}$$

式中，P 表示價格，C 表示票面利息，FV 表示債券面值，r 表示貼現率，即必要的到期收益率，n 表示債券的剩餘償還期（即從計算的當前時點到債券到期日之間的時間間隔），t 表示貼現的期數。

注意，由於債券的具體付息方式不同，在具體運用公式時要加以注意。

例如，某公司債券面值為 1000 元，票面利率為 8%，剩餘期限為 5 年，該債券每半年支付一次利息，到期歸還本金，目前市場利率為 10%，則債券的價格為：

$$P = \sum_{t=1}^{10} \frac{40}{(1+5\%)^t} + \frac{1000}{(1+5\%)^{10}} = 922.88$$

（2）零息債券的定價公式

相應的，由於零息債券未來只涉及一次現金支付，其定價公式為：

$$P = \frac{FV}{(1+r)^n}$$

例如，面值為 1000 元，8 年后到期的零息國債，目前市場利率為 8%，該債券的理論價格為：

$$P = \frac{1000}{(1+8\%)^8} = 540$$

（3）一次還本付息債券的定價公式

一次還本付息債券也只涉及一次現金支付，其定價公式為：

$$P = \frac{FV \times (1+i \times N)}{(1+r)^n}$$

式中，i 表示票面利率，N 表示債券的絕對償還期。

例如，面值為 1000 元，票面利率為 5%，期限為 8 年的一次還本付息債券，目前在市場上已存續了 3 年，當前市場利率為 8%，該債券的理論價格為：

$$P = \frac{1000 \times (1+5\% \times 8)}{(1+8\%)^5} = 952.82$$

債券的實際價格是指債券在流通市場上實際進行交易時的價格。債券的實際價格

總是圍繞其理論價格不斷上下波動。從債券的定價公式看，影響債券價格的主要因素是市場利率，但實際上很多因素都能夠影響債券市場的供求關係從而間接地導致債券價格波動。具體來說，影響債券實際價格的因素主要有以下幾方面：

①市場利率。市場利率與債券價格的變動方向相反。當市場利率上升時，債券的利率相對變低，若債券價格維持不變，那麼其收益率就會變低，顯然，就不會再有投資者投資債券。為維持適宜的收益率，債券的價格必然降低。若市場利率下降，則債券利率相對較高，資金流向債券市場，引起債券價格上漲。

②債券市場的供求關係。供求關係實際上是影響債券價格變動最直接的因素。有許多其他因素都是通過影響債券市場的供求關係進而影響債券價格的。當由於某種原因使得債券投資成為眾多投資者的投資選擇並採取購進行動時，都有可能使得債券供不應求進而引起債券價格的上漲。當拋出者多、購進者少引起債券供過於求時，債券價格必然下降。

③經濟發展狀況。經濟發展狀況的變化會影響債券的供求進而影響債券的價格。在經濟景氣時，企業對資金的需求量會增大。企業需要增加其生產投資，因此它一方面會賣掉手中持有的債券，將其轉化為生產性投資；另一方面它本身也要發行債券，以籌集更多的資金用於生產。銀行為滿足企業不斷增長的貸款要求，也可能會發行金融債券。這樣就使整個債券市場的供給大於需求，從而使債券價格下降、利率上升。相反，在經濟蕭條時期，生產停滯，資金需求量小，企業可能將閒置資金轉向債券投資，對債券籌資的需求也會減少。銀行由於貸款減少，也可能將資金轉向債券投資，並且金融債券的發行也相應減少，從而導致整個債券市場供不應求，債券價格上漲，利率降低。

④財政收支狀況。政府是債券市場的投資者之一，也是發行者之一。當政府有剩餘資金時，不僅可能買進一些債券，而且財政債券的發行量也會適當減少，這些行為會促進債券價格上漲。反之，當財政赤字嚴重時，政府不僅會拋出原來持有的債券，而且還會發行巨額的政府債券以彌補赤字，這必將影響債券的供求狀況，促使債券價格下跌。

⑤貨幣政策。中央銀行可以通過各種貨幣政策手段來調節全社會的貨幣供給量和利率水平，因此中央銀行的貨幣政策對金融市場有著巨大的影響。中央銀行的貨幣政策手段主要有準備金、再貼現、再貸款以及公開市場業務等。中央銀行提高存款準備金率或減少再貸款規模，都會使貨幣供給量減少，造成全社會範圍內的資金緊缺狀況，而資金緊張又會導致利率上升；同時債券的發行量增加，而投資於債券的資金減少，從而導致債券價格下降。反之，若中央銀行降低準備金率或增加再貸款規模，則資金寬鬆、利率下降，債券供不應求，其價格必然上漲。再貼現是中央銀行直接對利率進行調控的一種手段。若中央銀行提高再貼現率，則市場利率會隨之上升，債券價格下降；反之，若再貼現率降低，市場利率也會相應降低，債券價格上漲。中央銀行在債券市場上進行公開市場操作，則會直接影響債券的供求狀況。中央銀行大量購進債券時，債券供不應求，價格會上漲；反之，若中央銀行大量拋售債券，則債券供過於求，價格會下降。

2. 債券價格指數

債券價格指數是反應債券市場價格總體走勢的指標體系。和股票指數一樣，債券價格指數是一個比值，其數值反應了當前市場的平均價格相對於基期市場平均價格的位置。債券指數的發展至今已有 20 餘年，但債券指數化發展仍方興未艾。至今，國際上已有了成熟的債券價格指數，並且還在不斷的發展之中。比較成熟的債券價格指數有：JP Morgan 政府債券價格指數、美林證券的 GLCI 債券價格指數、道瓊斯（Dow Jones）債券價格指數以及匯豐銀行的 ADBI 債券價格指數等。

（1）債券價格指數的種類

①總指數。總指數包括市場上所有具有可比性的符合指數編製標準的債券，適合於那些持有債券類別較為複雜，並會投資流動性差的債券的投資者，能客觀反應一國或地區或某一市場的債券總體情況。

②可複製或可追蹤指數。該指數從總體債券指數中進行抽樣，選擇債券編製而成，或給以流動性調整編製而成。該指數適合國內職業投資者和合格的境外機構投資者及其他基金管理者使用。

（2）債券價格指數的作用

債券價格指數的作用主要有以下幾方面：

①債券價格指數可以用來進行市場分析研究和市場預測。投資人可以通過對靜態與即時債券指數走勢圖線進行技術分析，預測未來債券市場整體的變化趨勢。

②債券價格指數作為衡量債券整體市場收益率水平的基礎，是評估投資人業績優良的標準。投資人可以選擇一定的投資評估區間，在這段時間內計算出指數的回報率，然后再與自己投資回報水平進行比較，評判出投資業績的優劣。這也為金融機構考核債券投資相關部門的業績提供了依據。

③債券價格指數可以幫助投資人建立指數型債券投資組合。相當多的研究表明，整體而言，大多數投資人的長期收益並不會高於市場整體收益，債券價格指數可以幫助投資人建立指數型債券投資組合，用以模擬和盯住債券市場整體收益水平，減少頻繁市場操作的成本，同時也可以用來規避投資人收益低於市場整體收益的風險。

④債券價格指數可以幫助金融監管部門及時掌握債券市場的信息。債券價格指數作為債券市場整體的價格走勢指標，可以幫助金融監管部門及時、準確地掌握市場當前的情況，制定公開市場操作的策略。同時，市場上離奇的價格也會在指數上清晰地反應出來，可以幫助監管部門及時地發現違規的市場行為。

⑤債券價格指數可以幫助債券發行主體瞭解市場情況，確立發債計劃。各類債券的發行主體可以通過債券指數瞭解債券市場的當前行情和歷史情況，這為其制定債券發行的期限和價格提供了決策幫助。

（3）中國債券指數

為適應中國債券市場發展的需要，中央結算公司借鑑了國際上成功的債券指數編製經驗，在與全國社會保障基金理事會等有關部門共同進行充分論證和匯豐銀行的大力協助下，組織專門的項目小組經過一年多的設計、開發和測算，利用自身的專業性和中立性的優勢推出了中國債券指數這一服務產品，該指數於 2002 年 12 月 31 日發布

試用。

中國債券指數是全樣本債券指數或總指數，包括市場上所有具有可比性的符合指數編製標準的債券，適合於那些持有債券類別較為複雜，並會投資流動性差的債券的投資者，能客觀反應一國或地區或某一市場的債券總體情況。

中國債券指數樣本債券選擇標準為：發行人為財政部、國家開發銀行、中國進出口銀行及各類金融機構和企業；資信等級為國家主權級、準主權級及 AAA 級；在全國銀行間債券市場（含債券櫃臺交易市場）和交易所債券市場流通，且流通額度不低於 50 億元；待償期限在 1 年以上（含 1 年）；選用債券種類為零息債券、利隨本清債、附息債券、含期權債券；選用債券的計價幣種為人民幣，利率類型為固定利率或浮動利率。

中國債券指數基期為 2001 年 12 月 31 日，基點指數為 100。債券價格選取日終全價，價格選擇遵循如下原則：價格選擇要做到公開、透明、尊重市場，選擇實際交易結算價以及做市商的雙邊報價，同時配合詢價機制，並把模型推導價值作為最后考慮。就同一工作日而言，由於指數每日只公布一次，因此選取日終全價。取價原則如下：①有交易結算發生的，對銀行間債券市場流通的債券選取該債券日終加權平均結算價（剔除遠期價或協議價）；對交易所債券市場取每日收盤價。②無交易結算發生有雙邊報價的，銀行間債券市場取雙邊報價中的最優申買價。③既無交易結算價也無雙邊報價發生的，通過中國債券信息網詢價窗口詢價或直接詢價。④對於沒有市場價格的債券，採取模型定價。

中國債券指數計算採用市值加權法。中國債券指數的復查和調整是每月月末一次，調整分為常規性調整和非常規性調整。中國債券指數調整的規定是，凡符合樣本標準的新券都將納入下月指數中。當債券不再滿足到期日、流通數量、評級標準時，就從指數中剔除該債券。

2015 年中國債券指數走勢如圖 3-2 所示。

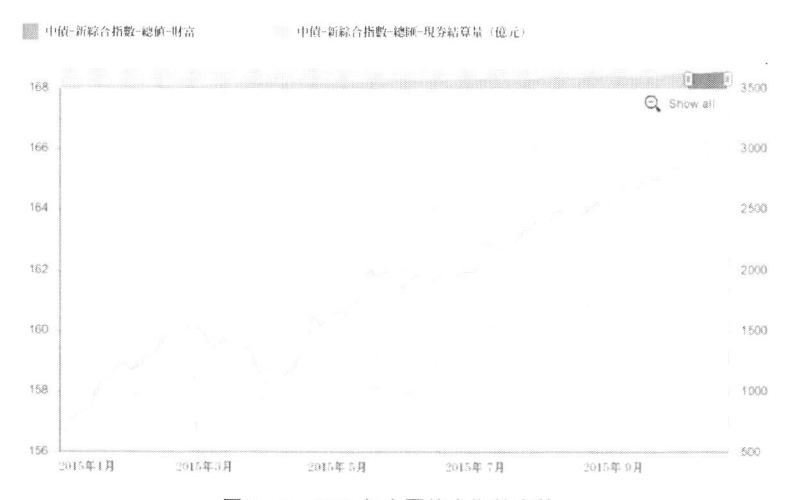

圖 3-2　2009 年中國債券指數走勢

二、久期與凸性

久期（Duration），又稱持續期，指的是對某種債券相關的支付流的平均到期時間的加權平均測度，其權重等於各期現金流的現值占債券現金流總現值的比例。久期是反應價格波動的重要指標，它衡量了債券價格對利率變化的敏感度，是債券風險管理的重要工具。久期最早是由弗里德里克・麥考利構造出來的，因此也被稱為麥考利久期。計算公式為：

$$D = \sum_{t=1}^{T} t \times W_t$$

$$W_t = [CF_t/(1+y)^t]/P$$

式中，D 表示久期，W_t 表示權重，CF_t 表示債券在時間 t 的現金流入，y 表示計算現值採用的折現率，P 表示債券的當前市價，T 表示債券所剩下的時間期限。

債券的久期越大，利率的變化對該債券價格的影響也越大，因此，該債券所承擔的利率風險也越大。在降息時，久期大的債券價格上漲幅度較大；在升息時，久期大的債券價格下跌的幅度也較大。因此，投資者在預期未來降息時，可選擇久期大的債券；在預期未來升息時，可選擇久期小的債券。

久期運用的前提是假設債券價格與收益率之間的反比關係是線性的，因此，久期計算的收益率變動所引起價格變動的值，只是一個近似的公式。當收益率變動幅度比較小時，久期的準確性較高，但對於收益率變化較大時，會產生較大的誤差，這時就有必要引進凸性的概念。

凸性（Convexity）是用來衡量債券價格收益率曲線的曲度，直觀地講，就是收益率每變化 1% 所引起的久期的變化程度。它是間接表明債券價格對收益率變動的敏感程度的指標。

債券價格的凸性指的是債券價格與收益率的關係。債券價格與其收益率呈反向變化關係，但這種關係並非是線性的，收益率的下降引起的債券價格上漲的幅度超過收益率同比例上升引起的債券價格下降的幅度，如圖 3-3 所示。

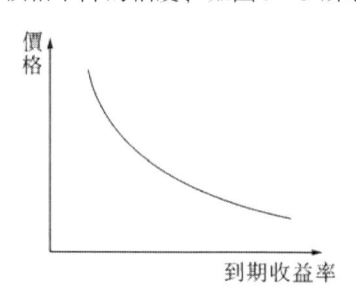

圖 3-3　價格與到期收益率的關係

凸性與久期的關係可以用圖 3-4 來表示：

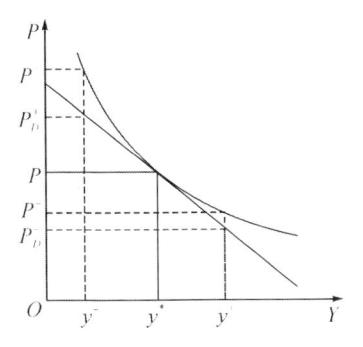

圖 3-4　凸性和久期的關係

圖 3-4 中的切線在收益率為 y* 點同價格與收益率曲線相切，這條切線表明了相對於每一單位利率（收益率）變動時的價格變動率，當收益率由 y* 變到 y⁺，由久期得出的近似的價格變化到 P_D^-，實際的價格變化到 P^-。這就解釋了久期只能給出價格變化的近似值的原因，這是由債券價格與收益率的凸性關係決定的。當收益率降低時，用久期估算的價格變動將小於實際的價格變動，從而低估了實際的價格變動；當收益率上升時，估算的價格變動將大於實際的價格變動，從而產生了一個低估的實際價格。但是，對於收益率的微小變化，切線和久期對估算實際價格很有作用。然而，離初始收益率 y* 越遠，近似值的誤差就越大。顯然，近似值的正確性取決於債券價格—收益率曲線的凸性。也就是說，債券凸性的意義在於能夠更加精確地衡量債券價格的利率敏感性。

三、債券的收益

1. 債券投資收益的組成

投資者放棄當前的貨幣財富去購買債券是為了獲取未來的收益，這一收益由三部分組成：

（1）發行人定期支付的利息。這是債券投資收入最基本的組成部分，對於固定利率債券來說這部分收入是事先確定的、是穩定可靠的。

（2）債券期滿或被贖回或被出售時的價差，即資本利得。資本利得可能為正值，也可能為負值。

（3）定期所獲現金流量再投資的利息收入。對於長期債券而言，利息再投資的收入是構成債券收益的重要組成部分。例如，面值為 1000 元、期限為 15 年、票面利率為 7%、半年支付一次利息、以 769.4 元折價發行的債券，到期收益率為 10%，假定年再投資收益率也是 10% 或半年期再投資收益率為 5%，利用年金公式我們可以計算出：

$$票面利息 + 利息之利息 = C\left[\frac{(1+r)^n - 1}{r}\right] = 35\left[\frac{(1+0.05)^{30} - 1}{0.05}\right] = 2325.36（元）$$

$$總的票面利息 = nC = 30 \times 35 = 1050（元）$$

則利息的利息即再投資收益：

$$再投資收益 = 2325.36 - 1050 = 1275.36（元）$$

我們可以分析這三種收益的大小：利息收益為 1050 元，資本利得為 230.60 元（1000－769.40），再投資收益為 1275.36 元，總收益為 2555.96 元（1050＋230.60＋1275.36），再投資收益占債券總收益的近一半。但這種計算結果是在假定投資收益率不變的情況下得出的，如果在持有期內，由於利率下降造成再投資收益率的下降，投資者面臨再投資收益的損失，這就是再投資風險。

2. 債券投資收益率的衡量

債券收益率是衡量債券投資收益常用的指標。債券收益率是債券收益與投入本金的比率，通常用年率表示。債券的投資收益不同於債券利息，債券利息僅指債券票面利率與債券面值的乘積，它只是債券投資收益的一個組成部分。除了債券利息以外，債券的投資收益還包括價差和利息再投資所得的利息收入。即使是同一種債券，投資者因購買的時點及持有期限的差異，收益也不盡相同。我們可以用名義收益率、即期收益率、到期收益率、持有期收益率來衡量。

（1）名義收益率。名義收益率又稱面值收益率、息票率。它是債券票面上標明的收益率，即每年利息收入與債券面額之比。

$$名義收益率 = \frac{票面金額 \times 票面利率}{票面金額} \times 100\%$$

（2）即期收益率。即期收益率又稱當期收益率。它是債券利息與買進債券的實際價格之比。即期收益率用實際的投資成本修正了名義收益率中的「債券面值」，但它仍不能準確反應投資者的實際收益水平，因為它未考慮投資者的資本損益，即實際購買價格和當期償還的本金之間的差額。

$$即期收益率 = \frac{票面金額 \times 票面利率}{市場價格} \times 100\%$$

例如，某息票債券，面值 100 元，票面利率為 10%，剩餘期限為 5 年，當前市場價格為 105 元。

$$即期收益率 = \frac{100 \times 10\%}{105} \times 100\% = 9.5\%$$

（3）到期收益率。到期收益率是指在當前的債券價格下，假設債券投資的淨現值為零的條件下內含的收益率。它通常被認為是待償期限內各期收益率的平均值。到期收益率是投資者選擇債券進行投資時的最重要的指標。用公式表示為（以附息債券為例）：

$$P = \sum_{i=1}^{n} \frac{C}{(1+y)^i} + \frac{FN}{(1+y)^n}$$

式中，P 為已知債券的價格，y 為該債券在剩餘期限為 n 時的到期收益率。

例如，某息票債券，面值 100 元，票面利率為 10%，剩餘期限為 5 年，當前市場價格為 105 元。則有：

$$105 = \sum_{i=1}^{5} \frac{10}{(1+y)^i} + \frac{100}{(1+y)^5}$$

求得：

到期收益率＝9.3%

（4）持有期收益率。持有期收益率是債券投資者持有債券一段時間，然後賣掉債券獲得的收益大小。持有期收益率的計算和到期收益率非常類似，只是最后賣出時是市場價格而不是面值。

$$P = \sum_{i=1}^{n} \frac{C}{(1+y)^i} + \frac{P_n}{(1+y)^n}$$

例如，某息票債券，面值 100 元，票面利率為 10%。2008 年 1 月 1 日發行，期限 10 年，半年付息一次。投資者在發行時按面值買進，並在 2009 年 6 月 30 日獲得利息后以 102 元的價格賣出。則有：

$$100 = \sum_{i=1}^{3} \frac{5}{(1+y)^i} + \frac{102}{(1+y)^3}$$

求得：

半年持有期收益率＝5.6%

一年持有期收益率＝11.2%

四、利率期限結構

嚴格地說，利率期限結構是指某個時點不同期限的即期利率與到期期限的關係及變化規律。由於零息債券的到期收益率等於相同期限的市場即期利率，從對應關係上來說，任何時刻的利率期限結構是利率水平和期限相聯繫的函數。因此，利率的期限結構，即零息債券的到期收益率與期限的關係可以用一條曲線來表示，如水平線、向上傾斜的曲線和向下傾斜的曲線，甚至還可能出現更複雜的收益率曲線，即債券收益率曲線是上述部分或全部收益率曲線的組合。收益率曲線的變化本質上體現了債券的到期收益率與期限之間的關係，即債券的短期利率和長期利率表現的差異性。

1. 利率期限結構的理論

利率期限結構的理論說明為什麼各種不同的國債即期利率會有差別，而且這種差別會隨期限的長短而變化。

（1）預期假說。利率期限結構的預期假說首先由歐文·費歇爾（Irving Fisher）於 1896 年提出，是最古老的期限結構理論。

預期理論認為，長期債券的現期利率是短期債券的預期利率的函數，長期利率與短期利率之間的關係取決於現期短期利率與未來預期短期利率之間的關係。如果預期的未來短期債券利率與現期短期債券利率相等，那麼長期債券的利率就與短期債券的利率相等，收益率曲線是一條水平線；如果預期的未來短期債券利率上升，那麼長期債券的利率必然高於現期短期債券的利率，收益率曲線是向上傾斜的曲線；如果預期的短期債券利率下降，則債券的期限越長，利率越低，收益率曲線就向下傾斜。

這一理論最主要的缺陷是嚴格地假定人們對未來短期債券的利率具有確定的預期；其次，該理論還假定，資金在長期資金市場和短期資金市場之間的流動是完全自由的。這兩個假定都過於理想化，與金融市場的實際差距太遠。

（2）市場分割理論。預期假說對不同期限債券的利率之所以不同提供了一種解釋。

但預期理論有一個基本的假定是對未來債券利率的預期是確定的。如果對未來債券利率的預期是不確定的,那麼預期假說也就不再成立。只要未來債券的利率預期不確定,各種不同期限的債券就不可能完全相互替代,資金也不可能在長短期債券市場之間自由流動。市場分割理論認為,債券市場可分為期限不同的互不相關的市場,各有自己獨立的市場均衡,長期借貸活動決定了長期債券利率,而短期交易決定了獨立於長期債券的短期利率。根據這種理論,利率的期限結構是由不同市場的均衡利率決定的。市場分割理論最大的缺陷正是在於它旗幟鮮明地宣稱,不同期限的債券市場是互不相關的。因為它無法解釋不同期限債券的利率所體現的同步波動現象,也無法解釋長期債券市場的利率隨著短期債券市場利率波動呈現的明顯有規律性的變化。

(3) 流動性偏好假說。希克思首先提出了不同期限債券的風險程度與利率結構的關係,較為完整地建立了流動性偏好理論。

根據流動性偏好理論,不同期限的債券之間存在一定的替代性,這意味著一種債券的預期收益確實可以影響不同期限債券的收益。但是不同期限的債券並非是完全可替代的,因為投資者對不同期限的債券具有不同的偏好。範·霍恩(Van Home)認為,遠期利率除了包括預期信息之外,還包括了風險因素,它可能是對流動性的補償。影響短期債券被扣除補償的因素包括:不同期限債券的可獲得程度及投資者對流動性的偏好程度。在債券定價中,流動性偏好導致了價格的差別。

這一理論假定,大多數投資者偏好持有短期債券。為了吸引投資者持有期限較長的債券,必須向他們支付流動性補償,而且流動性補償隨著時間的延長而增加,因此,實際觀察到的收益率曲線總是要比預期假說所預計的高。這一理論還假定投資者是風險厭惡者,投資者只有在獲得補償后才會進行風險投資,即使投資者預期短期利率保持不變,收益曲線也是向上傾斜的。

五、利率風險結構

利率的風險結構是指相同期限的金融工具不同利率或收益率水平之間的關係,它反應了這種金融工具所承擔的信用風險的大小對其收益率的影響。利率和違約風險呈正比例關係,違約風險越大,債券的收益率越高。

債務人無法依約付息或歸還本金的風險成為違約風險,又稱為信用風險。由於債券發行者的收入會隨經營狀況而改變,這就給債券本息能否及時償還帶來了不確定性。違約風險低的債券利率也低,違約風險高的債券的利率也高。

政府可由增稅、發行貨幣的方式償債,故政府公債又稱為無違約風險債券,其利率成為無風險利率。一般債券的利率高於同期限的政府公債,兩者的差距稱為違約風險溢價或信用風險溢價。

小結

1. 債券市場是交易債券的場所,它是現代金融市場的一個重要組成部分,發揮著重要的融資、資源配置以及形成金融市場基準利率的作用。

2. 債券的種類可按發行主體、發行區域、發行方式、期限長短、利息支付形式、有無擔保等分為十類。

3. 債券市場具有融資、資源配置、宏觀調控、提供市場基準利率、防範風險等功能。

4. 債券發行市場主要由發行者、認購者和委託承銷機構組成。

5. 債券流通市場可分為場內交易市場和場外交易市場。

6. 債券指數是反應債券市場價格總體走勢的指標體系。

7. 久期是反應價格波動的重要指標，它衡量了債券價格對利率變化的敏感度，是債券風險管理的重要工具。

8. 債券價格的凸性指的是債券價格與收益率的關係。

9. 債券投資收益率可以用名義收益率、即期收益率、到期收益率、持有期收益率來衡量。

重要概念提示

零息債券　場內交易市場　場外交易市場　中國債券指數　久期　到期收益率　利率期限結構　債券信用評級　利率風險結構　凸性

復習思考題

1. 債券市場主要有哪些功能？
2. 債券價格的久期與凸性分別指什麼？相互之間有何關係？
3. 如何理解債券的期限結構？運用流動性偏好理論如何分析不同期限債券的風險程度以及與利率結構的關係？
4. 簡述債券信用評級的內容及過程。
5. 某貼現債券，面值10,000元，期限為180天，以10%的貼現率公開發行。投資者以發行價買入后持有至期滿，其到期收益率為多少？

第四章　股票市場

學習目標

在這一章中，我們將討論股票市場的一些基本概念、股票市場的運行以及股票的價格和收益。完成本章的學習後，你應該能夠：

1. 掌握股票的性質與特徵。
2. 瞭解我國股票的分類以及發行方式。
3. 掌握股票發行價格的計算方法。
4. 瞭解股票的發行程序。
5. 熟悉股票上市的條件和程序。
6. 熟悉證券交易所的交易制度。
7. 瞭解場外交易市場的特點。
8. 掌握股票定價的原理及股票價格的影響因素。
9. 掌握股票收益率的計算。

學習的重點和難點

1. 股票發行和股票上市的條件及程序。
2. 證券交易所的交易制度。
3. 股票定價模型及其擴展。
4. 股票收益率的計算。

　　股票從出現至今已有近400年的歷史，它伴隨著股份公司的出現而出現。隨著企業經營規模的擴大與資本需求的不足，要求採用一種新的方式來讓公司獲得大量的資本金，於是產生了以股份公司形態出現的，股東共同出資經營的企業組織。股份公司的變化和發展產生了股票形態的融資活動，股票融資的發展產生了股票交易的需求，而股票的交易需求則促成了股票市場的形成和發展。

　　世界上最早的股份有限公司制度誕生於1602年在荷蘭成立的東印度公司。1611年東印度公司的股東們在阿姆斯特丹開始交易股票，於是阿姆斯特丹股票交易所形成了世界上第一個股票市場。目前，股份有限公司已經成為現代經濟最基本的企業組織形式之一。股票已經成為現代企業籌資的重要渠道和方式，亦是投資者投資的基本選擇方式，而股票市場成為證券市場的重要構成。同時，因為股票市場可以集中地傳遞各種宏觀和微觀信息，股票市場也成為反應宏觀經濟走勢和企業經營狀況的「晴雨表」。

第一節　股票市場概述

一、股票的性質和特徵

（一）股票的性質

　　股票是股份有限公司經過一定程序發行的，證明股東對公司財產擁有所有權及相應份額的憑證。股份公司為籌集資金而發給股東的出資憑證，是代表資本所有權的證書，是股東借以取得股息和紅利的有價證券，是具有公司剩余財產分配以及公司經營權利的一種憑證。股票是投資者向公司提供資本的權益合同，是公司的所有權憑證。股東因成為公司的所有者而享有相應的權利。股東的權益在利潤和資產分配上表現為索取公司對債務還本付息後的剩余收益，即剩余索取權（Residual Claims）；在公司破產的情況下股東通常將一無所獲，但只負有限責任，即公司資產不足以清償全部債務時，股東的個人財產也不受追究。同時，股東有權投票決定公司的重大經營決策，如經理的選擇、重大投資項目的確定、兼併與反兼併等，對於日常的經營活動則由經理做出決策。換言之，股東對公司的控制表現為合同所規定的經理職責範圍之外的決策權，稱為剩余控制權（Residual Rights of Control）；但同樣的，如果公司破產，股東將喪失其控制權。概括而言，在公司正常經營狀態下，股東擁有剩余索取權和剩余控制權，這兩者構成了股東股權的主要內容。

　　股份公司的股票可以自由轉讓，其發行和轉讓都是按照一定的價格來進行的。換句話說，股票可以作為買賣的對象，它具有價格。但是，股票本身是沒有價值的，它之所以具有價格，是因為憑藉它可以向股份公司取得股利收入以及擁有對該公司一定資產的所有權。

（二）股票的特徵

　　股票的特徵有以下幾點：

　　（1）永久期限性。股票沒有約定的到期日。一旦股票發行成功，股東無權要求公司退還股本，公司也沒有清償股票的義務。為保證投資者持有股票的積極性，允許股票在二級市場上進行流通轉讓，但這不會影響到公司持有的股本總額。股份公司在破產或因故解散的情況下，股東持有的股票會按照法定程序獲得清償，這只是一種特殊情況下的處置方式，與股票本身的期限性無關。

　　（2）不確定的收益性。股東的投資收益來源於兩個方面：一是公司派發的股息和紅利；二是投資者買賣股票的價差收益。從現實看，公司不是每年必須派發股息和紅利，而是要根據當年的利潤和股利政策而定。在二級市場上，股票的價差收益也具有很大的不確定性。在獲取收益的順序上，須先償付債券利息，股票股息則在公司稅後利潤中進行支付。

　　（3）較高的風險性。股票投資具有較高的風險性主要是源於其收益的不確定性，

尤其是股票價格的劇烈波動。由於影響股票價格的因素很多，不僅取決於企業自身的盈利水平和經營狀況，還受到宏觀經濟狀況、政治局勢、行業發展週期以及投資者心理因素的影響，因而價格波動往往非常劇烈並且頻繁。

（4）較高的流動性。股票可以在規定的流通市場上自由轉讓。股票的流動性彌補了股票期限永久性的不足，也促進了社會資本向生產資金的轉換。股票由於其自身較高的風險性和較大的收益性，在現實中往往吸引了大量投資者投資，這是股票的二級市場往往比較發達的重要原因。

二、股票的種類

隨著股份制的發展，產生了多種形式的股票。不同形式的股票適應了不同籌資者和投資者的需要。

1. 普通股和優先股

按照其持有者權利的不同，可將股票劃分為普通股和優先股。

普通股股票是股份有限公司最基本的股票。公司可以不發行優先股，但必須發行普通股。優先股股票股息固定，並且在股息分配方面以及在公司解散時剩餘財產的分配方面優先於普通股，因此稱其為優先股。優先股股東同普通股股東所享有的權利是不同的，其區別主要體現在以下幾方面：

（1）普通股股東享有參與企業經營的權利。普通股股東可參加每年一次的股東大會，有權投票選舉董事，有權對公司的合併、解散以及公司章程的修改等重大決策發表意見。由普通股股東組成的股東大會是股份公司的最高權力機構。而優先股股東則不具有投票權，無權對公司的經營管理發表意見。

（2）在對公司盈利的分配權方面，優先股股息固定，一般不參加剩餘盈利的分配（參與優先股除外），公司的股利必須首先分派給優先股后，才能分派給普通股。因此，當公司盈利不多時，優先股的股息收入往往高於普通股的紅利收入。

（3）在公司破產或解散時對剩餘財產的分配方面。普通股須在優先股分配完之后若有剩餘才有權參與分配。

（4）在公司增資擴股時，普通股股東享有優先認股權，而優先股股東則不具有這種權利。為普通股股東提供這一權利，目的在於使現有股東有權保持其對公司所有權的佔有比例。

股份公司對優先股進行盈余分配的具體做法也有所不同，因此優先股可據此進一步細分為累積優先股與非累積優先股、參與優先股與非參與優先股。

當股份公司出現虧損或利潤下降的情況時，或者經股東大會決定，將當年盈余充作資本金以滿足公司經營的需要時，都有可能導致優先股股東不能獲得當年的股息分配或股息分配不足。這部分未分配的股息或股息分配的不足部分是否可以累積到以后年度一併分派，這便是累積優先股和非累積優先股的區別。凡規定欠分配的股息可以累積到以后年度的優先股均稱為累積優先股。在累積優先股的股東以往累積的全部股息未分派足額之前，普通股股東不能獲得股息的分派。相反，當年股息未能分配足而以后不再補發的優先股則稱為非累積優先股。顯然，對投資者來講，累積性優先股比

非累積性優先股具有更大的優越性。

參與優先股與非參與優先股的區別在於：當公司的盈餘很多以至於按規定的股息率分派優先股股息並按相同的比率分派普通股紅利後還有剩餘時，優先股股東能否同普通股股東一起參與對剩餘盈利的分配。若可以繼續參與分配，此類優先股稱之為參與優先股；否則，則稱為非參與優先股。至於普通股股東與參與優先股股東按何種比例分配多餘的盈利，則需在公司章程中加以說明。

應該說，優先股對籌資者而言是一種比較有利的籌資方法，因為它兼有股票和債券所具有的一些有利於籌資者的特徵。利用優先股籌資，既可獲得永久性的資金來源，又不需授予投資者參與企業經營管理的權利。當公司因財務狀況不佳而不能發放股息時，優先股股東也不能像債權人那樣訴諸法律，而只能出售其股票或等待以後累積收取。儘管用優先股籌資具有上述的優越性，一些經營穩健、效益好的公司卻並不常發行優先股。因為優先股對投資者相對不利，其股價也相對較低，而效益好的企業發行的普通股股價高，投資者踴躍，對它們來說，發行普通股股票更為有利。

2. 我國股票的分類

我國的股份制起步較晚，發展較快，在發展過程中，出現了一些具有自身特色的事物。在股權分類上，也產生了一些特有的分類方法。

首先，根據發行對象的不同，我國的股票可分為 A 股、B 股、H 股、N 股、S 股等。A 股是指在國內發行的由國內居民認購的以人民幣計價的股票。B 股是指由中外合資公司在經有關證券管理機構批准後發行的股票，專供外國和我國香港、澳門、臺灣地區的投資者買賣，以港元或美元計價（從 2001 年 2 月起境內投資者也可購買 B 股）。H 股是指我國的股份有限公司在香港證券市場上發行及掛牌交易的股票。相應的，N 股和 S 股則分別指我國的股份有限公司在紐約和新加坡證券市場上發行及掛牌交易的股票。

其次，由於我國是在公有制基礎上實行股份制，因此又可將股權按投資主體的不同劃分為國家股、法人股、個人股和外資股。國家股是有權代表國家的政府部門或機構以國有資產投入公司形成的股份。法人股是指企業法人以其依法可支配的資產投入公司形成的股份，或具有法人資格的事業單位和社會團體以國家允許用於經營的資產向公司投資形成的股份。法人股包括國有法人股和社會法人股。個人股為社會個人或本公司內部職工以個人合法財產投入公司形成的股份。外資股為外國和我國香港、澳門、臺灣地區投資者以購買人民幣特種股票形式向公司投資形成的股份。在股權分置改革前，國家股和法人股不允許上市流通，個人股和外資股分別以 A 股和 B 股的形式進行交易。在 2005 年 4 月股權分置改革後，國家股和法人股取得了上市流通權，變為完全流通的股票或受限流通的股票。這樣，國家股、法人股和個人股間的差異就比較小了。

3. 其他常見的股票概念

（1）紅籌股。這一概念誕生於 20 世紀 90 年代初期的中國香港股票市場。中華人民共和國在國際上有時被稱為「紅色中國」，相應的，中國香港和國際投資者把在境外註冊、在中國香港上市的那些帶有中國大陸概念的股票稱為紅籌股。早期的紅籌股，主要是一些中資公司收購中國香港中小型上市公司後改造而形成的，近年來出現的紅籌

股，主要是內地一些省市將其在中國香港的窗口公司改組並在中國香港上市後形成的。

（2）藍籌股。在海外股票市場上，投資者把那些在其所屬行業內佔有重要支配性地位、業績優良、成交活躍、紅利優厚的大公司股票稱為藍籌股。「藍籌」一詞源於西方賭場。在西方賭場中，有三種顏色的籌碼，其中藍色籌碼最為值錢，紅色籌碼次之，白色籌碼最差。投資者把這些行話套用到了股票上。藍籌股並非一成不變，隨著公司經營狀況的改變及經濟地位的升降，藍籌股的排名也會變更。

（3）成長股。成長股是指發行股票時規模並不大，但業務蒸蒸日上，管理良好，利潤豐厚，產品在市場上有競爭力的公司的股票。成長型的公司的資金，多用於建造廠房、添置設備、增加雇員、加強科研，將經營利潤投資於公司的未來發展，往往派發很少的股息或根本不派息，但成長股的價值往往體現在不斷增長的股價上。

（4）績優股。績優股是指那些業績優良，但增長速度較慢的公司的股票。這類公司有實力抵抗經濟衰退，但這類公司並不能給你帶來振奮人心的利潤，在股票市場上市盈率並不高。因為這類公司業務較為成熟，不需要花很多錢來擴展業務，所以投資這類公司的目的主要在於拿股息。

（5）週期股。週期股是指經營業績隨著經濟週期的漲落而變動的公司的股票。航空工業、汽車工業、鋼鐵及化學工業都屬於此類。當經濟從衰退中開始復甦時，週期股的價格漲得比一般成長股快；反之，當經濟走向衰退時，週期股的價格跌幅可能會較大。如果沒有掌握好投資週期而造成的損失，投資者可能要等上好幾年才能復原。所以投資這類公司，掌握正確的時機至關重要。

（6）防守型股。防守型股是指那些在面臨不確定性和商業衰退時股價保持相對穩定的股票。公用事業和消費類股票是防守性股的典型代表，因為即使在商業條件普遍惡化與經濟蕭條時期，人們對水電、煤氣、郵政、通信、食品等行業也還有穩定的要求。

（7）ST股。1998年4月22日，滬、深證券交易所宣布將對財務狀況和其他財務狀況異常的上市公司的股票交易進行特別處理（英文為Special Treatment，縮寫為「ST」）。其中異常主要指兩種情況：一是上市公司經審計兩個會計年度的淨利潤均為負值；二是上市公司最近一個會計年度經審計的每股淨資產低於股票面值。在上市公司的股票交易被實行特別處理期間，其股票交易應遵循下列規則：①股票報價日漲跌幅限制為5%；②股票名稱改為原股票名前加「ST」；③上市公司的中期報告必須經過審計。

第二節　股票市場的運行

一、股票的發行市場

（一）股票發行的目的

（1）獲取長期資金。發行股票是企業獲取長期性營業資金的一種手段。投資者一

旦購買了股票，就成了公司的股東，投資者只能將股票轉讓出去而不能收回股本，所以企業通過發行股票所籌集的資金從理論上講可以作永久性使用，不用考慮還本。此外，在經營狀況不佳時，企業還可以減少分紅或不分紅，以穩定資本。

（2）改善資本結構。除了發行股票外，企業還可以通過向銀行借款、發行債券的方式籌集資本。通過后兩條渠道籌集資金的企業必須承擔到期按時還本付息的責任。因此，如果以債券或銀行貸款的方式籌集的資本在總資本中所占比例過大，則意味著企業的償債負擔過大，並有可能因此而影響到企業規模的進一步擴大，甚至影響到企業的正常營運。通過發行股票籌集的資本不構成企業的負債，企業不必承擔還本付息的責任。因此，通過發行股票，企業可以改善自身的資本結構，減輕償債壓力。

（3）擴大企業知名度。企業發行股票都能或多或少地擴大其社會影響，尤其是採用面向全社會的公開募集的方式發行股票，更有利於提高其知名度，若能到證券交易所上市交易，則效果更佳。此外，企業通過發行股票，可以增加其自有資金總額，擴大企業規模，並進而提高其社會信用程度和知名度。

（4）提高原股東收益。如果公司連年盈餘，留存大量公積金，股票市價不斷上漲，公司為了使原有股東獲益，則可以按低於市價的價格向老股東配售新股或將公積金並入資本金，無償向原股東配送新股。這樣，股票發行都同維護和增加原有股東的經濟利益聯繫起來。

另外，公司在轉換證券、股份分割或合併和公司併購時也會涉及股票發行。

（二）股票發行的方式

1. 公募發行與私募發行

根據股票發行是否辦理公開發行審核程序來劃分，股票的發行可以分為公募發行與私募發行。公募發行是指股份公司按照公司法及證券交易法的有關規定，辦理有關發行審核程序，並將其財務狀況予以公開，以向社會大眾招股募集的股票發行。私募發行不辦理公開發行的審核程序，也不向社會公眾發行股票，而只對特定的對象和公司內部職工徵募股份。現階段在我國，凡採取社會募集方式設立的股份有限公司都必須採取公募方式發行股票，而採取發起方式設立的股份有限公司，則採用私募方式發行股票。

2. 初次公開發行與增資發行

初次公開發行，也稱為 IPO，是指股份公司首次向社會公開發行股票。股份公司在成立時其實也涉及股票的發行，但一般不是公開發行而是內部發行。從各國證券市場的實踐看，一般股份公司都是在經營一定期限後，在公司規模、盈利能力等方面都滿足監管層要求後才進行初次公開發行。

增資發行，在國外常稱為 SEO，指股份有限公司為增資擴股而發行股票。增資發行是在 IPO 後的進一步募股行為，這種股票發行往往涉及股份公司追加投資、併購等行為，通過募集資金而滿足公司發展的需要。根據發行對象的不同，增資發行可分為股東配售、定向增發、公開招股三種。

股東配售，是指公司在增資擴股時，按照老股東的持股比例向其分配新股認購權，

允許其以優惠的價格優先認購新股。這種做法既可使老股東獲得一定的價差收益,又可維持老股東在公司的持股比例,是維護股東權益的一種體現。

定向增發,是指公司向特定人員或投資者發行股票的增資方式。定向增發是非公開發行的一種,其對象可以是公司的控股股東,也可以是併購公司的股東;可以是市場上的機構投資者,也可以是公司職工、管理人員、往來客戶等與公司有特定關係者。採用這種方式發行股票,往往具有一些特殊目的,比如說可能是實施關聯交易、實施股權收購,或者是實施股權激勵以調動職工積極性以及鞏固同客戶的關係等。

公開招股,是指向社會公眾發行股票以籌集資金。公開招股一般在籌資量較大的情況下使用。它通常以市價為基礎來確定發行價,投資者機會均等,可以防止股權壟斷。

3. 註冊發行與核准發行

證券發行註冊制是指證券發行申請人依法將與證券發行有關的一切信息和資料公開,制成法律文件,送交主管機構審查並註冊,而主管機構只負責審查發行申請人提供的信息和資料是否履行了信息披露義務的一種制度。其最重要的特徵是:在註冊制下,證券發行審核機構只對註冊文件進行形式審查,而不進行實質判斷。美國是採取發行註冊制的典型代表。

證券發行核准制即所謂的實質管理原則,以歐洲各國的公司法為代表。依照證券發行核准制的要求,證券的發行不僅要以真實狀況的充分公開為條件,而且必須符合證券管理機構制定的若干適於發行的實質條件。符合條件的發行公司,經證券管理機關批准後方可取得發行資格,在證券市場上發行證券。制定這一制度的目的在於禁止質量差的證券公開發行。新西蘭、瑞典和瑞士的證券監管體制,帶有相當強的核准制特點。

我國於十八屆三中全會上宣布推進股票發行註冊制改革,將核准制改為註冊制,進而全面構建以充分披露信息為基礎、以審慎形式審查為核心、以嚴格法律責任追究為后盾的公開發行註冊制度。這將有利於發揮市場在資源配置方面的社會功能,提高公眾投資者的投資信心和中國證監會的公信力。

(三) 股票的發行價格

1. 市盈率法

通過市盈率法確定股票的發行價格,首先應根據註冊會計師審核后的盈利預測計算出發行人的每股收益;其次,發行人會同主承銷商確定股票發行市盈率;最后依發行市盈率與每股收益的乘積決定股票發行價格。其計算公式為:

$$發行價 = 每股收益 \times 發行市盈率$$

市盈率又稱本益比 (P/E),是指股票市場價格與每股收益的比率。市盈率有市盈率 I 與市盈率 II 之分。市盈率 I 以已實現的每股收益作為計算依據,市盈率 II 以預期的每股收益作為計算依據。市盈率也有流通市盈率與發行市盈率之分。確定發行市盈率,往往既要參照二級市場的平均市盈率,又要結合同行業其他公司的市盈率以及發行人的狀況、市場行情等因素。

確定每股收益有兩種方法：①完全攤薄法，即用發行當年預測全部稅后利潤除以總股本，直接得出每股稅后利潤；②加權平均法。其計算公式為：

$$每股稅后利潤 = \frac{發行當年預測稅后利潤}{發行前總股本 + 本次發行股本 \times (12 - 發行月份) \div 12}$$

不同的方法得到不同的發行價格。每股收益採用加權平均法較為合理。因為股票發行的時間不同，資金實際到位的先后對企業效益有影響，同時投資者在購股后才應享受應有的權益。

2. 淨資產倍率法

淨資產倍率法又稱資產淨值法，是指通過資產評估和相關會計手段確定發行人擬募股資產的每股資產值，然后根據證券市場的狀況將每股淨資產乘以一定的倍率，以此確定股票發行價格的方法。其計算公式為：

$$發行價格 = 每股淨資產值 \times 發行市淨率$$

淨資產倍率法在國外常用於房地產公司或資產現值要重於商業利益的公司的股票發行。以此種方式確定每股發行價格不僅應考慮公司資產的真實價值，還需考慮市場所能接受的溢價倍數。

發行市淨率的確定應根據二級市場平均市淨率、發行人的行業情況、發行人的經營狀況及其淨資產收益率等擬定。其中影響市淨率的一個重要因素是發行當年預計的淨資產收益率，其計算方法可用全面攤薄法和加權平均法。

3. 現金流量折現法

這種方法是通過預測公司未來的盈利能力，據此計算出公司淨現值，並按一定的折扣率折算，從而確定股票的發行價格。國外股票市場對新上市公路、港口、橋樑、電廠等基礎設施公司的估值和發行定價一般採用這種方法。這類公司的特點是前期投資大，初期回報率不高，上市時的利潤偏低。如採用市盈率法確定發行價格會低估其真實價值，而對公司未來收益的分析和預測能比較準確地反應公司的整體價值和長遠價值。用現金流量折現法定價的公司，其市盈率往往高於市場平均水平，但這類公司發行上市時套算出來的市盈率與一般公司的發行市盈率不具可比性。

(四) 股票的發行程序

股票的公開發行，是指發行人通過仲介機構向不特定的社會公眾廣泛地發售股票。股票公開發行的運作主要包括：發行公司與承銷商的雙向選擇、組建發行工作小組、盡職調查、制訂與實施重組方案、制訂發行方案、編製募股文件與申請股票發行、路演、確定發行價格、組建承銷團、穩定價格。

（1）股票發行公司與主承銷商的雙向選擇。主承銷商（即投資銀行）選擇股票發行公司時，一般考慮如下幾個方面：是否符合股票發行條件；是否受市場歡迎；是否具備優秀的管理層；是否具備增長潛力。而股票發行公司選擇主承銷商時，所依據的幾條常見標準是：投資銀行的聲譽和能力；承銷經驗和類似發行能力；股票分銷能力；造市能力；承銷費用。

（2）組建發行工作小組。股票發行公司與承銷商雙向選定以後，就開始組建發行

工作小組。發行工作小組除承銷商和發行公司以外，還包括律師、會計師、行業專家和印刷商。

（3）盡職調查。盡職調查是指仲介機構（包括投資銀行、律師事務所和會計師事務所等）在股票承銷時，以本行業公認的業務標準和道德規範，對股票發行人及市場的有關情況及有關文件的真實性、準確性、完整性進行的核查、驗證等專業調查。

（4）制訂與實施重組方案。發行工作小組成立之後，就開始對發行人進行重組以使之符合公開發行的條件或使之在公開發行時取得更好的效果。為此，需首先制訂重組方案。

重組方案的制訂與實施，應盡量做到：發行人主體明確，主業突出，資本債務結構得到優化；財務結構與同類上市公司比較，具有一定的優越性；使每股稅后利潤較大，從而有利於企業籌集到盡可能多的資金；有利於公司利用股票市場進行再次融資；減少關聯交易；避免同業競爭等。

（5）制訂發行方案。股票公開發行是一個相當複雜的過程，需要許多仲介機構及相關機構的參與，需要準備大量的材料。主承銷商必須協調好各有關機構的工作，以保證所有材料在規定時間內完成。因此，制訂發行方案就成為股票承銷中的重要步驟。

（6）編製募股文件與申請股票發行。股票發行的一個實質性工作是準備招股說明書以及作為其根據和附件的專業人員的審查意見。這些文件被統稱為募股文件，主要包括招股說明書、審計報告、法律意見書和律師意見報告。

在準備完募股文件后，發行人將把包括這些文件在內的發行申請資料報送證券監管機構，相應的專家委員會將對此進行審查。在註冊制下，證券監管機構不對預期發行股票的質量進行評價或評估，這一結論由市場作出；而在核准制下，證券監管機構則將對股票發行質量作出判斷，並決定是否允許其公開發行。

（7）路演。路演是股票承銷商幫助發行人安排的發行前的調研與推介活動。一般來講，承銷商先選擇一些可能銷出股票的地點，並選擇一些可能的投資者主要是機構投資者，然後，帶領發行人到相應地點去召開會議，介紹發行人的情況，瞭解投資人的投資意向。

路演是決定股票發行成功與否的重要步驟，成功的路演可以達到下述三個目的：通過路演讓投資者進一步瞭解發行人；增強投資者信心，創造對新股的市場需求；從投資者的反應中獲得有用的信息。

（8）確定發行價格。發行定價是股票發行中最複雜的一件事，成功地對公開發行的股票進行定價，要求作為承銷商的投資銀行有豐富的定價經驗，對發行人及其所屬行業有相當的瞭解，對一級市場和二級市場上各類投資者都有深入的瞭解。

（9）組建承銷團。一般來說，主承銷商會組建一個由承銷辛迪加和銷售集團組成的承銷團來進行股票的出售。承銷辛迪加中的每一個成員都有權承銷一部分股票，而銷售集團的成員不承擔任何承銷風險。

主承銷商選擇承銷團成員時，主要參考以下標準：其一，應有不錯的客戶基礎和銷售渠道；其二，願意且有能力擔任做市商；其三，分銷商願意在股票上市交易後對它進行分析研究。

（10）穩定價格。在股票承銷中，投資銀行通常會對所承銷的股票採取穩定價格策略，通常有如下三種穩定價格的技巧：一是聯合做空策略；二是綠鞋期權策略；三是提供穩定報價策略。

二、股票的流通市場

二級市場（Secondary Market）也稱交易市場，是投資者之間買賣已發行股票的場所。這一市場為股票創造流動性，即投資者能夠迅速將手中的股票脫手換取現值。在「流動」的過程中，投資者將自己獲得的有關信息反應在交易價格中，而一旦形成公認的價格，投資者憑此價格就能瞭解公司的經營概況，公司則知道投資者對其股票價值即經營業績的判斷。這樣一個「價格發現過程」降低了交易成本。同時，流動也意味著控制權的重新配置，當公司經營狀況不佳時，大股東通過賣出股票放棄其控制權，這實質上是一個「用腳投票」的機制，它使股票價格下跌以「發現」公司的有關信息並改變控制權分佈狀況，進而導致股東大會的直接干預或外部接管，而這兩者都是「用手投票」行使控制權。由此可見，二級市場另一個重要作用是優化控制權的配置從而保證權益合同的有效性。

二級市場通常可分為有組織的證券交易所和場外交易市場，但也出現了具有混合特徵的第三市場（The Third Market）和第四市場（The Fourth Market）。第三市場是指非證券交易所會員的經紀人繞過交易所，在場外經營上市股票的市場。第四市場是指機構投資者繞過證券商，直接利用電子網路進行大宗股票交易的市場。

（一）證券交易所市場

證券交易所（Stock Exchange）是由證券管理部門批准的，為證券的集中交易提供固定場所和有關設施，並制定各項規則以形成公正、合理的價格和有條不紊的秩序的正式組織。

證券交易所作為高度組織化的有形市場，具有以下特徵：①有固定的交易場所和交易時間。證券交易所是一個有形市場，有固定的場所，有專門的機構來組織交易，有系統的交易章程和交易制度，有固定的交易時間。②交易採用經紀制。在交易所裡參加交易者必須為具備會員資格的證券經營機構，一般投資者不能直接進入交易所買賣證券，只能委託會員作為經紀人間接進行交易。③交易的對象限於合乎一定標準的上市證券。每個交易所對證券上市都有嚴格的規定，上市證券中絕大多數為股票，也包括債券和其他證券衍生工具。④通過公開競價的方式決定交易價格。交易所內場人員代表眾多的買者和賣者，集中在交易所內展開競買、競賣，根據價格優先、時間優先的原則達成交易，從而有利於公正價格的形成。⑤嚴格的管理制度。各國證券交易所都制定有嚴格的規章制度和操作規程，對於入場交易會員、上市證券資格、上市交易程序及交易後的結算等都有嚴格詳細的規定，凡違反規定者，都將受到嚴厲的制裁。同時，證券交易所還規定有嚴格的信息披露制度，要求所有的上市公司必須全面、真實、準確地公布其經營情況和財務狀況，從而有利於投資者進行理性的選擇。

1. 證券交易所的組織形式

世界各國證券交易所的組織形式大致可分為兩類：

（1）公司制證券交易所。公司制證券交易所是由銀行、證券公司、投資信託機構及各類公司等共同投資入股，以盈利為目的的法人組織。公司制交易所的最高決策管理機構是董事會，董事由股東大會選舉產生。交易所的主要收入是按證券成交額收取佣金。由於公司制交易所是以盈利為目的的，因而交易費用比會員制交易所高。

（2）會員制證券交易所。會員制證券交易所是一個由會員自願出資，共同組成，不以盈利為目的的法人團體，主要由證券商組成。會員制證券交易所的最高權力機關為會員大會，下設理事會，理事會由全體會員選舉產生，理事會中的理事還必須有一部分由非會員擔任，以代表公眾利益。會員制交易所規定，只準它的會員在交易所內買賣股票，非會員不得參加。我國1997年發布的《證券交易所管理辦法》規定：證券交易所是不以營利為目的，為證券的集中和有組織的交易提供場所、設施，並履行相關職責，實行自律性管理的會員制事業法人。

在證券市場發展的早期，實行會員制的證券交易所較多，隨著證券市場的競爭加劇，證券交易所之間的競爭也在不斷加強，越來越多的證券交易所由會員制轉為了公司制，有的交易所還對外發行股票，成為了上市公司。

2. 證券交易所的會員制度

為了保證證券交易有序、順利地進行，各國的證券交易所都對能進入證券交易所交易的會員進行了資格限制。各國確定會員資格的標準各不相同，但主要包括會員申請者的背景、能力、財力、有否從事證券業務的學識及經驗、信譽狀況等。此外，有些國家和地區（如日本、澳大利亞、新加坡、巴西、我國的上海和深圳等）的證券交易所只吸收公司或合夥組織的會員，而大多數國家的證券交易所則同時允許公司、合夥組織和個人成為證券交易所會員。按會員所經營業務的性質和作用劃分，各國證券交易所的會員又可分成不同的種類。如紐約證券交易所的會員可分為佣金經紀人、交易所經紀人、交易所自營商、零股交易商、特種會員五種；倫敦交易所的會員可分為經紀商和自營商兩種；日本的交易所會員則分為正式會員和經紀會員兩種。

3. 證券交易所的上市制度

股票上市制度是證券交易所和證券主管部門制定的有關股票上市規則的總稱。股票上市制度主要包括股票上市的條件、股票上市的程序等內容。

（1）股票上市的條件

股票必須符合一定的條件才能獲準上市。各國對股票上市的條件都有具體的規定，這些條件大致包括以下幾方面的內容：①股票的合法性。能夠上市的股票應該是公開發行的股票，而發行股票的公司也應該是合法的。②股份公司的資本額。通常，上市公司的股本有一個最低限額，這樣可以避免一些小規模公司上市交易的風險。③公司的信譽狀況。通常要求上市公司具有較高信譽，在一段時間內沒有不法記錄，從而較好保護投資者的利益。④股東人數。為了避免大量股份集中於少數人手中，影響股票的正常交易和股份公司的正常經營，往往要求公司的股權應當具有一定的分散程度。⑤盈利狀況。上市公司應具有一定的盈利能力，以對投資者的利益提供基本的保障。

按《中華人民共和國證券法》規定，股份有限公司申請其股票上市必須符合下列條件：①股票經國務院證券管理部門批准已公開向社會發行。②公司股本總額不少於

人民幣 3000 萬元。③公開發行的股份達到公司股份總數的百分之二十五以上；公司股本總額超過人民幣四億元的，公開發行股份的比例為百分之十以上。④公司在最近三年內無重大違法行為，財務會計報告無虛假記載。證券交易所可以規定高於前款規定的上市條件，並報國務院證券監督管理機構批准。

(2) 股票上市的程序

股票上市必須經過一些基本程序，即必須先由股票發行公司向證券交易所提出申請，然后由有關部門進行審查，經批准后，方可進入交易所進行交易。根據《中華人民共和國證券法》的規定，其具體步驟為：

第一，申請。公開發行股票且符合上市條件的股份有限公司，若希望其股票在某交易所上市，必須首先向該交易所的上市委員會提出申請，並提交下列文件：①上市報告書；②申請上市的股東大會決議；③公司章程；④公司營業執照；⑤經法定驗證機構驗證的公司最近三年的或者公司成立以來的財務會計報告；⑥法律意見書和證券公司的推薦書；⑦最近一次的招股說明書。股票已經上市的公司增發新股時，也必須再次向交易所申請審批。

第二，審核。證券交易所的上市委員會收取股票發行公司遞交的上市申請及有關文件后，應按照規定的上市條件對該公司進行審查。對符合條件的公司出具上市通知書並予以公告。審批文件報證監會備案。

第三，上市。股票上市交易申請經證券交易所同意后，上市公司應當在上市交易的五日前公告經核准的股票上市的有關文件，並將文件置備於指定場所供公眾查閱。上市公司除公告前面規定的上市申請文件外，還應當公告下列事項：①股票獲準在證券交易所交易的日期；②持有公司股份最多的前十名股東的名單和持股數額；③董事、監事、經理及有關高級管理人員的姓名及其持有本公司股票和債券的情況。

(3) 股票上市的暫停和終止

股票上市的暫停。一家公司在證券交易所上市后並非一勞永逸。按照《中華人民共和國證券法》的要求，當上市公司出現下列情況之一時，證監會可決定暫停其股票上市：①公司股本總額、股權分佈等發生變化不再具備上市條件；②公司不按規定公開其財務狀況，或者對財務會計報告作虛假記載；③公司有重大違法行為；④公司最近三年連續虧損；⑤證券交易所上市規則規定的其他情形。

除此之外，暫停上市還包括上市公司申請暫停和交易所自動暫停兩種情形。申請暫停一般發生在上市公司根據信息披露規則披露信息，上市公司召開臨時股東大會，或者上市公司認為有其他重要信息需要提請投資者關注的時候。申請暫停需向交易所說明理由，並報計劃停牌時間和復牌時間。自動暫停則是上市公司在披露年報，召開年度股東大會等慣例運作時，由交易所自動停牌。

股票上市的終止。終止上市是指上市公司有上述②條、③條所述的行為之一，並且后果嚴重的；或者公司存在上述①條、④條所述的情形之一，且在限期內未消除、不具備上市條件的，由證監會決定終止其股票上市。

公司決議解散、被行政主管部門依法責令關閉或者宣告破產的，由證監會決定終止其股票上市。

4. 證券交易所的交易制度

（1）交易制度的類型

根據價格決定的特點，證券交易制度可以分為做市商交易制度和競價交易制度。

做市商交易制度也稱報價驅動制度。在典型的做市商制度下，證券交易的買賣價格均由做市商給出，買賣雙方並不直接成交，而向做市商買進或賣出證券。做市商的利潤主要來自買賣差價。但在買賣過程中，由於投資者的買賣需求不均等，做市商就會有證券存貨（多頭或空頭），從而使自己面臨價格變動的風險。做市商要根據買賣雙方的需求狀況、自己的存貨水平以及其他做市商的競爭程度來不斷調整買賣報價，並由此直接決定價格的漲跌。

競價交易制度也稱委託驅動制度。在此制度下，買賣雙方直接進行交易或將委託通過各自的經紀商送到交易中心，由交易中心進行撮合成交。按證券交易在時間上是否連續，競價交易制度又分為間斷性競價交易制度和連續競價交易制度。

間斷性競價交易制度也稱集合競價制度。在該制度下，交易中心（如證券交易所的主機）對規定時段內收到的所有交易委託並不進行一一撮合成交，而是集中起來在該時段結束時進行。因此，集合競價制度只有一個成交價格，所有委託價在成交價之上的買進委託和委託價在成交價之下的賣出委託都按該唯一的成交價格全部成交。成交價的確定原則通常是最大成交量原則，即在所確定的成交價格上滿足成交條件的委託股數最多。集合競價制度是一種多邊交易制度，其最大優點在於信息集中功能，即把所有擁有不同信息的買賣者集中在一起共同決定價格。當市場意見分歧較大或不確定性較大時，這種交易制度的優勢就較明顯。因此，很多交易所在開盤、收盤和暫停交易后的重新開市都採用集合競價制度。

連續競價制度是指證券交易可在交易日的交易時間內連續進行。在連續競價過程中，當新進入一筆買進委託時，若委託價大於等於已有的賣出委託價，則按賣出委託價成交；當新進入一筆賣出委託時，若委託價小於等於已有的買進委託價，則按買進委託價成交。若新進入的委託不能成交，則按「價格優先，時間優先」的順序排隊等待。這樣循環往復，直至收市。連續競價制度是一種雙邊交易制度，其優點是交易價格具有連續性。

目前世界上大多數證券交易所都是實行混合的交易制度。如紐約證券交易所實行輔之以專家（Specialists）的競價制度，倫敦證券交易所部分股票實行做市商制度，部分股票實行競價制度。巴黎、布魯塞爾、阿姆斯特丹證券交易所對交易活躍的股票實行連續競價交易，對交易不活躍的股票實行集合競價。包括我國在內的亞洲國家和新興證券市場大多實行競價交易。

對於大宗交易，各個證券交易所都實行了較特殊的交易制度，其中最常見的是拍賣和標購。在拍賣中，賣者只有一個，買者有很多競爭者；在標購中，買者只有一個，賣者則有很多競爭者。例如，上海證券交易所規定，參加拍賣（標購）的應買（賣）證券商，其報價方式採用申報單方式公開表明買（賣）價及數量。參加應買的證券商所報的買入價在拍賣底價以上時，其中出最高買入價的證券商即為拍定人。拍定人有兩人以上，而其申報應買的數量超過拍賣數量時，則按各拍定人申報數量的比例拍定。

如應買證券所報買價在拍賣底價以下時，均為無效。同樣，凡參加應賣的證券商所報的賣價在標購底價以下時，以賣價最低者為標定人。標定人有兩人以上，而所申報應賣的數量超過標購數量時，按各標定人申報買賣數量的比例標定。

(2) 證券交易指令的種類

證券交易指令是投資者通知經紀人進行證券買賣的指令，其主要種類有：

①市價指令（Market Order）。它是指投資者自己不確定價格，而委託經紀人按市面上最有利的價格買賣證券。市價指令的優點是成交速度快，能夠快速實現投資者的買賣意圖。其缺點是當行情變化較快或市場深度不夠時，執行價格可能跟發出指令時的市場價格相去甚遠。

②限價指令（Limit Order）。它是指投資者委託經紀人按他規定的價格，或比限定價格更有利的價格買賣證券。具體地說，對於限價買進指令，成交價只能低於或等於限定價格；對於限價賣出指令，成交價只能高於或等於限定價格。限價指令克服了市價指令的缺陷，為投資者提供了以較有利的價格進行證券買賣的機會。但限價指令常常因市場價格無法滿足限定價格的要求而無法執行，使投資者坐失良機。

③止損指令（Stop Loss Order）。它是投資者委託經紀人在證券價格下跌到或低於指定價格時按市價賣出證券。這是一種有條件的賣出證券的指令。

④限購指令（Stop Buy Order）。投資者委託經紀人在證券價格上漲到或超過指定價格時按市價買進證券。這是一種有條件地買進證券的指令。

(3) 股票的清算與交收

股票的清算與交收是整個證券交易過程中必不可少的兩個重要環節。股票清算是指對每一營業日中每個證券經營機構成交的股票和數量分別予以軋抵，對股票和資金的應收或應付淨額進行計算的過程。股票交收是指買賣雙方根據證券清單的結果履行合約，進行錢貨兩清的過程。在交收中，買方需支付一定款項獲得所購證券，賣方需交付一定證券獲得相應價款。股票清算與交收過程統稱為股票結算。

結算分為一級結算和二級結算兩個層次。一級結算是證券交易所的登記結算機構與證券商之間的結算；二級結算是證券商與客戶之間的結算。

我國股票的清算與交收制度近年來有了很大的發展。目前，在一級結算制度上，上海證券交易所和深圳證券交易所都採用法人結算模式。法人結算是指由證券經營機構以法人名義集中在證券登記結算機構開立資金清算與交收帳戶，其所屬證券營業部的證券交易的清算與交收均通過此帳戶辦理。在清算時，會員制證券公司必須先在證券登記結算機構開立法人結算帳戶，並繳納結算保證金和結算頭寸。結算頭寸用於應付日常結算；結算保證金主要用於防範資金交收風險，當證券商違約不履行交收義務時，交易所有權動用結算保證金先行支付，由此產生的價款差額和一切費用與損失，均由違約者承擔，由交易所負責向其追償。股票交收是交易所根據清算的結果由電腦自動轉帳完成。對於實物證券的交收，交易所先將各證券商的股票集中託管在保管庫內，進行交收時，直接從帳上劃轉，「動帳不動股」。

股票買賣的二級結算是在證券商與客戶之間進行的清算交收。如果客戶在證券商處開立了股票帳戶和資金帳戶，那麼客戶委託證券商進行了股票交易后，證券商就主

動辦理交收轉帳的手續。即從買入者的資金帳戶上劃出一部分資金作為股款和手續費，同時往其股票帳戶上劃入新購股票；對賣出者，則從其股票帳戶劃出所售股票，同時往其資金帳戶中加入價款並扣除手續費。

(二) 場外交易市場

1. 場外交易市場的特點

場外交易市場是對證券交易所以外的證券交易市場的統稱。場外交易市場的代表形式是櫃臺市場（OTC）。在證券市場發展的初期，由於沒有建立集中交易的證券交易所，大多數有價證券的買賣都是通過證券商的櫃臺來進行；交易所建立後，由於交易所市場的容量有限，上市條件也相當嚴格，因此有相當多的股票不能在證券交易所上市交易，另外還有一些交易所不接納的特定證券也有交易需求，這都極大地促進了櫃臺交易市場的發展。隨著通信技術的進步，目前許多櫃臺市場交易已不再直接在證券經營機構的櫃臺前進行，而是由客戶與證券經營機構通過電話、電傳、計算機網路等手段進行交易。

除了櫃臺市場，場外交易市場還包括為規避交易所佣金而產生的第三市場，但在交易所取消了固定佣金制後，第三市場的吸引力已非常小了。另外，還存在繞過證券經紀人直接交易的第四市場，大的機構投資者利用電子通信網路直接進行證券交易，可以降低交易成本，同時增強保密性。近年來，隨著現代通信技術與電子計算機在證券交易機構的廣泛運用，櫃臺市場、第三市場與第四市場已逐漸合併成一個全國統一的場外交易體系，因而它們之間的劃分已逐漸失去了意義。

場外交易市場的特點主要體現在：①場外交易市場是一個分散的、無形的市場。它沒有固定的、集中的交易場所，而是由許多各自獨立經營的證券經營機構分別進行交易，並且主要是依靠電話、電報、電傳和計算機網路聯繫成交。②場外交易市場主要採取做市商制。證券交易通常在證券經營機構之間或是在證券經營機構與投資者之間直接進行，不需仲介人，投資者可直接參與交易。在做市商制下，證券經營機構先行墊入資金買進若干證券作為庫存，然後掛牌對外進行交易，它們以較低價格買進，較高價格賣出，從中賺取差價。由於證券商既是交易的直接參加者，又是市場的組織者，他們製造出證券交易的機會並組織市場活動，因此被稱為做市商。③場外交易市場的交易對象十分廣泛。其中，以未能在證券交易所上市的股票和債券為主，但也有夠資格上市而不願在交易所掛牌買賣的股票，還包括已經上市的證券因不足整手而只能在場外交易的情形。除此之外，還有一些特殊證券，如開放式基金、大多數的債券，都在場外市場進行交易。④場外交易市場大多採用議價方式進行交易。場外交易市場的價格決定機制不是公開競價，而是買賣雙方協商議價。具體地說，證券經營機構對自己所經營的證券同時掛出買入價和賣出價，並無條件地按買入價買入證券和按賣出價賣出證券，最終的成交價是在牌價基礎上經雙方協商決定的不含佣金的淨價。券商可根據市場情況隨時調整所掛的牌價。⑤場外交易市場的管理較為寬鬆，顯得更加靈活方便，因此為中小型公司特別是許多高科技公司的上市提供了交易場所。當然，較為寬鬆的管理也帶來了較大的交易風險，有時容易產生詐欺和投機行為。

2. NASDAQ 市場

基於場外市場存在缺乏統一的組織、信息不靈等缺點，美國於 1939 年建立了全國證券交易商協會（National Association of Securities Dealers，NASD）。它是證券交易商的自我規範組織，受權在證券交易委員會的監督下代表和管理場外交易市場。1971 年該組織開始啟用一套電子報價系統，稱為全國證券交易商協會自動報價系統納斯達克（NASDAQ），從而改變了以前依靠「粉紅單」（Pink Sheet）、電話公布和查詢行情的做法，對美國場外交易市場的發展起了革命性的作用。

以入市者獲取信息的權限來劃分，NASDAQ 市場被分成三個層次。級別最高的是第三層次。這個層次只允許做市商進入進行報價或修改報價。第二層次將做市商與經紀人或其他自營商連接起來，允許用戶查看所有做市商的報價。第一層次的用戶是那些不經常買賣證券的投資者，他們只能獲得每只股票買賣報價的中位數，這種中位數也稱為代表性報價。

NASDAQ 系統的建立使美國的場外交易市場從若干分散化的小市場統一成了全國性的市場體系，從而提高了交易效率，降低了交易成本。近年來，NASDAQ 系統發展很快，目前有近 5000 家公司的股票在 NASDAQ 交易，其地位僅次於紐約證券交易所。

(三) 中國的股票交易市場

我國的資本市場從 1990 年滬、深證券交易所開辦至今，已經形成了主板、中小板、創業板、全國中小企業股份系統（新三板）和區域股權市場等多種股權交易平臺，具有多層次資本市場的特徵。

在資本市場上，不同的投資者與融資者都有不同的規模大小與主體特徵，存在著對資本市場金融服務的不同需求。投資者與融資者對投融資金融服務的多樣化需求決定了資本市場應該是一個多層次的市場體系。此外，由於經濟生活中存在強勁的內在投融資需求，這就極易產生非法的證券發行與交易活動。這種多層次的資本市場能夠對不同風險特徵的籌資者和不同風險偏好的投資者進行分層分類管理，以滿足不同性質的投資者與融資者的金融需求，並最大限度地提高市場效率與風險控制能力。成熟的多層次資本市場，能夠同時為大中小型企業提供融資平臺和股份交易服務。

主板市場存在於上海和深圳兩家證券交易所，是開辦最早、規模最大、上市標準最高的市場。中小板市場開辦於 2004 年 5 月 17 日，由深圳證券交易所承辦，是落實多層次資本市場建設的第一步。中小板市場在理論上應當為處於產業化初期的中小型企業提供資金融通，使中小型企業獲得做大做強的資金支持，在上市標準上應當比主板市場略低，以適應中小企業的發展條件。創業板市場啟動於 2009 年 3 月 31 日，是深圳證券交易所籌備 10 年的成果，開辦目的是為創新型和成長型企業提供金融服務，為自主創新型企業提供融資平臺，並為風險投資企業和私募股權投資者建立新的退出機制。

主板、中小板、創業板市場均為交易所市場，新三板、區域股權市場則為場外市場。新三板又稱全國中小企業股份轉讓系統，是經國務院批准，依據證券法設立的全國性證券交易場所，也是第一家公司制證券交易所。2006 年，中關村科技園區非上市股份公司進入代辦轉讓系統進行股份報價轉讓，稱為「新三板」。而之所以叫「新」

三板,是因為還存在一個老三板,主要是承載原STAQ、NET系統掛牌公司和退市企業的公司股權轉讓。2012年,上海張江高新技術產業開發區、武漢東湖新技術產業開發區和天津濱海高新區加入新三板試點,至此新三板擴大到4個國家級高新園區,項目來源大大擴展。2013年年底,證監會宣布新三板擴大到全國,對所有公司開放。到2015年10月已有3600餘家公司在新三板掛牌,從家數和總市值上來說已經較為龐大。新三板市場的推出,不僅有利於支持高新技術產業的政策落實,也為建立全國統一監管下的場外交易市場實現了積極的探索。區域性股權交易市場(俗稱「四板市場」)是為特定區域內的企業提供股權、債券的轉讓和融資服務的私募市場,是我國多層次資本市場的重要組成部分,亦是中國多層次資本市場建設中必不可少的部分。對於促進企業特別是中小微企業股權交易和融資,鼓勵科技創新和激活民間資本,加強對實體經濟薄弱環節的支持,具有積極作用。

(四) 世界上主要的證券交易所

1. 紐約證券交易所

紐約證券交易所是目前世界上規模最大、組織最健全、設備最完善、管理最嚴密的交易所,其股票交易額佔美國上市股票總交易量的80%以上,全世界上市股票總交易量的60%在這裡成交,掛牌上市的本國公司和外國公司的股票、債券接近5000種。

紐約證券交易所成立於1892年。該交易所實行會員制,按其章程,其會員至多不得超過1366人,新申請入會者一般只能頂替老會員所退出的席位。會員大致分為以下幾類:①佣金經紀人。他們是以證券公司等機構的名義在交易所內取得席位,接受客戶委託,代理買賣證券,是交易所的主要成員。②交易廳經紀人,又稱二元經紀人。他們在交易廳接受其他經紀人的再委託,從中收取佣金。③交易廳交易商。他們是交易所註冊的自營商,用自己的資金從事證券買賣。④零股買賣商。他們專門接受100股以下的小額交易,將其湊成整數後,再售給其他經紀人。⑤專家經紀人。他們指專門從事某一種或幾種規定的股票的委託或自營交易的經紀人。他們需經交易所董事會根據其能力、經驗、資金等條件嚴格挑選,他們的存在有助於交易所形成一個有秩序的連續市場,具有穩定價格和保持供求平衡的作用。

2. 東京證券交易所

東京證券交易所是當今世界第二大交易所,正式成立於1949年4月。東京證券交易所採取會員制的組建方式,有資格成為交易所會員的只限於達到一定標準的證券公司。它現在擁有會員100餘家,其中約1/5為外國證券公司。東京證券交易所的會員分為四種:①正式會員。他們在交易所內辦理客戶委託買賣業務和自營業務。②仲介人會員。他們只能作為正式會員的仲介,在接到正式會員傳遞來的買賣委託後進行配合,促成交易成功,但不能接受客戶委託或自己直接從事交易。③特殊會員。他們專門替一些地方性的證券交易所執行其在東京證券交易所內的交易。④場外會員。他們專門接受非會員公司的交易委託。

在東京證券交易所上市的國內股票分為第一部和第二部兩大類。第一部的上市條件比第二部高。新上市股票原則上要先在第二部上市交易。交易所在每一營業年度結

束后考評各上市股票的實際成績，再據此來作下一輪部類的劃分。

東京證券交易所的股票交易有兩種不同方式。一種是在股票交易大廳進行交易，採用這種交易方式的有第一部的 250 種大宗股票及外國股票。除此之外的股票則通過第二種方式，即電腦系統成交。

3. 倫敦證券交易所

倫敦證券交易所是世界第三大交易所。該交易所實行會員制，會員必須為自然人。雖然大多數會員都分屬各證券金融機構，但都不是以法人名義直接參加。倫敦證券交易所的交易額僅次於紐約證券交易所和東京證券交易所，但其週轉額居世界各交易所第一位。在倫敦證券交易所掛牌交易的各種證券達 7000 種，上市公司近 3000 家，其中外國公司雖不到 500 家，但其上市證券的資本總額約占英國公司的 3 倍。

4. 香港聯合交易所

1986 年 4 月，香港證券交易所、遠東證券交易所、金銀證券交易所和九龍證券交易所四家證券交易所共同合併組成了香港聯合交易所。同年 9 月 22 日，香港聯合交易所獲得國際交易所聯合會認可成為合格會員。香港聯合交易所為會員制社團法人。由於該交易所按國際慣例進行交易，因此吸引了較多的國際投資者。

該交易所成交量大，交易比較活躍，成交量與股市的比例經常處於世界各交易所的前列。恒生指數為恒生銀行編製的反應香港股票市場和香港經濟狀況的綜合股價指數。

第三節　股票的價格與收益

股票的價格是投資者最為關心的指標，因為股票的投資收益直接取決於股票的價格，所有關於公司的有利和不利因素都將反應在公司的股票價格上。股票的價格受到多種因素的影響，經常處於波動之中。

一、股票的理論價格

（一）股票定價的原理

股票是一種有價證券，其價格應該由其價值決定，但是股票本身並沒有價值，它只是一種紙製的憑證或電子符號。對於有價證券的定價我們通常採用收入的資本化定價法。收入的資本化定價法認為任何資產的內在價值取決於該資產在未來帶來的現金流收入的現值。因此，在理論上，股票的價格應該是其未來各期現金流的現值之和，也就是將投資者未來可以得到的現金按照一定的折現率進行折現後就可以得出股票的理論價格。

（二）股票定價模型

按照收入的資本化定價原理，股票定價取決於投資者預期的未來各期的現金收入的現值。由於股票的現金流量主要是預期的未來股息收入，因此用收入資本化定價方

法決定的股票內在價值的模型被稱為股利貼現模型。用公式表示如下：

$$P = \frac{D_1}{(1+r)} + \frac{D_2}{(1+r)^2} + \frac{D_3}{(1+r)^3} + \cdots$$

$$= \sum_{t=1}^{\infty} \frac{D_t}{(1+r)^t}$$

式中，P 為股票價格，D_t 為第 t 年的每股預期收益，r 表示與一定風險相對應的貼現率，可以理解為必要的收益率。

可見，股票價格與預期股票現金股利成正比，而與貼現利率成反比。現金股利越高，股票的理論價格越高；貼現率越高，股票理論價格越低。當然，通過這種方式計算出來的股票價格僅僅是一種理論價格，實際的股票價格由股票市場的供需狀況決定，受多種因素的影響，隨時都可能發生變動，但該理論價格是實際價格變動的基礎。

(三) 股票定價模型的擴展

1. 零增長模型

為股票定價的關鍵在於預測未來的股利收入，由於股票沒有固定期限，這就意味著必須預測無限時期的股利收入。為了簡便計算，人們根據預期股利的變化，設計了不同的股票定價模型，最常見的是零增長模型。零增長模型假設未來的股利按固定的數量支付，股利增長率為零。即：

$$D_1 = D_2 = D_3 = \cdots = D$$

則股票定價模型表示為：

$$P = \frac{D}{r}$$

式中，D 表示每期不變的現金股利收入。

零增長模型對股票股利給出了較強的假設，使得其運用受到較大的限制。但零增長模型比較符合優先股的情況，因為大多數優先股支付的股利是固定的，因此可以作為尋找優先股內在價值的較好依據。

2. 不變增長率模型

不變增長率模型是在股利貼現模型的基礎上發展起來的。股利貼現模型假定股利數額每年不變，這雖不切合實際，但卻簡單明瞭地描繪了股票定價原理。當我們把這一假定去掉，股票定價理論離實際就更進一步了。不變增長率模型於 1962 年由 M. J. Gordon 首次提出，所以也有人把它稱為戈登 (Gordon) 模型。

假定公司每年的股利按固定增長率 g 增長，則：

$$D_2 = D_1 (1+g)$$
$$D_3 = D_1 (1+g)^2$$
$$\cdots$$
$$D_n = D_1 (1+g)^{n-1}$$

把等式代入股利貼現模型公式，得：

$$P = \frac{D_1}{(1+r)} + \frac{D_1(1+g)}{(1+r)^2} + \frac{D_1(1+g)^2}{(1+r)^3} + \cdots$$

$$= \sum_{t=1}^{\infty} \frac{D_1(1+g)^{t-1}}{(1+r)^t}$$

假定 r > g，整理可得：

$$P = \frac{D_1}{r-g}$$

上式表明，在假設條件成立的前提下，股價等於預期股息與貼現率和股息增長率的差的商。我們可以把上式改寫為：

$$r = \frac{D_1}{P} + g$$

上式的含義是，等式右端第一部分是投資者的股票的股息收益率，第二部分是股息增長率，這兩者之和構成了投資者購買股票的內在收益率。

不變增長率模型主要運用於處於成長期的公司，其利潤和股息都可以保持一個穩定的增長。

3. 多元增長模型

多元增長模型是被最普遍用來確定普通股票內在價值的貼現現金流模型。這一模型假設股利的變動在一段時間內沒有遵循特定的模式，在此段時間以後，股利按不變增長率模型進行變動。因此，股利流可以分為兩個部分。

第一部分為股利無規則變化時期內所有預期股利的現值。用 V_{T-} 表示這一部分的現值，則：

$$V_{T-} = \sum_{t=1}^{T} \frac{D_t}{(1+r)^t}$$

第二部分為從 T 時點開始的股利按不變增長率變動的所有預期股利的現值。因此，該股票在時間 T 的價值 V_T，可通過不變增長模型的方程求出：

$$V_T = D_{T+1} \times \frac{1}{r-g}$$

但投資者是在 0 時刻，而不是 T 時刻來決定股票現金流的現值。於是，在 T 時刻以後的所有股利的貼現值為：

$$V_{T+} = V_T \times \frac{1}{(1+r)^T} = \frac{D_{T+1}}{(r-g)(1+r)^T}$$

於是，這兩部分股利現值之和即是股票的內在價值，即：

$$V = V_{T-} + V_{T+}$$

$$= \sum_{t=1}^{T} \frac{D_t}{(1+r)^t} + \frac{D_{T+1}}{(r-g)(1+r)^T}$$

4. 有限期持有條件下股票價值的決定

無論是零增長模型、不變增長率模型還是多元增長模型，它們都是對所有未來的股利進行貼現，即假設投資者接受未來的所有股利流。如果投資者只計劃在一定期限

內持有該種股票，那麼該股票的內在價值該如何決定呢？

如果投資者計劃在一年后出售這種股票，他所接受的現金流等於從現在起一年內預期的股利收入（假定普通股每年支付一次股利）再加上預期出售股票的收入。因此，該股票的內在價值的決定是用必要收益率對這兩種現金流進行貼現，其表達式如下：

$$P = \frac{D_1 + P_1}{(1+r)} = \frac{D_1}{(1+r)} + \frac{P_1}{(1+r)}$$

式中，D_1 為 $t=1$ 時的預期股利，P_1 為 $t=1$ 時的股票價格。

在 $t=1$ 時股票的出售價格是基於出售以后預期支付的股利而決定的，即：

$$P_1 = \frac{D_2}{(1+r)} + \frac{D_3}{(1+r)^2} + \frac{D_4}{(1+r)^3} + \cdots$$

整理得：

$$V = \frac{D_1}{(1+r)} + \left[\frac{D_2}{(1+r)} + \frac{D_3}{(1+r)^2} + \frac{D_4}{(1+r)^3} + \cdots \right] \times \frac{1}{(1+r)}$$
$$= \sum_{t=1}^{\infty} \frac{D_t}{(1+r)^t}$$

上式說明對未來某一時刻的股利和這一時刻原股票出售價格進行貼現所得到的普通股票的價值，等於對所有未來預期股利貼現後所得的股票價值。這是因為股票的預期出售價格本身也是基於出售之後的股利的貼現。因此，在有限期持有股票的條件下，股票內在價值的決定等同於無限期持有股票條件下的股票內在價值的決定。或者說，貼現現金流模型可以在不考慮投資者計劃持有股票時間長短的條件下來決定普通股股票的內在價值。

二、影響股票價格的因素

股票的市場價格總是在不斷波動之中，引起股票價格變動的直接原因是供求關係的變化，在供求關係的背後還有一系列更深層次的原因。公司本身的經營情況、重要的決策以及涉及公司的重大事件等構成了影響公司股票價格的微觀因素。而經濟週期的變動、宏觀經濟政策的選擇、市場的總體情況和重大的政治經濟事件對公司股票價格的影響則是宏觀因素。

(一) 微觀因素

影響公司股票價格的微觀因素有很多，其主要方面有以下幾種：

1. 盈利狀況

判斷一個公司經營狀況的好壞最重要的是看公司的盈利狀況。公司的盈利狀況包括兩個方面，一是利潤總額，二是利潤率。通常需要將這兩者結合起來才能比較準確地判斷公司的盈利狀況。一個公司同時具有較高的利潤總額和利潤率時，一方面表明其經營業績較好，擁有較多的可供分配的資金，派發股息的可能性大；另一方面表明管理效率較高，未來業績的增長較有保障。這將會增強投資者的信心，會增加對公司股票的需求，從而提升股票價格；反之，如果公司的盈利狀況不佳，投資者就會失去

投資信心，減少對公司股票的需求，從而使股票價格下跌。值得注意的是，公司的盈利狀況一般只有在披露財務報告時，投資者才能瞭解，而股票價格的變動往往在財務報告發布之前就發生了。這主要是投資者對公司財務信息進行了提前預期。

2. 公司的派息政策

公司的派息政策會直接影響股票的價格。股息與股票的價格成正比，通常股息高，股價漲；股息低，股價跌。股息來自於公司的稅後盈利，不僅取決於盈利水平，還取決於公司的派息政策。公司會根據自身的情況採取不同的派息政策，有時為了將來的發展，會將當年的盈餘留在企業用於擴大再生產而不派發給股東，股東當年的收入會減少但將來的收入將增加；有時公司因沒有好的投資項目，就會將盈餘派發給股東。此外公司對股息的派發方式（如是派發現金股息，還是派送股票股息或是在送股的同時再派發現金股息）也會影響股票的價格。實際上，每年在公司公布分配方案到除息除權前後通常是股價波動最大的階段。

3. 增資和減資

公司通過增發股票增加資本金，往往在二級市場上會引起股票價格的大幅度波動。這是因為公司增發股票，雖然增加了公司可供支配的資金，但是資金必須投入到項目中，並產生較高的效益以後，公司的價值才會增加，在這之前公司的每股收益會攤薄。如果將來公司使用增量資金取得的收益較好的話，公司的價值會提升，每股價值高於增發前每股價值，股票價格就會超過增發前的價格。如果公司通過回購的方式減資的話，短時期內，由於股票的數量減少，股票的價格會上漲。從長期看，由於公司的資金減少，投資受到限制，將來公司的增長會減緩，股票的價格有可能下跌。

4. 公司管理層的變動

公司管理層的變動會影響公司的經營管理，影響公司的管理效率和生產效率。管理層可以視為公司的無形資產，它的好壞直接影響公司的效益。因此，公司管理層的變動會引起投資者的猜測，從而引起股票價格的波動。

5. 公司兼併與重組

公司有可能被別的公司收購或兼併。當在市場上有人要購並公司時，往往會造成公司股票價格大幅度上漲，這是因為有人在市場上大量買進被收購公司的股票。公司也有可能兼併其他的公司，這時收購方的股票價格也會波動，兼併對收購方是否有利決定了收購方股票價格的變動方向。

公司的重組也會影響公司股票的價格，具體變動要取決於重組給公司是否能帶來實際的和長遠的利益。

(二) 宏觀因素

1. 宏觀經濟

宏觀經濟狀況是股票市場的背景，也是影響股票價格的重要因素。其對股票價格的影響是廣泛和深遠的。

(1) 經濟發展狀況。一個國家或地區的經濟能否持續穩定地保持一定的發展速度是影響股票價格能否穩定上漲的重要因素。一個國家或地區的經濟發展狀況主要用國

民生產總值的增長來衡量。當國民生產總值能夠保持一定的增長速度時，說明經濟運行良好，一般來說大多數企業經營狀況也較好，它們的股票價格會上漲；反之，股票價格會下降。股票價格與經濟增長之間的關係是一種長期關係，並不意味著股票價格在經濟增長期間就不會下跌。

(2) 經濟週期。經濟發展是有週期規律的。當經濟處於高速發展階段，大多數的行業和公司發展較好，投資者對公司的信心較強，公司股票的價格提升得就較快。當經濟處於低迷階段，大多數的行業和公司發展不好，利潤及利潤率下降較多，投資者對投資失去興趣，拋售股票離開市場，造成公司股票價格下跌。值得注意的是，經濟週期與股票價格的變動並不一定同步，股票價格的變動往往先於經濟週期變動。這主要是因為投資者進行了預期，對經濟的週期變化作了事先的反應。

2. 經濟政策

一國或地區的經濟政策會直接影響該國或地區甚至該國或地區以外的經濟狀況。通常的經濟政策包括貨幣政策、財政政策、就業政策、產業政策、對外貿易政策、匯率政策等。這些政策都會直接影響一國或地區的經濟狀況，而公司的業績直接受經濟政策和經濟狀況的影響，股票的價格自然會有所表現。

3. 通貨膨脹

通貨膨脹對股票價格的影響較為複雜，它既有可能刺激股票價格上漲，也有可能促使股票價格下跌。在通貨膨脹初期，公司會因為產品價格的上漲而增加利潤，從而增加可以分派的股息，刺激股票價格上漲。而其他固定收益證券因為通貨膨脹導致實際收益率下降，投資者為了保值，會購買股票，股價也會上漲。但是當通貨膨脹嚴重時，公司會因為成本增加而利潤下降，並引起股票價格下降。若通貨膨脹到了惡性的程度，社會經濟秩序混亂，使公司無法正常經營，股票價格將急遽下跌。

(三) 政治因素

政治因素會對股票價格產生很大影響，而且往往是難以預料的。戰爭、突發的政治事件會造成未來極大的不確定性，往往導致股票價格的長期低迷。重要的政策、法規，特別是針對股票市場的政策法規的制定和發布也會造成股票價格的大幅度變動。

(四) 心理因素

投資者的預期是影響股票價格的重要因素。投資者的從眾心理和羊群效應有時會引起股票價格的非正常性波動。如果投資者都對股市抱樂觀的態度，會有意無意地誇大有利因素和一些朦朧利好，而忽視不利的因素，這時股票價格就會上漲；相反，當市場充滿著悲觀情緒時，利好消息也不被注意，而利空消息則有可能被誇大，此時股票價格會持續下跌。

(五) 違法投機因素

股市中有些人利用資金和信息的優勢，通過內幕交易，操縱股票價格，從中牟利。內幕交易、操縱股票價格在各國普遍被禁止，是一種違法行為。

（六）制度因素

股票發行制度和交易制度對股票價格有明顯的影響。例如，有的證券交易所制定了股票價格的漲跌幅限制，股票在單個交易日只能在一定的範圍內浮動。我國證監會於 2010 年 3 月推出融資融券業務試點，允許投資者以「槓桿」的方式交易股票，並可以實現「買空賣空」的雙邊交易，對股票的交易方式和交易后果帶來了較大的改變。

（七）國際股市互相影響

隨著全球經濟一體化和國際自由貿易程度的不斷提高，各國經濟聯繫日益緊密，某一個國家的金融問題和股市動盪會迅速傳導，影響其他國家甚至全球範圍的股票價格。2008 年的美國金融危機，雖發端於美國，但通過國際股市傳染，造成全球股市出現暴跌，股市大幅縮水，資產價格大幅下降。2008 年美國道瓊工業指數收挫 33.8%，標準普爾 500 指數大跌 38.5%，Nasdaq 指數重挫 40.5%。而遠隔千里的中國股市從 2007 年 10 月的 6124 點，一直下跌到 2008 年 10 月底的最低點 1664 點，在一年的時間下跌幅度超過了 72%，市值縮水最多的時候達到二十二萬億。

三、股票價格指數

股票價格指數（簡稱「股價指數」）是反應股票市場價格平均水平和變動趨勢的指標，是對整個股票市場行情的一種反應。每一個交易日的股票價格有漲有跌，怎樣衡量整個市場價格的升跌呢？統計學一般用價格指數來測定整個市場價格的變動。股價指數是先選定一個時點為基期，用當期股價與基期股價相比的值乘上 100 作為指數。股價指數的編製方法有多種，其中包括：

（一）平均法

平均法亦稱相對法，是先計算各採樣股票的個別指數，再加總求算術平均。假設基期股價為 P_0，計算期的股價為 P_1，股票數為 n，假設基期指數為 100，則計算公式為：

$$P' = \frac{1}{n} \sum_{i=1}^{n} \frac{P_{it}}{P_{i0}} \times 100$$

（二）綜合法

綜合法是先將採樣股票的基期價格與計算期價格分別加總，並假定基期指數為 100，再將計算期價格與基期價格相比，並以指數來表示。其計算公式為：

$$P' = \frac{\sum_{i=1}^{n} P_{it}}{\sum_{i=1}^{n} P_{i0}} \times 100$$

（三）加權法

加權法是在綜合法的基礎上再考慮權數的因素所進行的計算。權數可以選擇流通量，也可以選擇發行量。採用的權數可以是基期的數據也可以是計算期的數據。令基

期的發行量（或流通量）為 Q_0，計算期的發行量或流通量為 Q_1，假定基期指數為 100，則可得到下列兩種加權綜合指數：

$$基期加權綜合指數\ P' = \frac{\sum_{i=1}^{n} P_{i1}Q_0}{\sum_{i=1}^{n} P_{i0}Q_0} \times 100$$

$$計算期加權綜合指數\ P' = \frac{\sum_{i=1}^{n} P_{i1}Q_1}{\sum_{i=1}^{n} P_{i0}Q_1} \times 100$$

上述兩式中，前式又稱為拉氏指數，后式又可稱為派氏指數。拉氏指數採用基期的權數加權，權數一經確定即不再變動。一般經濟指數多使用此法，但測量對象的內容若有了變動，這種方法就無法適用。派氏指數採用計算期的權數加權，當測算對象的內容發生改變時，此法仍能適用。

四、世界上幾種重要的股價指數

1. 道瓊斯指數

道瓊斯指數亦稱道瓊斯股票價格平均數。它是由美國道瓊斯公司編製的表明股票行市變動的一種股票價格平均數。在美國的多種股票價格平均數中，它的歷史最為悠久，最為著名，經常為經濟界所引用。目前，編製道瓊斯股票價格指數採用的股票是在紐約證券交易所上市的 65 家美國公司的股票。它分為四組指數：第一組，30 家工業公司的股價平均數，通常稱為道瓊斯工業指數；第二組，20 家鐵路、航空等運輸公司的股價平均數；第三組，15 家公用事業公司的股價平均數；第四組，上述合計的 65 家公司的股票平均數。

2. 標準普爾指數

標準普爾指數的全稱應為標準普爾股票價格綜合指數，它是由美國最大的證券研究機構標準普爾公司編製和發表的股票價格指數。最初採樣 233 種股票，1957 年增加到 500 種，包括 85 個工商企業的 400 種股票，商業銀行、儲蓄和貸款協會、保險公司和金融公司的 40 種股票，航空公司、鐵路公司及其他運輸業的 20 種股票和公用事業的 40 種股票。此外，標準普爾公司還編製了四種補充性的指數：資本商品、消費品、高等級普通股及低級普通股。1976 年前標準普爾指數的採樣僅限於紐約股票交易所上市的股票，之后，美國股票交易所及 OTC 的部分股票也被列入樣本，從此該指數更具代表性。

3. 日經指數

日經指數也稱日經平均股價，是「日本經濟新聞社道瓊斯股票平均價格」的簡稱，是日本經濟新聞社運用修訂的美國道瓊斯股票價格指數的計算方法，根據在東京證券交易所第一部登記交易的 225 家公司的股票價格所計算出的衡量日本證券市場上股票行情變動程度的指數。由於各類公司股票的選擇是在充分考慮其在國民經濟中的代表

性下所做出的，股票的選擇、指數的計算和發表均由經濟新聞社獨立進行，不受命於政府和其他團體，因此日經平均股價指數具有顯著的綜合性、客觀性和可信性。

4. 恒生指數

恒生指數是反應香港股票市場平均股票價格每日變動情況的一種指數，它由恒生銀行編製。在中國香港，反應股票價格變動的指數以恒生指數的歷史最長，因此，一般都以恒生指數作為反應香港股市趨勢的一項主要指標。恒生指數是選擇了33種具有代表性的股票計算的，其中包括銀行、地產、航運、運輸等主要行業。恒生指數的計算方法採用加權資本市值法，以1964年7月31日為基日，採用拉氏指數編製方法，以成分股在基日的發行股數為權數。

5. 金融時報指數

金融時報指數亦稱FT工業普通股指數或金融時報工業股票指數，它是由英國經濟界最著名的報紙——《金融時報》編製和公布的用以反應英國倫敦證券交易所行情變動的一種股票價格指數。它從倫敦證券交易所掛牌的近萬種股票中選取30種最佳工商業股票為計算對象，以1935年7月1日為基期，以100作為基期的指數值，採用加權法進行編製。

五、股票的收益

（一）股票的收益來源

股票的收益是指股票投資者從投資中獲得的收入。它主要來自於兩方面，其一是股利收入，其二是從價格波動中獲得的資本增值。

股利是股東依據其持有的股份從公司分得的利潤，但並非公司的全部稅後利潤都可用於派發股利。各國對公司派發股利政策都有規定。按我國目前的規定，公司的稅後利潤首先必須用於彌補虧損，若有剩餘，再從中按一定比例依次提取法定盈餘公積金和公益金，支付優先股股利，支付了優先股股利后剩餘的利潤，根據股東大會的決定從中提取一定比例的任意盈餘公積金后，剩餘部分方可用於支付普通股股利。此外，各國的公司法還對股利的分配製定了其他一些限制條件。比如，當公司的流動資產不足以抵償到期應付債務時，公司不得分派股利；公司必須有足夠的公積金；分派股利不能影響公司資產的構成等。

優先股股東一般通過股息的形式參與利潤分配，股息率一般固定。普通股股利則一般採用紅利的形式發放，紅利的多少取決於當年公司的盈利狀況。

股利一般採用以下兩種形式進行發放：①現金股利，即以現金支付股利。②股票股利，也稱送紅股。它是指公司將新股票作為股利發給股東。這實際上是公司將應分配紅利轉入了資本，再發行同等金額的新股票，按股東的持股比例分配給股東。這種做法，對公司來講可以防止資金外流，但會影響股票價格，並且會加重公司以後的股利負擔。

除了股利外，股票投資者還可以從資本增值中獲得收益，尤其是普通股股票，其價格起伏非常劇烈，投資者若對價格波動趨勢判斷正確，往往可以獲得一大筆價差收

入。當然，投資者如果判斷失誤，則有可能遭受巨大的損失。

股票具有分紅派息、送股、轉增、配股等權利，稱之為含權，一旦這些分配方案獲得實施就稱為除權或除息。股票除權除息後由於內含權利的減少其價格會受到影響。從理論上看，除權除息後的股票價格應按如下方式計算：

$$P = \frac{P_0 + a_1 \times P_1 - D}{1 + a_1 + a_2 + a_3}$$

式中，P為除權除息價，P_0為股權登記日收盤價，P_1為配股或增發股價，a_1為配股或增發比例，a_2為送股比例，a_3為轉增股本比例，D為每股現金股利。

例如，某公司的分配方案為10送3派2，股權登記日股票的收盤價為每股10元，在不考慮稅收的影響下，股票實施分配方案後的理論價格應為：

$$P = \frac{10 - 0.2}{1 + 0.3} = 7.54$$

可見，股票實施分配後，雖然原有股東持有的股數增加到1.3倍，但由於股價下降，所以其持有資產的總價值在股票分配實施前後並未改變。股票實施後投資者的資產變為9.8元的股票市值與0.2元的現金股利，與股票實施前的10元市值完全相同。

(二) 股票的收益率及其計算

衡量股票投資收益水平的指標主要有股利收益率和持有期收益率等。

1. 股利收益率

股利收益率又稱為獲利率，是指股份公司以現金形式派發的股息與股票買入價的比率。

$$股利收益率 = \frac{D}{P_0} \times 100\%$$

式中，D為現金股息；P_0為股票買入價。

例如，某投資者以每股10元的價格買入A公司股票，持有1年分得現金股息1元，則：

$$股利收益率 = \frac{1}{10} \times 100\% = 10\%$$

2. 持有期收益率

持有期收益率是指投資者持有股票期間的股息收入與資本利得之和占股票買入價格的比率。持有期收益率是投資者在持有股票期間全部收益的衡量，反應投資回報率的大小。由於持有期收益率沒有考慮時間的長短，一般在與其他投資收益率作比較時，應該將其年利率化。

$$HPR = \frac{D + [P_1 \times V_1 - P_0 \times V_0]}{P_0 \times V_0} \times 100\%$$

式中，HPR代表持有期收益率，P_0為股票買入價，V_0為股票買入數量，P_1為股票賣出價，V_1為股票賣出數量，D為持有期間獲得的現金股息。

例如，上例中的投資者在分得現金股息3個月後將股票以11元的價格出售，則：

$$HPR = \frac{1 + [11 \times 1 - 10 \times 1]}{10 \times 1} \times 100\% = 20\%$$

要注意，投資者在買入股票後，有時會發生該股份公司進行股票分割、送股、公積金轉增股本、配股、增發等導致股份變動的情況，股份變動會影響股票的市場價格和投資者持有的股票數量，也會影響到投資者獲得的股息，因此有必要在股份變動以後作相應的調整，以計算股份變動後的持有期收益率。

具體做法是，在發生股份變動後，根據變動後的股份來計算相應的市場價值和獲得的股息，仍按上述原理計算持有期收益率。

例如，上例中投資者買入股票後，在實施現金分配的同時進行送股，送股比例為10送2，分配實施后的3個月后投資者仍將股票以11元的價格出售，則：

$$HPR = \frac{1.2 + [11 \times 1.2 - 10 \times 1]}{10 \times 1} \times 100\% = 44\%$$

小結

1. 股票是股份有限公司經過一定程序發行的，證明股東對公司財產擁有所有權及相應份額的憑證。

2. 股票的特徵有：永久期限性、不確定的收益性、較高的風險性和較高的流動性。

3. 股票的分類主要有：普通股和優先股。在我國，根據發行對象的不同，我國的股票可分為A股、B股、H股、N股、S股等；根據出資人的不同，又可分為國家股、法人股、個人股和外資股。

4. 股票的發行市場又稱一級市場，是指通過發行股票進行籌資的市場。

5. 根據股票發行是否辦理公開發行審核程序來劃分，股票的發行可以分為公募發行與私募發行。股票的發行又可分為初次公開發行（IPO）與增資發行。

6. 股票發行價格的確定有以下幾種方法：市盈率法、淨資產倍率法和現金流量折現法。公司向社會發行股票，必須遵循一定的程序，辦理一定的手續。

7. 股票的流通市場又可稱為二級市場，是投資者之間買賣已發行股票的場所。二級市場通常可分為有組織的證券交易所和場外交易市場，但也出現了具有混合特徵的第三市場（The Third Market）和第四市場（The Fourth Market）。

8. 股票定價模型的擴展主要有零增長率模型、不變增長率模型、多元增長模型和有限期持有條件下股票價值的決定。

9. 公司本身的經營情況、重要的決策以及涉及公司的重大事件等構成了影響公司股票價格的微觀因素。經濟週期的變動、宏觀經濟政策的選擇、市場的總體情況和重大的政治經濟事件對公司股票價格的影響則是宏觀因素。

10. 股票價格指數是反應股票市場價格平均水平和變動趨勢的指標，是對整個股票市場行情的一種反應。股價指數的編製方法有多種，其中包括：平均法、綜合法和加權法。

重要概念提示

股票　普通股與優先股　A 股和 B 股　公募發行與私募發行　初次公開發行與增資發行　市盈率　市淨率　做市商交易制度和競價交易制度　櫃臺市場（OTC）　NASDAQ　股利貼現模型　股票價格指數

復習思考題

1. 簡述股票的含義、性質、特徵和類型。
2. 普通股與優先股有何異同？
3. 簡述優先股融資的優缺點。
4. 股票股利對股東和公司有何影響？
5. 簡述影響股票價格的因素。
6. 某公司股票的當前價格是每股 40 元，該公司上一年末支付的股利為每股 0.5 元，市場上同等風險水平的股票的預期必要收益率為 10%。如果該股票目前的定價是合理的，請計算該公司隱含的長期不變股利的增長率。

第五章　證券投資基金市場

學習目標

在這一章中，我們將討論證券投資基金的概念和特點，證券投資基金的運行機制，證券投資基金的利潤、費用及績效評價等。完成本章的學習后，你應該能夠：

1. 掌握證券投資基金的概念和特點。
2. 掌握證券投資基金的分類。
3. 瞭解證券投資基金的運作機制。
4. 掌握證券投資基金的淨值計算和利潤分配模式。
5. 瞭解證券投資基金績效評價考慮的因素。
6. 熟悉證券投資基金風險調整績效評價方法。

學習的重點和難點

1. 證券投資基金分類方法。
2. 證券投資基金的發售和認購規則。
3. 開放式基金與封閉式基金的交易規則。
4. 證券投資基金風險調整績效評價考慮的因素和方法。

證券投資基金是在股票、債券等市場的蓬勃發展基礎上產生的，在經濟發展中發揮著重要的作用。在我國，隨著資本市場的快速發展，證券投資基金的規模急遽擴大，截至 2009 年年底，我國證券投資基金共有 625 只，其中以中國大陸境內市場為投資對象的基金有 616 只，以中國大陸境外市場為主要投資對象的 QDII 基金有 9 只。資產淨值合計 26,760.80 億元，份額規模合計 24,535.07 億份。基金資產淨值占股票流通市值的 17.8%。

第一節　證券投資基金概述

一、證券投資基金的概念

證券投資基金是指通過發售基金份額，將投資者分散的資金集合起來形成信託財產，由基金託管人託管，基金管理人管理，分散投資於股票、債券或其他金融資產，並將投資收益按基金份額持有人的投資比例進行分配的集合投資方式。

證券投資基金在國外已經有 100 多年歷史，由於其在各國和各地區的發展模式不

同，各國和各地區對證券投資基金的稱謂也不同，如美國稱之為「共同基金」，英國和中國香港稱之為「單位信託基金」等。隨著全球金融市場的發展及創新，基金市場規模不斷擴大，對全球金融市場有著重要的影響。

證券投資基金是一種間接投資工具，與股票、債券等直接投資工具不同。證券投資基金管理人以股票、債券等金融資產為投資對象，發售基金份額，基金投資者通過夠買一定數量基金份額進行間接投資。可以看出證券基金體現了一種信託關係，基金投資者作為委託人是基金的所有者，基金託管人和基金管理人作為代理人為基金投資者的利益託管和運作基金，基金投資收益將依據投資者所持基金份額的多少進行分配。

二、證券投資基金的特點

1. 集合投資，規模經營

證券投資基金是一種集合投資方式，通過將眾多投資者的資金集中起來，形成一筆數額可觀的資金，由專業的基金管理人將其投資於股票、債券等金融工具，以謀求資產的增值。證券投資基金對投資者出資的最低限額要求不高，對中小投資者來說，通過購買證券投資基金可以使他們進入一些因為資金規模較小而不能進入的投資領域。單個投資者由於資金有限，投資規模較小，往往承擔較高的交易費用，而證券投資基金可以發揮資金的規模優勢，降低投資成本，從而使中小投資者也可獲得規模利益。例如，基金在投資股票市場時，由於其交易量較大，券商在佣金方面一般會給予一定的優惠，從而降低投資成本。

2. 組合投資，分散風險

經典的投資理論認為可以通過分散化投資來降低投資組合的非系統風險。對於中小投資者而言，由於他們資金有限，很難實現這一目標。而證券投資基金在投資過程中可以憑藉自身的資金優勢，實行組合投資，同時投資於數十種甚至上百種股票，使得投資組合充分分散化，降低組合的非系統風險。中小投資者投資於證券投資基金就等價於用少量的資金及較低的交易費用，購買了一籃子證券，克服了自身投資品種單一、風險集中的弊端，可以達到組合投資、分散風險的目的。

3. 利益共享，風險共擔

基金投資收益在扣除基金運作費用後歸基金投資人所有，投資人根據其持有的基金份額的多少，分配基金投資的收益，承擔基金投資的風險。基金託管人和管理人按規定收取一定比例的託管費、管理費，但不參與基金利益的分配。

4. 監管嚴格，相互制衡

為切實保護基金投資者的利益，各國相關法律都對基金業實行嚴格的監管，對基金託管人、管理人的資格都作了明確規定，對基金的投資數量和交易行為進行了限制；同時，強制基金進行及時、準確的信息披露並對各種有損於投資者利益的行為進行嚴厲的打擊。

證券投資基金的託管人只負責基金財產的保管，不參與基金的具體運作，基金的運作是由獨立於基金託管人的基金管理人來管理的。資產運作和財產保管的分離使得基金管理人和託管人能夠相互制衡、互相監督，保證基金投資者的利益。

三、證券投資基金的當事人

證券投資基金的參與主體較多，包括基金當事人、基金市場服務機構、監管和自律機構三大類。三大主體在基金市場中的作用和職責不盡相同，其中直接參與證券基金市場的是基金當事人，包括證券投資基金份額持有人、基金管理人及基金託管人。

1. 證券投資基金份額持有人

證券投資基金份額持有人即基金投資者，是基金資產的所有者，也是基金合同的委託人和受益人。基金的一切投資活動都是以份額持有人為中心，都是為了最大化投資者的利益。證券投資基金的份額持有人既可以是個人也可以是機構。其中，機構投資者主要包括保險公司、社會保險基金等。

各國與基金有關的法律法規都明確規定了基金持有人的權利。按照《中華人民共和國證券投資基金法》的規定，基金份額持有人享有下列權利：分享基金財產收益，參與分配清算后的剩餘基金財產，依法轉讓或者申請贖回其持有的基金份額，按照規定要求召開基金份額持有人大會，對基金份額持有人大會審議事項行使表決權，查閱或者複製公開披露的基金信息資料，對基金管理人、基金託管人、基金份額發售機構損害其合法權益的行為依法提起訴訟，基金合同約定的其他權利。除此之外，各基金在基金合同和招募說明書中對基金份額持有人的權利都作了更為詳細的說明。

2. 證券投資基金管理人

證券投資基金管理人是指負責基金發起設立與管理運作的專業性金融機構，是基金產品的募集者和管理者。基金管理人作為受託人，負責基金的整體運作，通過分散化投資為投資者利益最大化而努力，不得為自己或第三者牟利。在我國，基金管理人由依法設立的基金管理公司擔任，基金管理公司通常由證券公司、信託投資公司和其他機構發起設立，具有獨立的法人地位。

為了保護基金持有人的利益，我國法律法規對基金管理人的設立標準、任職資格、職責和違規違法行為作了明確的規定。在基金實際運作中，基金管理人應當履行相關的基金申購贖回、基金淨值披露、基金收益分配、基金報告編製等職責，基金管理公司也可選定其他專業的服務機構來承擔以上的職責。同時，基金管理人必須嚴格限制自己的行為，不能利用基金財產為基金份額持有人以外的第三人牟取利益。

【案例5.1】 老鼠倉

2009年8月，深圳證監局突擊檢查14家基金公司。發現景順長城的涂強、長城基金的韓剛、劉海涉嫌利用公司信息從事內幕交易，利用非公開信息買賣股票，而這種現象一直普遍存在於基金經理之中。

從2007年起，基金行業平均每年曝光一起基金經理「老鼠倉」事件，而2009年監管部門在這方面的監察力度顯然有所加強。就在深圳證監局的這次臨檢前數月，原融通基金經理張野剛因「老鼠倉」受罰，被取消基金從業資格，沒收違法所得229.48萬元，並處400萬元罰款（2007年上投摩根基金的唐建被沒收違法所得152.72萬元，

並處 50 萬元罰款）。

證監會後來的通報顯示，2009 年證監會共計對 13 家基金公司進行稽查，對 14 名從業人員進行處罰，包括 2 名總經理、4 名副總經理、4 名督察長、4 名基金經理。尚福林主席在 2009 年 10 月份的第 32 次基金業聯席會議上首次為基金業發展提出不能觸犯的三條底線：「老鼠倉」、非公平交易和利益輸送。

監管部門的一系列強硬表態引來了輿論的熱烈關注，同時也在業內掀起了一波監管升級的風暴。各基金公司在內部紛紛重申合規紀律、嚴格直系親屬投資股票情況上報制度、在投研部門加設攝像頭、加強網路管理等，同時也不忘替投研人員換上新的電腦硬盤。

「老鼠倉」嚴重危害了投資者的利益，需要嚴厲查處。基金經理炒股其實是一直普遍存在的老問題。2009 年查處的這四起「老鼠倉」不是基金業的第一批，也不會是最后一批，如何加強制度上的監控，加強從業基金經理的職業操守，科學有效地防範「老鼠倉」，我們仍有很長的一段路要走。

資料來源：朱李．四起「老鼠倉」曝光［N］．第一財經日報，2009 - 12 - 21.

3. 證券投資基金託管人

證券投資基金託管人是指對基金管理人進行監督及保管基金資產的機構。在我國，基金託管人由依法設立並取得基金託管資格的商業銀行擔任。基金託管人承擔著保管基金財產，保存基金託管業務活動的記錄、報表等資料，辦理清算、交割事宜，對基金報告出具意見，復核基金資產淨值和基金份額申購、贖回價格等職責。

基金管理人和託管人應在財務和法律上相互獨立，由不具有任何關聯的金融機構分別擔任，以便形成一種相互制衡、互相監督的運行機制。任何一方出現違規行為時，對方都應及時制止，制止無效時應請求更換違規方，如果雙方的共同行為損害了基金持有人的利益，雙方都應承擔相應責任。這樣才能最大限度地保證基金資產運用的高效性和安全性，保障基金投資者的利益。

四、證券投資基金的分類

證券投資基金按照不同的分類標準，有以下幾種分類：

1. 根據組織形式的不同，可以分為契約型基金和公司型基金

契約型基金是基金持有人、基金管理人和基金託管人通過簽訂基金契約形成信託關係而成立的基金類型。基金投資者委託基金管理人進行投資運作，委託基金託管人保管基金財產，依據基金契約分享投資收益，對基金的投資決策通常不具有決策權，對基金資產不具有直接的管理權。

公司型基金是依據公司法和基金公司章程，通過向基金份額持有人發行股票而成立的基金類型。基金份額持有人既是基金投資者又是基金公司的股東，按照所持基金股份份額享有投資收益並承擔有限責任，還可以通過股東大會實現對基金運作的決策權。與一般的股份公司相同，股東通過股東大會選舉董事會、監事會，再由董事會、監事會投票選舉總經理。

公司型與契約型基金的主要區別是：公司型基金具有法人資格，而契約型基金沒有；公司型基金的依託資產依據的是公司章程，而契約型基金則是以依託契約為依據的；公司型基金的投資者是公司的股東，可以參加股東大會，行使表決權，而契約型基金的投資者是基金份額持有者，只有收益分配請求權，對基金運作沒有發言權；公司型基金可以對外靈活融資、進行槓桿化運作，而契約型基金則只能在募集資金範圍內運作。

各國、各地區證券投資基金的組織形式存在差別，美國主要是公司型基金，而我國截至2009年年底，所設立的證券投資基金都是契約型基金，英國、日本和我國港臺地區也大都是契約型基金。

2. 根據運作方式的不同，可以分為封閉式基金和開放式基金

封閉式基金是指在發行前確定基金單位的發行總額，基金份額在基金合同期限內固定不變，基金份額可以在證券市場交易，但基金份額持有人不得申請贖回的基金。

開放式基金是指基金份額可以變動，沒有固定的存續期間，基金份額可以在基金合同約定的時間和場所進行申購或者贖回的基金。

兩者在運作過程中的區別主要體現在以下方面：

（1）基金存續期限和基金規模不同。封閉式基金有明確的存續期且大多為15年，在存續期內發行的基金單位只能轉讓不能贖回，也不能增加發行，因此其規模一般不發生變化。封閉式基金在存續期結束後可以進行展期或轉換為開放式基金。而開放式基金則沒有明確的存續期規定和規模限制，投資者可以根據需要隨時申購和贖回基金，因此基金規模隨時處在變化當中。如果基金業績較好，其規模將會越來越大，以致存續時間不斷延長；反之，基金規模將日益縮小直至基金清盤。截至2009年年底，我國封閉式基金的規模在5億~88.12億份之間；而開放式基金規模差異較大，在100萬~445.31億份之間。

【案例5.2】基金天華封轉開為銀華內需

銀華基金公司旗下的基金天華契約型封閉式基金於2009年7月1日終止上市。自銀華天華封閉終止上市之日起，基金名稱更名為銀華內需精選股票型證券投資基金（LOF），基金簡稱為「銀華內需精選股票」。

自基金天華封閉終止上市之日起，其轉型成為上市契約型開放式基金。在集中申購期，投資人可以通過深圳證券交易所（簡稱「深交所」）LOF平臺辦理銀華內需精選股票的集中申購業務，在銀華內需精選股票開放申購贖回並上市後亦可通過深交所LOF平臺辦理銀華內需精選股票份額的日常申購、贖回及二級市場交易業務。

集中申購期結束後，基金管理人將對原銀華天華封閉基金進行份額折算。在基金開放日申購贖回並在深交所重新上市後，原銀華天華封閉基金持有人可進行基金份額的二級市場交易或贖回。

資料來源：根據銀華基金公司的《天華證券投資基金終止上市公告》整理而得。

（2）交易方式和場所不同。封閉式基金主要在證券交易所掛牌交易，投資者買賣基金單位是通過經紀人在二級市場上進行競價交易的方式完成的。而開放式基金主要在基金合同規定的營業時間和場所由基金投資者向基金管理人或基金代理銷售機構如證券公司、商業銀行進行申購和贖回。

（3）影響基金價格的主要因素不同。基金的單位淨值是決定交易價格的主要因素，但封閉式基金由於可以在二級市場上交易，其基金價格還受到市場供求關係的影響，並不必然反應基金的淨資產價值。若二級市場上供過於求，則可能會出現封閉式基金的市場價格有低於其淨值的情況，即基金折價；若供不應求，則會出現市場價格高於基金單位淨值的情況，即基金溢價。在我國，封閉式基金的成立經歷了很長時期的折價交易，但近年來其折價程度有所緩解，甚至出現了溢價交易情況。

（4）基金的投資策略和激勵機制不同。在投資策略方面，開放式基金由於面臨被贖回的風險，必須保留足夠的現金資產或投資於流動性較好的資產，因而不能將全部資產用來投資或全部進行長期投資，相對於封閉式基金，開放式基金更注重流動性風險管理。同時，開放式基金隨時有不可預知的申購資金流入，而這部分資金可能由於沒有好的投資機會未能得到充分利用，會使得整個基金的收益受到一定的影響。這就對開放式基金管理人提出了較高的要求，而封閉式基金管理人卻沒有這方面的壓力，就可以制定一些長期的投資策略與規劃。

封閉式基金由於在封閉期內不能申購贖回，基金規模固定不變，基金管理人的投資業績好壞與基金規模及存續時間聯繫不大。即使其投資業績較好也不能吸引新資金的流入從而不能為基金管理人增加管理費收入；同時，如果基金的業績不盡如人意，投資者也不能通過贖回基金份額來影響基金管理人的管理費收入。而開放式基金規模的可變性，使得基金管理公司的業績對開放式基金的規模有較大影響。投資者會根據基金的業績申購和贖回基金份額，進而決定基金管理費收入的多少和基金的存續期。表現好的基金可以吸引更多的資金投資，從而擴大規模；表現差的基金可能引起投資者的贖回，導致基金規模減小，甚至清盤。因此相對封閉式基金而言，開放式基金的激勵機制更為有效。

3. 根據投資對象的不同，可以分為股票基金、債券基金、貨幣市場基金、混合基金

股票基金是指以股票為主要投資對象的基金，是規模最大的一種基金類型，具有良好的增值能力，同時風險較大。在我國，按照證監會對基金類別的分類，基金資產60%以上投資於股票的就為股票基金。

債券基金是指以債券為主要投資對象的基金。它的規模僅次於股票基金，是保險公司、養老基金的重要投資工具。與股票基金相比，它缺乏增值能力，但風險較小。在我國，按照證監會對基金類別的分類，基金資產80%以上投資於債券的就為債券基金。

貨幣市場基金是指以貨幣市場工具為投資對象的基金。貨幣市場工具主要包括國庫券、大額可轉讓定期存單、銀行同業拆借、回購協議等。貨幣市場基金設立的期限常常是無限期的。貨幣市場基金以貨幣市場的短期融資工具作為投資對象，而這些融

資工具的流動性強、安全性高。其認購和贖回一般不需要手續費，投資成本低，而收益水平卻高於同期儲蓄存款。在我國，按照證監會對基金類別的分類，基金資產全部投資於貨幣市場工具的就為貨幣市場基金。

混合基金是指同時以股票、債券等為投資對象的基金。根據股票和債券在投資組合中所占比例不同，還可將混合基金分為偏股型基金、偏債型基金和配置型基金。其中配置型基金是混合基金中最有特色的。它可以投資於股票、債券及貨幣市場工具以獲取投資回報。此類基金可以根據市場情況靈活改變資產配置的比例，當股票市場存在投資機會時，則擴大股票投資的比例，以獲取股票市場收益；當債券市場收益率相對較高時，則將資產更多地投資於債券市場。通過基金管理者的「市場時機選擇」，以獲取證券市場較高的投資收益。資產配置型基金的關鍵在於判斷基金依據什麼因素對大類資產進行調整，而投資者購買此類基金，其實是對基金投資風格和策略的選擇。

【案例5.3】混合型基金——華夏大盤精選證券投資基金

2003年下半年以來，我國開放式基金市場上陸續出現了不少配置型基金。其中有不少基金都取得了良好的投資收益，特別是2004年8月11日成立的華夏大盤精選基金。截至2009年12月31日，其單位淨值為9.975元，累計淨值10.355元，2009年年收益率達到116.19%，在開放式基金中名列榜首。下面我們將以華夏大盤精選基金為代表，介紹一下配置型基金的產品特徵。

基金類型：契約型開放式。

投資目標：追求基金資產的長期增值。

投資範圍：限於具有良好流動性的金融工具，包括國內依法公開發行上市的股票、債券及中國證監會允許基金投資的其他金融工具。本基金主要投資於股票，股票資產比例範圍為40%~95%。為了滿足投資者的贖回要求，基金保留的現金以及投資於到期日在一年以內的國債、政策性金融債、債券回購、中央銀行票據等短期金融工具的資產比例不低於5%。本基金其餘資產可投資於債券及中國證監會允許基金投資的其他金融工具，如法律法規或監管部門對債券投資比例有相關規定的，則從其規定。

投資風格：本基金屬於大盤股票基金，基金股票資產的80%以上投資於大型上市公司發行的股票。其中，大型上市公司是指市值不低於新華富時中國A200指數成分股的最低市值規模的公司。

投資理念：精選在各行業中具有領先地位的大型上市公司，通過對其股票的投資，分享公司持續高增長所帶來的盈利，實現基金資產的長期增值。

投資策略：本基金主要採取「自下而上」的個股精選策略，根據細緻的財務分析和深入的上市公司調研，精選出業績增長前景良好且被市場相對低估的個股進行集中投資。考慮到我國股票市場的波動性，基金還將在資產配置層面輔以風險管理策略，即根據對宏觀經濟、政策形勢和證券市場走勢的綜合分析，監控基金資產在股票、債券和現金上的配置比例，以避免市場系統性風險，保證基金所承擔的風險水平合理。

當前業績比較基準：本基金股票投資的業績比較基準為新華富時中國A200指數，

債券投資的業績比較基準為新華富時中國國債指數。本基金整體的業績比較基準為「新華富時中國 A200 指數×80% + 新華富時中國國債指數×20%」。

風險收益特徵：本基金在證券投資基金中屬於中等風險的品種，其長期平均的預期收益和風險高於債券基金和混合基金，低於成長型股票基金。

風險管理工具及主要指標：本基金利用華夏基金風險控制與績效評估系統跟蹤組合、個股及個券風險，主要包括市場風險指標和流動性風險指標。

下面，我們在表 5－1 中給出華夏大盤精選自成立以來到 2009 年度中期的基金資產配置情況。

表 5－1　　　　　　　華夏大盤精選基金資產配置情況　　　　　　　單位：元

	股票	債券	銀行存款和清算備付金合計	其他資產	權證
2004 年年度	725,203,808.44 (61.95%)	416,850,730.70 (35.6%)	23,327,424.20 (1.99%)	5,332,281.83 (0.46%)	
2005 年中期	718,183,683.82 (73.62%)	217,632,007.05 (22.31%)	37,689,288.47 (3.86%)	1,973,970.28 (0.21%)	
2005 年年度	647,949,326.87 (89.92%)	43,530,788.45 (6.04%)	25,770,935.53 (3.58%)	3,302,928.10 (0.46%)	
2006 年中期	964,067,478.42 (79.89%)		185,516,259.16 (15.37%)	57,116,222.81 (4.73%)	
2006 年年度	1,849,800,979.90 (87.29%)	98,494,400.00 (4.65%)	143,747,810.90 (6.78%)	18,889,586.29 (0.89%)	8,104,607.80 (0.38%)
2007 年中期	3,684,381,500.91 (88.92%)	220,278,675.00 (5.32%)	231,187,759.89 (5.58%)	7,819,476.23 (0.19%)	
2007 年年度	4,524,906,642.37 (77.92%)	279,347,753.50 (4.81%)	990,172,198.79 (17.05%)	8,846,710.58 (0.15%)	4,130,431.91 (0.07%)
2008 年中期	1,828,841,268.49 (50.32%)	906,053,256.10 (24.93%)	875,268,825.80 (24.08%)	24,369,114.25 (0.67%)	
2008 年年度	1,885,021,677.75 (60.4%)	862,743,954.10 (27.65%)	351,607,576.55 (11.27%)	21,130,510.11 (0.68%)	
2009 年中期	4,103,601,154.46 (85.41%)	131,991,466.00 (2.75%)	565,165,168.45 (11.76%)	3,704,704.96 (0.08%)	

從表 5－1 可以看出，華夏大盤精選作為配置型證券投資基金在各種資產上的配置非常靈活，能夠根據市場表現及時調整資產比例。

資料來源：根據華夏大盤精選證券投資基金招募說明書、和訊基金網站相關資料整理所得。

4. 根據投資目標的不同，可以分為成長型基金、收入型基金和平衡型基金

成長型基金是指以追求資本增值為目標的基金，主要投資於新興行業和具有良好增長潛力的小公司股票，此類基金很少分紅，盡量充分運用資金。這類基金敢於冒險，

為了擴大投資額通常將股息、紅利進行再投資，在獲取較高收益的同時也要承擔很高的風險。

收入型基金是指以追求穩定的經常性收入為目標的基金，主要投資於藍籌股、公司債、政府債等收益穩定證券，此類基金一般將股息、紅利派發給投資者。其投資策略是強調投資組合的多元化以分散風險，投資決策比較穩健，持有較高比例流動性高的資產，基金的風險較小，但長期增長潛力也較小。

平衡型基金是指既追求資本增值又注重當期收益的基金。此類基金主要投資於債券、優先股和部分普通股，組合中的資產各自佔有比較穩定的比例，謀求成長和收入的平衡，因此風險和收益都適中。

5. 根據募集方式的不同，可以分為公募基金和私募基金

公募基金是指面向社會公眾公開發售基金份額的基金，基金募集對象不固定，可以公開進行宣傳，投資金額要求較低，監管機構一般實行嚴格的審批制和核准制。

私募基金是指面向特定投資者發售基金份額的基金，不能進行公開宣傳，投資金額要求較高，監管機構一般實行備案制。私募基金在運作上具有很大的靈活性，受的限制較小。

【案例5.4】國內首個對沖基金指數發布

華潤深國投信託有限公司攜手晨星（中國）16日發布國內首個對沖基金指數。該指數名為「晨星中國·華潤信託中國對沖基金指數」（簡稱MCRI），其成分基金全部來自華潤信託發行的陽光私募基金，由晨星（中國）提供編製方法。

這兩家機構負責人表示，該指數旨在以華潤信託旗下開放式陽光私募基金為樣本，及時、客觀地記錄和反應中國對沖基金市場發展的歷史、現狀及趨勢，通過指數形式為投資者提供投資收益分析的工具以及可比較的業績基準。

MCRI是基於陽光私募基金單位淨值的指數，在考慮紅利再投資因素下，對其基金單位淨值和基金權重進行調整，而后採用簡單加權方式進行計算。對於基金分紅，指數將在除息日進行調整，以正確反應成分基金的分紅情況。該指數以2006年12月31日為基期，基點為1000點。指數僅提供月末的信託資產總值，每月更新一次，每月月底的指數值將在下個月月初10個交易日內公布。公布指數為考慮紅利再投資的總收益指數。目前成分基金共有119只，今后將根據信託計劃發行及清算情況及時調整。

數據顯示，2006年12月31日至2009年11月30日，MCRI近3年費前累計收益率為93.19%，同期滬深300指數收益率為72.05%，總體上MCRI表現強於大盤約21個百分點。研究人士指出，MCRI較高的長期累計收益率得益於大多數陽光私募良好的風險控制能力，在大盤下跌期間較為有效地迴避了大盤的系統性風險。

華潤信託相關負責人表示，目前在獲取其他陽光私募基金淨值數據方面還缺少途徑，但在條件成熟后該指數也會對其他陽光私募基金進行覆蓋。他認為，華潤信託旗下陽光私募基金具有絕對的行業代表性，具備編製陽光私募基金指數的條件。據相關機構統計，截至2009年11月25日，華潤信託所發行的陽光私募基金產品總數在市場

份額中排名第一。

資料來源：杜雅文．國內首個對沖基金指數發布．中國證券報，2009 - 12 - 17.

6. 根據資金來源和用途的不同，可以分為在岸基金和離岸基金

在岸基金是指在本國募集資金並投資於本國證券市場的基金，由於在岸基金投資者、基金管理人和基金託管人都在本國境內，所以基金的監管部門將運用本國的法律法規對基金的運作進行監管。

離岸基金是指一國的證券投資基金機構在其他國家發售證券投資基金，並將募集的基金投資於本國或第三國的基金。由於各國投資基金的法律法規有所不同，所以當事人面臨的法律環境相對複雜。

7. 特殊類型基金

（1）傘形基金。傘形基金是指若干個基金共用一個基金合同和招募書，子基金獨立運作，子基金之間可以根據規定的程序進行相互轉換的基金。通常子基金具有不同的投資風格，子基金之間的轉換費率較低，以確保投資資金能夠停留在傘形基金內部。

（2）基金中的基金。基金中的基金是指以其他證券投資基金為投資對象的基金，由於《中華人民共和國證券投資基金法》規定，基金之間不得互相投資，因此我國尚無此類基金存在。

（3）保本基金。保本基金是指保證基金投資者在投資到期時至少能夠收回本金或獲得一定收益的基金。保本基金在鎖定風險的同時爭取獲得額外收益，因此是一種風險與收益都較低的基金類型。

（4）指數基金。指數基金的建立主要是依據市場有效性原理，如果市場是有效的，任何基金管理人企圖戰勝市場都是徒勞的，因此以某一市場指數中各成分證券來構造投資組合，就能夠複製這種指數的收益，取得比主動投資更高的回報。由於指數基金採取持有策略，指數基金不需要基金管理人經常換股，頻繁地調整投資組合，因此交易和管理費用較少。

（5）對沖基金。對沖基金起源於20世紀50年代初的美國，它本來的目的是利用期貨、期權等金融衍生工具對所持資產組合進行套期保值從而有效控制風險。但近年來，對沖基金已成為一種利用各種金融衍生產品的槓桿效用，承擔高風險，追求高收益的投資模式。

在一個最基本的對沖操作中，基金管理者在購入一種股票後，同時購入這種股票的看跌期權。看跌期權使得投資者在股價跌破執行價格時，可將手中持有的股票以期權限定的價格賣出，從而使基金現貨持有的股票的跌價風險得到對沖。在另一類對沖操作中，基金管理人首先選定某類行情看漲的行業，買進該行業中看好的幾只優質股，同時以一定比率賣出該行業中較差的幾只劣質股。如此組合的結果是，如該行業預期表現良好，優質股漲幅必超過其他同行業的劣質股，買入優質股的收益將大於賣空劣質股而產生的損失；如果預期錯誤，此行業股票不漲反跌，那麼較差公司的股票跌幅必大於優質股，則賣空盤口所獲的利潤必高於買入優質股下跌造成的損失。可以看出，此時對沖基金已經演變成為以高風險投機為手段並以營利為目的的投資形式。

（6）合格境內機構投資者（Qualified Domestic Institutional Investors，QDII）是指在一國境內設立，經本國有關部門批准後允許境內機構投資境外資本市場而設立的基金。在我國資本市場未開放的背景下，QDII政策的推行，使得投資者可由此從境外資本市場獲取收益。

（7）交易型開放式指數基金（ETF）與上市開放式基金（LOF）

交易型開放式指數基金（Exchange Traded Funds，ETF），又稱交易所交易基金，是指可以在證券交易所交易的開放式基金。ETF一般採用被動式投資方式複製和追蹤某種股票指數，通過分散化投資和較低的交易費用，在提高收益的同時降低風險。我國第一隻ETF是於2004年12月成立的上證50ETF。截至2009年年底，我國共有七隻ETF，分別為易方達深證100ETF、華夏中小板ETF、深成ETF、華夏上證50ETF、上證央企ETF、華安180ETF、上證紅利ETF。

ETF將封閉式基金與開放式基金結合起來，投資者既可以在證券交易所二級市場掛牌交易，又可像開放式基金那樣申購和贖回，使得該類基金存在一級和二級市場之間的套利機制。與開放式基金申購、贖回都使用現金不同，其申購和贖回使用的是一籃子股票，這一籃子股票的品種和權重與所追蹤的基準指數中各成分股的權重相同。採用這樣的申購、贖回機制，使得ETF的管理人不必為滿足投資者的贖回要求而保留大量現金，提高了資金的使用效率。由於買賣一籃子股票會大大增加交易費用，因此ETF的申購贖回的最低份額必須達到一個相當大的數目，只有大額投資者（基金份額一般在50萬份以上）才能參與，這使得ETF一級市場交易主要為機構投資者參與。同時，為了能吸引更多中小投資者參與交易，機構投資者一般會將通過一級市場申購的ETF份額進行分拆。因此，ETF二級市場的最低交易份額要比一級市場小得多。

ETF的雙重交易機制，使得當ETF的二級市場交易價格與份額淨值不一致時，投資者可以進行套利獲得收益。例如，某時刻，ETF份額的淨值為1.45元，其二級市場的價格為1.5元，即ETF溢價交易。若ETF在一級市場上的最低申購贖回金額為100萬份，且不考慮交易成本，則套利者可進行如下操作獲得收益：首先，在股票市場上買入價值為145萬元的一籃子股票，然後將這一籃子股票在一級市場上以1.45元的淨值申購ETF，得到100萬份；然後，在二級市場上以1.5元的價格將這100萬份ETF賣出，獲得150萬元，扣除145萬元的初始投資，獲得利潤5萬元。當ETF折價交易時，可以在二級市場以市價購入ETF份額，然後在一級市場以淨值贖回，獲得一籃子股票，並將股票售出，以獲得套利收益。正是由於套利機制的存在，一般說來，ETF的二級市場交易價格與其淨值的偏離不會太大。

【案例5.5】上證180治理ETF的套利機會

2009年12月30日，上市僅11天的交銀施羅德上證180公司治理ETF遭遇大量套利資金狙擊放量漲停，並於10點24分緊急停牌，停牌前報收0.979元，漲幅為10%。

12月30日夜間，交銀施羅德發布公告稱，治理ETF停牌的主要原因是申購清單出現失誤：根據交銀公司每日提供給上海證券交易所（以下簡稱「上交所」）的申贖清

單，正常情況下，中國平安應為 900 股，申贖清單中中國平安為 10,100 股。這一錯誤申贖清單直接導致了當日該基金即時份額參考淨值溢價一倍之多，由此產生了巨額套利空間，即時參考淨值每 15 秒計算並在交易系統上顯示一次。上交所對其 NPV 的計算結果為 1.75 開盤，1.784 停牌，遠高於二級市場價格（0.891 開盤，0.979 停牌），投機套利盤的瘋狂湧入導致其漲停。

停牌前，套利者若在二級市場買入 100 萬份交銀治理 ETF 僅需 90 余萬元，則可獲得 170 余萬元市值的一籃子股票，獲利可達 80 萬元。80% 如此大的套利空間在 ETF 套利交易中極為罕見。除了參與的套利交易者，以漲停價在二級市場賣出 ETF 的投資者也可獲得至少 10% 的差價收益。

根據基金合同和招募說明書，交銀施羅德基金制定瞭解決預案，當天與參與交易的券商及贖回治理 ETF 的主要投資者進行了初步溝通。

在 ETF 基金中存在「現金差額」的概念，T 日現金差額在 T+1 日的申購贖回清單中公告，由於中國平安數量錯誤，30 日的現金差額數值為負數。交銀施羅德基金表示，按照基金合同和招募說明書的約定，30 日當天進行贖回的投資者將按照現金差額計算的結果向基金資產支付相應的現金，基金淨資產和基金份額持有人的利益不會受到影響，因此，在取得各方充分諒解且各方均遵守基金合同約定行事的情況下，完全可以合法、合理地避免損失。

這意味著，參與套利的機構投資者或已與交銀施羅德公司達成一致，由於數據錯誤產生的套利金額將歸還基金資產。交銀施羅德基金同時也表示，在停牌時刻 10 點 24 分買入份額的投資者絕大多數已經完成了套利交易，不存在停牌點買入而沒有贖回股票蒙受損失的投資者。交銀施羅德基金並沒有透露相關責任人是否將受相應處罰，但在說明中「向投資人誠摯地表示歉意」。

12 月 30 日晚，上交所同時公告：12 月 31 日起，對治理 ETF 實施復牌，而 31 日該基金份額的收盤價以 30 日的基金份額淨值為準，為 0.910 元。這表明，當日的漲停板無效。12 月 31 日復牌，交銀治理 ETF 以 0.92 元開盤，收 0.915 元，跌 6.54%。退回套利收益的交易者們，著實空歡喜了一場。

資料來源：趙娟，趙紅梅. 基金又犯低級錯誤 交銀治理 ETF 擺平損失危機 [N]. 經濟觀察報，2009-12-31.

上市開放式基金（Listed Open-end Funds, LOF），是指既可以在場外市場進行基金申購贖回，又可以在證券交易所進行基金份額申購贖回以及基金份額交易的基金。基金份額可以通過跨系統轉託管實現場內市場與場外市場的轉換。LOF 所具有的轉託管機制與可以在交易所進行申購贖回的制度安排，使 LOF 不會出現封閉式基金的大幅折價交易現象。LOF 是我國借鑑 ETF 的運作機制本土化創新的結果，它的出現使封閉式基金和開放式基金很好地結合在一起，為封閉式基金轉為開放式基金提供了可行的解決方式。截至 2009 年年底，我國共有 36 只 LOF。

ETF 與 LOF 在很大程度上是類似的，比如都可以在一級市場上申購贖回和在二級市場上交易，都可以利用基金份額淨值與市場價格的差異進行套利等。但二者還是存

在區別，主要表現在：

①申購和贖回的標的不同。ETF 的一級市場交易是以一籃子股票申購或贖回基金份額，而 LOF 的申購、贖回是以現金進行的。

②申購和贖回的場所不同。ETF 的申購、贖回是在交易所進行，而 LOF 的申購、贖回既可以在交易所進行，也可以在代銷網點進行。

③申購和贖回的參與者不同。ETF 的申購、贖回有最低限額，只有大投資者可以參與，而 LOF 在申購、贖回方面沒有特別要求。

④投資策略不同。ETF 主要是基於某一指數進行被動性投資，而 LOF 則是普通的開放式基金。

(8) 分級基金

分級基金又叫「結構型基金」，是指在一個投資組合下，通過對基金收益或淨資產的分解，形成兩級（或多級）風險收益表現有一定差異化的基金品種。它的主要特點是將基金產品分為兩類或多類份額，並分別給予不同的收益分配。從目前已經成立和正在發行的分級基金來看，通常分為低風險收益端（優先份額）和高風險收益端（進取份額）兩類份額，優先份額和進取份額常被稱為 A 類份額和 B 類份額。厭惡風險的投資者持有 A 類份額，享受固定收益；「愛好」風險的投資者持有 B 類分額，在滿足 A 類投資者的固定收益要求後享有剩餘收益或承擔虧損。

分級基金這一特徵，可以看作是一種「內部槓桿」：A 類投資者把錢借給 B 類，A 類享受固定收益，B 類自擔風險收益。目前多數股票型分級基金 A、B 份額是相等的，但兩類份額的淨值和售價各不相同。假如某股票基金初始淨值為 2 億元，均分為 A、B 兩類份額。每份 A、B 基金的初始淨值和價格均為 1 元。B 類份額持有者獲得 1∶1 的槓桿，相當於損益均放大 1 倍。半年後，由於股票大跌母基金淨值降至 1.54 億元，下跌 24%。A 類份額淨值為 1.04 元（由於承諾收益），B 類份額淨值為 0.5 元。假如 B 類基金交易中溢價率為 0，即每份額 B 類基金售價 0.5 元，則 B 類投資者虧損 50%，是母基金虧損的 2 倍。

【案例 5.6】2015 年股災中分級基金的下折

2015 年 6 月，股市出現劇烈波動，很多股票價格急遽下跌，導致很多股票分級基金下折，這些基金下折，又進一步引發個股下跌，引發其他投資於此的股票基金下折，股市波動劇烈。

當基金淨值下降，B 類份額的槓桿率急遽攀升，為控制風險，分級基金均設有「不定期份額折算」機制。觸發條件一般是 B 份額淨值跌破 0.25 元。所謂分級基金下折，是指當分級基金 B 份額的淨值下跌到某個價格（比如 0.25 元）時，為了保護 A 份額持有人利益，基金公司按照合同約定對分級基金進行向下折算，折算完成後，A 份額和 B 份額的淨值重新迴歸初始淨值 1 元，A 份額持有人將獲得母基份額，B 份額持有人的份額將按照一定比例縮減。下折時母基金、A 份額、B 份額的折算如下：B 份額淨值歸 1，份額減少。如 1000 份淨值為 0.25 元的 B 份額，折算后成為 250 份淨值為 1 元

的 B 份額。值得注意的是，折算是按照 B 份額的淨值結算，而非交易價格。實際過程中 B 份額的交易價格往往高於淨值，引發投資者更大的損失。

2015 年 6 月，168 只分級基金的份額達到 5169 億份。在其後的兩個月裡，有多達 53 只分級基金遭遇下折。8 月 18 日起，上證指數在 7 個交易日內暴跌逾 1000 點，從 4000 點以上跌到 3000 點以下。分級基金 B 高槓桿風險集中爆發，由此引發「下折潮」。24 日、25 日、26 日三天內有 29 只分級基金觸發下折。25 日下折基金包括百億級申萬證券分級基金，26 日下折基金中有淨值超過 200 億的富國國企分級基金。至此，規模最大的 4 只分級基金有 3 只下折（富國國企改 B、富國創業板 B、申萬證券 B）。分級基金下折令 B 類份額持有者損失慘重，此輪下折的 28 只分級基金中有 20 只 B 類份額淨值低於 0.2 元，富國創業板 B 淨值僅為 0.1 元，投資者損失 80% 甚至 90%。

上述 53 只分級基金總份額接近 1275.15 億份，下折之後，A 份額持有者獲得了 834 億份基礎份額，這部分份額面臨強烈的贖回變現要求。一旦分級基金觸發下折，基金管理人要在 2-3 天內大幅減倉位應對贖回，對相應個股面臨巨大拋壓，這進一步造成股價下跌和股市波動。

第二節　證券投資基金的運作機制

一、證券投資基金的發行

1. 證券投資基金的發行程序

證券投資基金的發行也稱證券投資基金的募集，是指基金管理公司向中國證監會提交募集文件，發售基金份額，募集基金的行為，一般要經過申請、核准、發售、備案和公告。

證券投資基金的發行都是從基金發行的申請開始的，基金管理人必須向中國證監會提交相關文件，其中最重要的是基金合同草案、基金託管草案、基金招募說明書。

自證券投資基金的發行申請提交後，證監會會對基金發行申請提交的相關文件進行審查，作出核准或不予核准的決定。只有在發行申請得到核准後，基金發行才能進行。

證券投資基金的發售一般由基金管理人負責，並且都有一個發售期限即募集期，在我國募集期一般不得超過 3 個月。基金管理人應當在基金發售的三日前公布基金合同、招募說明書等相關文件。證券投資基金在募集期終止後，若符合相關法律法規，則可宣告成立；若募集失敗，則應當承擔因基金募集產生的費用，並在募集期結束後 30 天內返還投資者投資額和相應銀行同期存款利息。

2. 證券投資基金的發售和認購

（1）封閉式基金的發售。封閉式基金的發售主要通過與證券交易所相聯繫的網上發售及與承銷商營業網點相聯繫的網下發售進行。發售價格由基金面值 1 元和發售費用 0.1 元共同構成。

（2）開放式基金的發售和認購。開放式基金的發售主要通過基金管理公司的直銷中心及其委託的商業銀行、證券公司和其他金融服務機構進行。

我國開放式基金最低的認購金額為人民幣1000元。基金的認購費有前端收費模式和后端收費模式。前端收費模式是指在認購基金份額時支付認購費用；后端收費模式是指在認購基金時不需支付費用，在贖回基金時才需支付費用。后端收費模式是為了鼓勵基金投資者能夠長期持有基金，其認購費率一般會隨著投資期限的延長而遞減。投資者的認購資金在基金成立前形成的利息，在基金成立后折算成基金份額，歸投資者所有。認購資金利息以註冊登記機構的確認結果為準，利息認購份額不需繳納前端認購費和后端認購費。基金單位面值為1.00元。基金單位份數以四舍五入的方法保留小數點后兩位，由此誤差產生的損失由成立后的基金資產承擔，產生的收益歸成立后的基金資產所有。

在前端收費模式下，開放式基金認購費用及份額確定有兩種方式：淨額費率法（外扣法）和金額費率法（內扣法）。在淨額費率法下，在扣除相應的費用后，基金認購費率將按淨認購金額為基礎收取，再以面值為基準計算認購份額。基金認購費用與認購份額的計算公式為：

淨認購金額＝認購金額÷（1＋認購費率）

認購費用＝淨認購金額×認購費率

認購份額＝（淨認購金額＋認購利息）÷基金單位面值

舉例說明如下：

某股票基金份額面值為1元，前端認購費率為1.5%，投資者以10,000元認購該基金。假設這筆資金在募集期產生利息40元，若採用淨額費率法，投資者能夠認購的基金份額計算如下：

淨認購金額＝10,000÷（1＋1.5%）＝9,852.22（元）

認購費用＝9,852.22×1.5%＝147.78（元）

認購份額＝（9,852.22＋40）÷1＝9,882.22（份）

在金額費率法下，認購費用是按認購金額的一定比例計算的，認購金額扣除認購費用后得到的就是淨認購金額，淨認購金額除以基金單位面值就得到了認購份數。用公式表式如下：

認購費用＝認購金額×認購費率

淨認購金額＝認購金額－前端認購費用

認購份數＝（淨認購金額＋認購資金利息）÷基金單位面值

舉例說明如下：

某股票基金份額面值為1元，前端認購費率為1.5%，投資者以10,000元認購該基金。假設這筆資金在募集期產生利息40元，若採用金額費率法，投資者能夠認購的基金份額計算如下：

認購費用＝10,000×1.5%＝150（元）

淨認購金額＝10,000－15＝9,850（元）

$$認購份數 = (9,850 + 40) \div 1.00 = 9,850 （份）$$

可以看出，淨額費率法使投資者可以多認購 32.22 份基金份額。2007 年后證監會統一規定我國基金在認購時採用淨額費率法。

如果投資者選擇繳納后端認購費，則認購份數的計算方法如下：

$$認購份數 = （認購金額 + 認購資金利息）\div 基金單位面值$$

某股票基金份額面值為 1 元，后端認購費率為 1.5%，投資者以 10,000 元認購該基金。假設這筆資金在募集期產生利息 40 元，若採用金額費率法，投資者能夠認購的基金份額計算如下：

$$認購份數 = （10,000 + 40） \div 1 = 10,040 （份）$$

其中以募集期間利息認購的 40 份基金單位，不論何時贖回，均不需繳納后端認購費。

在我國《證券投資基金銷售辦法》中規定開放式基金的認購費率不得超過認購金額的 5%。不同種類基金的認購費率各不一樣，股票市場基金的認購費率一般為 1% ~ 2%，債券型基金的認購費率一般低於 1%，貨幣型基金一般無認購費用。

二、證券投資基金的交易

1. 封閉式基金的交易

封閉式基金的交易在基金投資者之間進行，投資者要進行交易，必須開立基金帳戶或證券帳戶且同時擁有資金帳戶。在我國，封閉式基金的報價單位為每份基金價格，申報價格最小變動單位為人民 0.001 元，申報數量為 100 份或其整數倍。交易所對封閉式基金的交易實行價格漲跌幅限制，漲跌幅比例為 10%。封閉式基金實行 T + 1 交割，即交易完成后，相應的基金交割和資金交收在成交日的下一個營業日完成。

封閉式基金在二級市場上的價格經常與基金份額淨值有差別，這種偏離程度可以用折（溢）價率來表示，其公式為：

$$折（溢）價率 = \frac{單位份額淨值 - 單位市價}{單位份額淨值} \times 100\%$$

當基金二級市場價格高於基金份額淨值時，對應的是溢價率，為溢價交易；當基金二級市場價格低於基金份額淨值時，對應的是折價率，為折價交易。

2. 開放式基金的申購和贖回

開放式基金的申購是指在基金募集期結束后，投資者申請購買基金份額的行為。開放式基金的贖回是指基金投資者將基金份額出售給基金管理人的行為。開放式基金成立一段時間后，由於要將募集的資金用於投資，因此可以有一段時間的封閉期，在此期間不辦理贖回業務，該期限最長不超過 3 個月。

開放式基金的申購以金額申請，贖回以份額申請。股票基金和債券基金的申購和贖回價格遵循「未知價」原則，基金投資者在申購和贖回時並不知道基金的成交價格和數額，只有等到當天市場收盤以後才能夠確切地知道相關的交易信息；貨幣市場基金的申購和贖回價格遵循「確定價」原則，基金份額價格以人民幣 1 元為基準計算。

開放式基金投資者進行基金份額申購贖回時需支付相應的費用，基金管理人一般

會根據投資者的申購金額及基金份額持有期不同確定不同的申購、贖回費率。開放式基金的申購存在著前端收費模式和后端收費模式。前端收費模式的申購費的計算也分為淨額費率法和金額費率法。2007年后證監會統一規定我國基金在申購時採用淨額費率法。

在淨額費率法下，申購基金份額的計算方法如下：

$$淨申購金額 = 申購金額 \div (1 + 申購費率)$$
$$申購費用 = 淨申購金額 \times 申購費率$$
$$申購份額 = 淨申購金額 \div 基金單位面值$$

舉例說明如下：

某股票基金收盤后單位淨值為1.33元，申購費率為1.5%，投資者以10,000元申購該基金。則在淨額費率下，投資者能夠認購的基金份額計算如下：

$$淨申購金額 = 10,000 \div (1 + 1.5\%) = 9852.22（元）$$
$$申購費用 = 9852.22 \times 1.5\% = 147.78（元）$$
$$申購份額 = 9852.22 \div 1.33 = 7407.68（份）$$

在金額費率法下，申購基金份額的計算方法如下：

$$申購費用 = 申購金額 \times 申購費率$$
$$淨認購金額 = 申購金額 - 前端申購費用$$
$$申購份數 = 淨申購金額 \div 基金單位面值$$

舉例說明如下：

某股票基金收盤后單位淨值為1.33元，申購費率為1.5%，投資者以10,000元申購該基金。則在金額費率下，投資者能夠認購的基金份額計算如下：

$$申購費用 = 10,000 \times 1.5\% = 150（元）$$
$$淨認購金額 = 10,000 - 150 = 9850（元）$$
$$申購份數 = 9850 \div 1.33 = 7406（份）$$

開放式基金投資者提交贖回申請后，基金管理人應當自受理基金投資者有效贖回申請日起七個工作日內將贖回資金支付給投資者。開放式基金的贖回金額和贖回費用的計算公式如下：

$$贖回總額 = 贖回數量 \times 贖回日基金份額淨值$$
$$贖回費用 = 贖回總額 \times 贖回費率$$
$$贖回金額 = 贖回總額 - 贖回費用$$

舉例說明如下：

上例的股票基金在2009年11月20日證券市場收盤后單位淨值為1.4500元，贖回費率為0.5%，投資者擁有9852.22份基金份額。則投資者能夠贖回的基金金額計算如下：

$$贖回總額 = 9852.22 \times 1.4500 = 14,285.72（元）$$
$$贖回費用 = 14,285.72 \times 0.5\% = 71.43（元）$$
$$贖回金額 = 贖回總額 - 贖回費用 = 14,285.72 - 71.43 = 14,214.29（元）$$

實行后端收費模式的基金還應扣除后端認購或申購費用，才是基金投資者的贖回金額。即：

贖回金額 = 贖回總額 - 贖回費用 - 后端認購或申購費用

后端認購或申購費用 = 贖回數量 × 申購日基金份額淨值 × 后端認購或申購費率

在我國開放式基金的最大申購費率為 2.0%，贖回費率大都在 0.5%，但也有基金高達 2.8%。

第三節　證券投資基金的利潤、費用及績效評價

一、證券投資基金的利潤及費用

1. 證券投資基金的利潤

證券投資基金的利潤是指基金在運作過程中產生的收入扣除相應費用后的部分。基金的利潤的主要來源是基金投資所產生的利息收入、紅利收入以及證券買賣的資本利得等。

（1）利息收入。利息收入是指基金運作中投資於國內依法公開發行、上市的國債、金融債、企業（公司）債（包括可轉債）等債券獲得的利息收入及銀行存款獲得的利息收入等。債券的利息收入是債券型基金和貨幣市場基金收益來源的重要組成部分。

（2）紅利收入。紅利收入是指上市公司稅后利潤中派發給普通股股東的投資回報。基金購買上市公司的普通股后，便獲得了紅利分配權。紅利包括現金紅利和股票紅利兩種。前者使基金的現金持有量增加，后者使基金持有該股票的股份數額增加。紅利收入是股票型基金的重要收益來源。

（3）資本利得。資本利得是指基金運作過程中因買賣股票、債券等證券實現的價差收益。資本利得包括已實現的資本利得和未實現的資本利得。已實現的資本利得是證券投資基金通過低價買入證券並在較高價位賣出而獲得的。未實現的資本利得俗稱帳面「浮盈」，是指基金所持證券的市場價格高於成本價格的部分。已實現的資本利得增加了基金的利潤，使得持有人在分配時獲益。未實現的資本利得增加了基金的資產淨值，使得持有人在贖回時受益。

（4）其他收入。其他收入包括贖回費扣除基本手續費后的餘額、手續費返還部分以及基金管理人等機構為彌補基金財產損失而支付給基金的賠償款項，此外，還包括公允價值變動損益等。

2. 證券投資基金的費用

證券投資基金的費用包括基金投資者承擔的費用和基金運作發生的費用。基金投資者承擔的費用包括認購費、申購費及贖回費等，基金運作發生的費用包括基金管理費、基金託管費、基金宣傳費、信息披露費等費用。以上兩大類費用的性質是完全不同的，第一類費用並不參與基金的會計核算，而第二類費用須直接從基金資產中扣除。

（1）基金管理費是指從基金資產中提取的、支付給基金管理人的費用。基金管理

費通常按照前一個估值日基金淨資產的一定比例逐日計提，按月支付。基金管理費率通常與基金規模成反比，與風險成正比。基金規模越大，風險越小，管理費率就越低；反之，則越高。在我國 QDII 較高的管理費率大都為 1.80% 或 1.85%，股票型基金的管理費率為 1.5%，而債券基金的管理費率低於 1%，ETF 與 LOF 的管理費率一般為 0.5%，貨幣基金的管理費率為 0.33% 左右。

（2）基金託管費是指基金託管人為基金提供託管服務而收取的費用。與基金管理費一樣，託管費通常按照前一個估值日基金淨資產的一定比率逐日計提，累計至每月月底，按月支付。基金託管費收取的比例與基金規模、基金類型關係不大。在我國封閉式基金按照 0.25% 的費率計提基金託管費，開放式基金則按照基金合同的規定計提，一般低於 0.25%。

（3）其他費用。證券投資基金的費用還包括基金的銷售服務費，基金合同生效後的信息披露費用，買賣證券支付的印花稅、佣金等交易費用等。按照有關規定，發生的這些費用如果影響基金份額淨值小數點後第 5 位的，即發生的費用大於基金淨值十萬分之一的，應採用預提或待攤的方法計入基金損益；反之，應於發生時直接計入基金損益。

3. 證券投資基金的淨值估值

證券投資基金的淨值是指證券投資基金的總資產扣除總負債後的價值。證券投資基金的總資產包括基金所投資的各類證券的價值、銀行存款利息及其他在資本市場上投資的價值的總和。基金的負債主要包括至計算日止對積極託管人或管理人應付未付的報酬、其他應付款（包括應付稅金）等。基金資產淨值及基金份額資產淨值計算公式如下：

$$基金資產淨值 = 基金資產 - 基金負債$$

$$基金份額資產淨值 = \frac{基金資產 - 基金負債}{基金份額總數}$$

基金份額資產淨值是基金交易價格的基礎，開放式基金的申購贖回價值直接按照其計算，封閉式基金的價格雖然與份額淨值有差別，但其價格的波動還是以份額淨值為中心的。

在我國，證券投資基金的資產估值是由基金管理人負責，基金託管人對基金管理人的估值結果具有核查責任。基金管理人在每個工作日市場閉市后，對基金資產進行估值，並將估值結果遞交給基金託管人，基金託管人審核無誤后簽章返回給基金管理人，由基金管理人對外公布。

4. 證券投資基金的利潤分配

證券投資基金的利潤分配與基金投資者的利益直接相關，而且對基金規模的穩定性具有重要影響。為了維護基金投資者的利益，各國監管當局都對基金的利潤分配作了明確規定，包括利潤分配的來源、利潤分配的方式、利潤分配的頻率和利潤分配的比率等。證券投資基金的利潤分配會導致基金份額淨值的下降，但投資者獲得的價值總額在分配前後不變。如果基金投資當期出現淨虧損，則不進行收益分配。若基金以前年度有虧損，則基金當年的利潤應該在彌補以前年度的虧損後再進行分配。證券投

資基金利潤分配的頻率是指在一段時間通常為一年內分配次數的多少及相鄰兩次分配間隔時間的長度。基金收益的分配並不是越頻繁越好，因為如果基金採用現金方式分配利潤，分配前可能需要大規模地賣出證券，從而對證券市場產生壓力，對整個基金的投資收益產生影響。

根據我國法律法規，封閉式基金的利潤分配每年不得少於一次，而且其年度利潤分配比例不得低於基金年度已實現利潤的90%，封閉式基金一般採用現金方式分紅。開放式基金按規定需要在基金合同中約定每年基金利潤分配的最多次數和基金利潤分配的最低比例。一般來說基金利潤每年至少分配一次，而且基金收益分配後基金單位淨值不能低於面值。開放式基金的分紅方式有兩種：①現金分紅方式。根據基金的利潤情況，基金管理人根據投資者持有的基金份額和基金淨值，將等價的現金分配給投資者。這是基金利潤分配的最普遍的形式。②紅利再投資。紅利再投資是指將用於分配的淨利潤按分紅實施日的基金單位淨值折算為相應的基金份額再分配給投資者。這樣能夠使基金在保留現有的投資規模的同時擴大基金規模。

開放式基金默認的利潤分配方式為現金分紅，但基金份額持有人可以事先選擇紅利再投資，將所獲分配的現金利潤，按照基金合同的有關基金份額申購約定轉換為基金份額。

貨幣市場基金一般採取分配基金份額的方式進行，即隨著貨幣市場基金不斷取得收益或虧損，基金持有人所擁有的基金份額也不斷增加或減少，但基金的份額淨值保持不變。貨幣市場基金大都實行每日分配收益，按月結轉份額的分配方式。基金收益根據每日基金收益公告，以每萬份基金份額收益為基準，每日為投資者計算當日收益並分配，每月集中支付收益。每月累計收益只採用紅利再投資方式進行，投資者可通過贖回基金份額獲得現金收益。若投資者在每月按累計收益支付時，若累計收益為負，則將縮減投資者的基金份額，若累計收益為正，則將增加投資者的基金份額。例如，某投資者以1元的份額淨值申購了1000份貨幣市場基金A，一年後扣除相關費用該基金獲得了5%的收益。如果基金將這些收益全部分配給投資者，那麼投資者將獲得1050份基金，且基金份額淨值仍為1元。

貨幣市場基金投資者當日申購的基金份額自下一個工作日起享有基金的分配權益，當日贖回的基金份額至下一個工作日起不享有基金的分配權益。具體而言，貨幣市場基金每週一至周四進行利潤分配時，僅對當日利潤進行分配；每週五進行分配時，將同時分配周六和周日的利潤。投資者於周五申購的基金份額不享有周五到周日的利潤；投資者於周五贖回的基金份額享有周五到周日的利潤。

【案例5.7】2009年年底基金扎堆分紅

2009年的最後一個月，基金掀起了一輪分紅熱潮。統計數據顯示，12月份無論是分紅基金只數還是分紅總額都創下了年內最高紀錄。

泰信基金公司2009年12月29日公告稱，即將對泰信藍籌、精選股票基金實施第三次分紅，擬每10份基金份額分配紅利0.5元，而值得注意的是，12月28日更是出

現了 12 只基金集體分紅的盛況，並且一舉成為年內單日分紅基金數最多的一天。

天相投顧數據統計顯示，除去泰信藍籌精選，截至 12 月 28 日，年內基金共計分紅總次數高達 307 次，分紅總額達到 454.78 億元。其中，開放式基金分紅 285 次，分紅總額達到 417.29 億元，封閉式基金分紅次數達到 22 次，分紅總額達 37.49 億元。

從單月分紅來看，12 月份基金共計分紅高達 49 次，分紅總額更是突破 100 億元，達到 135.47 億元，大大超越了 8 月份創下的 23 次、70.62 億元的分紅紀錄。從基金單位份額分紅手筆來看，2009 年以來，每 10 份基金份額分配紅利超過 5 元的基金共計有 4 只，其中 3 只屬於 8 月份，分別為中信配置、景順增長 2 號和建信核心，每 10 份基金份額分配紅利分別為 11.4 元、6.2 元和 5.8 元。另外一只為 12 月 25 日才宣布分紅的上投成長，每 10 份基金份額分配紅利為 6.8 元。

值得注意的是，12 月份偏股基金仍然是分紅潮的主導者，截至 12 月 28 日，已經實施分紅的 43 只基金中，其中 32 只為偏股基金，占比高達 74.42%，債券基金有 10 只，保本基金有 1 只。

基金業內人士表示，每年年末都會出現一波分紅潮，一方面，部分基金是由於基金契約的約束，必須分紅；另一方面，還和今年市場行情較好有關，基金累積了一定的收益。此外，多數基民都有年底落袋為安的願望，因此多數基金公司選擇在年底實施分紅。

資料來源：余子君. 基金 12 月分紅共計 49 次 總額達到 135.47 億元 [N]. 證券時報，2009 - 12 - 29.

二、證券投資基金的績效評價

1. 證券投資基金的績效評價考慮的因素

證券投資基金的績效評價不同於對基金組合本身表現的衡量。基金組合的表現側重於基金的回報情況，而未考慮投資目標、投資風格、投資範圍、組合風險的不同對基金表現的影響。而基金的績效評價側重於對基金經理投資能力的衡量，因而必須對投資能力以外的因素加以控制或進行某些可比性處理。基金經理是否具有良好的選擇市場時機的能力、選擇行業的能力、選擇個股的能力等都是績效評價關注的內容。

但要通過績效評價對基金經理的真實表現加以衡量並非易事。基金的投資表現實際上是投資能力和運氣因素綜合作用的結果，很難將二者的影響完全區分開來。績效評價涉及比較基準的選擇問題，採用的比較基準不同，衡量的角度不同，得到的結果也不一樣。因此在對基金績效進行有效的評價時，必須考慮下列因素：

（1）投資對象與風險。證券投資基金的投資對象與風險不同，其投資範圍和投資策略也會不同。投資收益與投資風險是成比例的，表現好的基金可能所承擔的風險較高。例如，貨幣型基金與股票型基金由於投資對象和面臨的風險不同，其基金績效評價就不具有可比性，或許股票型基金的回報比貨幣型基金高許多，但其卻面臨更大的風險。同樣，一個僅可以進行小型股票投資的基金經理與一個僅投資於大型公司的基金經理也不具有可比性。因此為了對不同投資對象和風險水平的基金的經理作出公正

的績效評價，必須考慮該基金獲得的收益是否足以彌補其所承擔的風險水平，即在風險調整的基礎上對基金的績效加以衡量。

（2）業績的持續性。基金業績的持續性是指同一個基金在不同時間段內業績表現的一致性。在同一個基金樣本中，以前業績排序靠前的基金，在當期業績並不一定靠前，以前績效好的基金未必今后績效就好。如果基金的業績不具有持續性，基金的績效評價對預測未來基金經理的表現和指導投資者投資就毫無意義了。

（3）比較基準和時期選擇。基金在不同時期的表現差異很大，計算基金收益率時，選擇的起始時點不同，得到的結果也會不同。一些基金公司常常會挑選對自己有利的時期公布業績，因此，必須選擇恰當的時期，避免其對績效評價可能造成的誤差。

從現有的基金投資風格來看，大多數基金經理都專注於某一特定的投資風格，不同投資風格的基金在不同市場週期會有不同的表現，因此必須選擇合理的比較基準。評價基金的績效必須有比較基準作為參照物，單獨看一個基金絕對收益的大小是沒有意義的。例如一個基金的年收益率為40%，在整個市場實現20%年收益率的情況下，基金取得了相當好的業績，但如果整個市場實現了50%的年收益率，該基金的表現就差強人意了。現實中，對基金業績的考察主要採用兩種方法：一是將選定的基金表現與市場指數的表現相比較；二是將選定的基金表現與該基金相似的一組基金的表現相比較。這些方法相對簡單易行，但在實際應用中也存在一些困難，例如如何正確選取市場指數和確定基金分組。

2. 風險調整績效評價方法

基金績效評價的方法有很多種，並且新的理論不斷出現，至今沒有一個得到廣泛認可的方法。此處我們將介紹傳統的三大基金績效評價指標。傳統的三大基金績效評價指標通過計算基金的收益、風險與業績基準的收益、風險來考查基金是否獲得了超額收益，是否將風險控制在一定範圍內。這些指標對基金所構建的投資組合的風險類別和水平的假設不盡相同，因此存在著不同的適用性。

（1）特雷諾指數。特雷諾指數的基本思想是，基金管理者通過有效的投資組合應能夠完全消除單一資產所有的非系統性風險，那麼，其系統風險就能較好地刻畫基金的風險。因此，特雷諾指數用單位系統性風險係數所獲得的超額收益率來衡量投資基金的業績。它的計算公式為：

$$T_i = \frac{R_i - R_f}{\beta_i}$$

式中，T_i為基金i的特雷諾指數，R_i為基金i在樣本期內的平均收益率，R_f為樣本期內的平均無風險收益率，β_i為基金i在樣本期內所承擔的系統風險。

特雷諾指數表示的是基金承受每單位系統風險所獲取的風險收益的大小，評估方法是首先計算樣本期內各種基金和市場的特雷諾指數，然後進行比較，較大的特雷諾指數意味著較好的績效。特雷諾指數評估法隱含了非系統風險已全部被消除的假設，在這個假設前提下，它能反應基金經理的市場調整能力，但是如果非系統風險沒有被全部消除，則運用特雷諾指數可能做出錯誤判斷。因此，特雷諾指數不能評估基金經理分散和降低非系統風險的能力。

（2）夏普指數。夏普指數是在對總風險進行調整的基礎上的基金績效評估方式。它的計算公式為：

$$S_i = \frac{\overline{R}_i - \overline{R}_f}{\sigma_i}$$

式中，S_i 為基金 i 的夏普指數，$\overline{R}_i$ 為基金 i 在樣本期內的平均收益率，$\overline{R}_f$ 為樣本期內的平均無風險收益率，σ_i 為基金 i 在樣本期內收益率的標準差。

夏普指數越高，表示基金績效越好。夏普指數用標準差對收益進行風險調整，其隱含的假設是所考察的組合是投資者投資的全部。

夏普指數和特雷諾指數一樣，能夠反應基金經理的市場調整能力。與特雷諾指數不同的是，特雷諾指數只考慮系統風險，而夏普指數考慮的是總風險。因此，夏普指數還能夠反應基金經理分散和降低非系統風險的能力。如果證券投資基金已完全分散了非系統風險，那麼夏普指數和特雷諾指數的評估結果是一樣的。

【案例5.8】2009年私募基金誰的夏普指數最高？

晨星的統計數據顯示，截至2009年10月，在167只私募基金中，有163只基金的夏普指數為正值。夏普指數超過1的基金有133只，占比約為80%，表明這些基金最近1年來所承受的風險獲得了超額回報。

夏普指數排名前20的私募基金產品為：中融・智德持續增長，平安財富・淡水泉成長1期，深國投・朱雀1期、2期，陝國投・龍鼎1號、中海・海洋之星2號、理成轉子1期、深國投・博頤精選2期、粵財信託・新價值3期、中鐵・鑫蘭瑞1期、粵財信託・新價值2期、深國投・尚誠、雲南信託・中國龍價值1期、2期、3期、4期、6期、7期、中海・海洋之星1號、深國投・開寶1期、中融・以太1期。

但如果將統計範圍擴大到最近兩年，A股市場的巨幅波動使得各私募基金的波動率普遍偏高，目前僅有深國投・星石1期、2期、3期的夏普比率超過1。

資料來源：張寧．今年私募誰「夏普指數」最高？[N]．證券時報，2009 - 12 - 23．

（3）詹森指數。詹森指數是在 CAPM 模型的基礎上發展起來的。該理論指出，可以將基金組合的實際收益率與通過資本資產定價模型得出的、具有相同風險水平的投資組合的期望收益率進行比較，二者之差可以作為績效評價的一個標準。詹森指數可以通過下面的迴歸方程得到，它的計算公式為：

$$J_i = \overline{R}_i - [\overline{R}_f + \beta_i \times (\overline{R}_m - \overline{R}_f)]$$

式中，J_i 為基金的詹森指數，$\overline{R}_i$ 為基金 i 在樣本期內的平均收益率，$\overline{R}_f$ 為樣本期內的平均無風險收益率，β_i 為基金 i 在樣本期內的系統風險測度，$\overline{R}_m$ 為樣本期內的平均市場投資組合收益率。

詹森指數為絕對績效指標，表示基金的投資組合收益率與相同系統風險水平下市場投資組合收益率的差異。當其值大於零時，表示基金的績效優於市場投資組合績效。

基金之間進行比較時，詹森指數越大越好。

由於作為業績比較基準的 CAPM 模型只反應了收益率和系統風險之間的關係，因此用詹森指數評估基金整體績效時同樣隱含了一個假設，即基金的非系統風險已通過投資組合徹底地分散掉了。如果基金並沒有完全消除掉非系統風險，則詹森指數可能給出錯誤信息。

以上三種指數在基金績效評價中都有廣泛的運用，夏普指數與特雷諾指數均為相對績效度量方法，而詹森指數是一種在風險調整基礎上的絕對績效度量方法。特雷諾指數和詹森指數在對基金績效評估時均假設基金的投資組合已經消除了非系統風險，只含有系統風險。而夏普指數沒有此假設。詹森指數模型用來衡量基金實際收益的差異效果較好，而對於夏普指數和特雷諾指數這兩種模型的選擇，取決於所評價基金的類型。如果所評估的基金是屬於充分分散投資的基金，則特雷諾指數模型是較好的選擇；如果評估的基金是屬於專門投資於某一行業的基金時，相應的風險指標為投資組合收益的標準差，則用夏普指數模型較為適宜。

小結

1. 證券投資基金是指通過發售基金份額，將投資者分散的資金集合起來形成信託財產，由基金託管人託管，基金管理人管理，分散投資於不同證券，並將投資收益按基金份額持有人的投資比例進行分配的集合投資方式。

2. 證券投資基金的特點主要有：集合投資，規模經營；組合投資，分散風險；利益共享，風險共擔；監管嚴格，相互制衡。

3. 封閉式基金是指在發行前確定基金單位的發行總額，基金份額在基金合同期限內固定不變，基金份額可以在證券市場交易，但基金份額持有人不得申請贖回的基金。開放式基金是指基金份額可以變動，沒有固定的存續期間，基金份額可以在基金合同約定的時間和場所進行申購或者贖回的基金。

4. 證券投資基金的發行也稱證券投資基金的募集，是指基金管理公司向中國證監會提交募集文件，發售基金份額，募集基金的行為，一般要經過申請、核准、發售、備案和公告。

5. 證券投資基金的主要利潤來源是基金投資所產生的利息收入、紅利收入、證券買賣的資本利得等。

6. 開放式證券投資基金的投資者直接承擔的費用包括認購費、申購費及贖回費等。基金運作發生的費用包括基金管理費、基金託管費、基金宣傳費和信息披露費等。

7. 證券投資基金的淨值是指證券投資基金的總資產扣除總負債後的價值。

8. 證券投資基金績效評價考慮的因素包括：投資對象與風險、業績的持續性、比較基準和時期選擇。

9. 特雷諾指數表示的是基金承受每單位系統風險所獲取風險收益的大小；夏普指

數用標準差對收益進行風險調整，其隱含的假設是所考察的組合是投資者投資的全部；詹森指數為絕對績效指標，表示基金的投資組合收益率與相同系統風險水平下市場投資組合收益率的差異。

重要概念提示

證券投資基金　封閉式基金　開放式基金　股票基金　債券基金　貨幣市場基金　混合基金　私募基金　指數基金　對沖基金　交易型開放式指數基金　上市開放式基金　特雷諾指數　夏普指數　詹森指數

復習思考題

1. 證券投資基金有哪些分類方法？
2. 交易型開放式指數基金與上市開放式基金有哪些區別？
3. 我國證券投資基金的利潤是如何分配的？
4. 證券投資基金績效評價考慮的因素有哪些？
5. 試比較分析傳統的三大基金績效評價指標。

第六章 外匯市場

學習目標

在這一章中,我們將討論外匯市場的概念、外匯市場的構成和外匯市場的交易方式。完成本章的學習后,你應該能夠:
1. 掌握匯率與外匯市場的含義。
2. 瞭解匯率的分類方式。
3. 掌握匯率決定的各種理論以及影響匯率的因素。
4. 熟悉外匯市場的構成和特點。
5. 熟悉外匯市場的交易方式。

學習的重點和難點
1. 匯率決定理論。
2. 當代外匯市場的特點。
3. 外匯市場的交易方式。

外匯市場是金融市場的重要組成部分。在金融市場日益國際化和全球化的背景下,資本在國際間的流動和調撥劃轉日益頻繁。外匯市場的存在,使跨越國界的資金借貸融通和國際間的債權債務清償得以實現,也使市場主體能夠更加有效地規避匯率波動的風險。本章主要介紹外匯市場的基本原理和相關理論。

第一節 外匯市場概述

一、外匯與匯率

(一) 外匯

世界上的每個國家都有自己獨立的貨幣和貨幣制度,各國貨幣相互之間不能流通使用,因此,國際間債權債務的清償,必然要產生國際間的貨幣兌換,由此產生外匯和匯率的概念。

外匯(Foreign Exchange)這一概念有動態和靜態兩種表述形式,而靜態的外匯又有廣義和狹義之分。

動態的外匯是指一國貨幣兌換或折算為另一種貨幣的運動過程。最初的外匯概念就是指它的動態含義。現在人們提到外匯時,更多的是指它的靜態含義。

廣義的靜態外匯是指一切用外幣表示的資產。這種含義的外匯概念通常用於國家的外匯管理法令之中，如我國的《外匯管理條例》。該條例定義，外匯是指下列以外幣表示的可以用作國際清償的支付手段和資產，具體包括：①外國貨幣，包括鈔票、鑄幣；②外幣支付憑證，包括票據、銀行存款憑證、郵政儲蓄憑證；③外幣有價證券，包括政府債券、公司債券、股票、匯票等；④特別提款權，歐洲貨幣單位；⑤其他外匯資產。

狹義的靜態外匯概念是指以外幣表示的可用於進行國際間結算的支付手段。按照這一概念的描述，只有存放在國外銀行的外幣資金以及將對銀行存款的索取權具體化了的外幣票據才構成外匯。具體來看，外匯主要包括以外幣表示的銀行匯票、支票、銀行存款等。人們通常所說的外匯就是指這一狹義的概念。

(二) 匯率

匯率（Foreign Exchange Rate）就是兩種不同貨幣之間的折算比價，也就是以一國貨幣表示的另一國貨幣的價格，也稱匯價、外匯牌價或外匯行市。

匯率的表達方式有兩種：直接標價法（Direct Quotation）和間接標價法（Indirect Quotation）。直接標價法是以一定單位的外國貨幣為標準來折算應付若干單位的本國貨幣的匯率標價法。例如，在我國公布的外匯牌價中，100 美元可兌換 801.65 元人民幣，即為直接標價法。在直接標價法下，外幣的數額固定不變，而本幣的數額會隨兩國貨幣相對價值的變化而變化。匯率的數值越大，意味著一定單位的外國貨幣可以兌換越多的本國貨幣，本幣相對於外幣貶值。目前，絕大多數國家使用的都是直接標價法。

間接標價法是以一定單位的本國貨幣為標準來折算應收若干單位的外國貨幣的標價法。例如，在英國外匯市場上，1 英鎊兌換 1.8772 美元，即為間接標價法。在間接標價法下，本幣的數額固定不變，而外幣的數額會隨兩國貨幣相對價值的變化而變化。匯率越高說明一定數額的本幣能兌換到越多的外幣，本幣相對於外幣升值。目前，世界上使用間接標價法的國家和地區主要是美國、英國和歐盟。

在目前，由於美元在國際市場上成為最主要的國際結算和國際儲備貨幣，各國外匯市場上越來越多地採用美元標價法。美元標價法是指以美元為標準，用其他貨幣給美元標價。匯率越高說明一定單位的美元可兌換到的其他貨幣越多，美元相對於其他貨幣的價值就越高；匯率越低說明一定單位的美元可兌換到的其他貨幣越少，美元相對於其他貨幣的價值就越低。美元標價法使各國外匯標價更加統一，更好地滿足了全球化外匯交易發展的需要。

(三) 匯率的種類

按照不同的標準，可以對匯率作以下分類：

1. 根據匯率制定方法的不同，可分為基礎匯率和套算匯率

與本幣有關的外國貨幣往往種類繁多，要制定出本國貨幣與所有外幣之間的兌換比率幾乎是不可能的，因此只能選定一種關鍵貨幣作為本國匯率的制定標準，在此基礎上套算本幣與其他貨幣的匯率。基礎匯率（Basic Exchange Rate）是指一國以一種在本國對外經濟活動中使用最頻繁的貨幣（往往是關鍵貨幣）作為標準，然后制定出的

本幣與其之間的匯率。目前，許多國家都以本幣對美元的匯率作為基礎匯率。

套算匯率（Cross Exchange Rate）又稱交叉匯率，是指根據基礎匯率以及關鍵貨幣與其他外國貨幣之間的匯率，套算出的本幣與非關鍵貨幣的匯率。例如，已知某交易日人民幣兌美元的基礎匯率為 100 美元＝801.00 元人民幣，美元兌日元的匯率為 1 美元＝116.18 日元，那麼當天的人民幣與日元之間的套算匯率就等於 100 日元＝6.8945 元。

目前大多數國家外匯市場上公布的匯率都是本國貨幣與美元之間的匯率，美元以外貨幣之間的匯率都需要通過美元匯率套算出來。

2. 從銀行買賣外匯的角度可分為買入匯率和賣出匯率

買入匯率（Buying Rate）又稱買入價，是指銀行買入外匯所使用的匯率。賣出匯率（Selling Rate）又稱賣出價，是指銀行賣出外匯時所使用的匯率。銀行的賣出匯率一般略高於買入匯率，從而通過低價買入外匯、高價賣出外匯賺取兩者間的價差，這一差額一般為 0.1%。

買入價與賣出價是針對銀行而言的，對於與銀行交易的個人或機構剛好相反。例如，某交易日外匯市場上美元兌歐元的匯率為 1 美元＝1.1124～1.1134 歐元，意味著銀行買入 1 美元願付 1.1124 歐元，賣出 1 美元要求客戶支付 1.1134 歐元。

買入匯率和賣出匯率的平均價稱為中間匯率（Middle Rate），它往往是媒體在報導外匯行情時使用的匯率。

3. 根據外匯交易交割時間的長短不同，可分為即期匯率與遠期匯率

外匯交易的交割是指雙方根據合同規定履行各自義務，由買主支付本幣，賣主支付外匯的行為。一般說來，交割時間不同，所使用的匯率也不相同。

即期匯率（Spot Rate）又稱現匯匯率，是指外匯交易雙方成交后，約定在兩個營業日內完成外匯交割時所用的匯率。遠期匯率（Forward Rate）又稱期匯匯率。它是指外匯交易雙方成交后，約定在未來一定時期辦理外匯交割時所使用的匯率。

在外匯市場上掛牌的匯率，一般指即期匯率。遠期匯率是外匯買賣雙方以即期匯率為基礎制定的，它與即期匯率一般存在差價：如果遠期匯率比即期匯率高，該差價就稱為「升水」（Premium）；如果遠期匯率比即期匯率低，這一差價則稱為「貼水」（Discount）；如果遠期匯率與即期匯率相等，則稱作「平價」（Par）。升水、貼水一般受貨幣的供求關係、利率差異以及市場預期等因素的影響。如果某種貨幣供不應求、利率降低或者交易者普遍持升值預期，這種貨幣的期匯匯率很可能會上漲；如果情況恰好相反，該貨幣供大於求、利率升高或者大多數交易者持有貶值預期，該幣種的期匯匯率則很可能會下降。

在國際外匯市場上，遠期匯率的報價方式主要有兩種。第一種是直接報價法，即直接標出遠期外匯的實際買入匯率與賣出匯率。這種方法簡明易懂，一般用於銀行向普通用戶報價以及媒體報導。例如，在倫敦外匯市場上，某日即期美元匯率為 1 美元＝1.1090～1.1100 歐元，而當天 3 個月遠期美元匯率為 1 美元＝1.1070～1.1080 歐元，可知遠期匯率低於即期匯率，美元匯率貼水。

第二種是點數報價法，即用升水、貼水幅度或平價表示期匯匯率的報價方式。這裡升水或貼水都是用基本點來表示。即期匯率、遠期匯率與升水、貼水的關係，可用如下計算公式表示：

在直接標價法下：

遠期匯率＝即期匯率＋升水

遠期匯率＝即期匯率－貼水

例如，法蘭克福外匯市場某時刻美元兌歐元的即期匯率為 1 美元＝1.1085 歐元，而 3 個月貼水為 30 個基本點，則實際的 3 個月美元的遠期匯率就等於 1 美元兌 1.1055 歐元。

在間接標價法下：

遠期匯率＝即期匯率－升水

遠期匯率＝即期匯率＋貼水

例如，在倫敦外匯市場上，某時刻英鎊兌美元的即期匯率為 1 英鎊＝1.2465 美元，而 3 個月升水為 30 個基本點，則實際的 3 個月英鎊兌美元的遠期匯率就為 1 英鎊＝1.2435 美元。

點數報價法多用於銀行同業間報價，與其他報價法相比有其特有的優勢。外匯市場上即期匯率波動頻繁，然而即期匯率與遠期匯率之間的價差卻相對穩定，用點數報價可以避免報價隨即期匯率頻繁變動。

4. 根據外匯管理制度的不同，可以分為固定匯率與浮動匯率

（1）固定匯率（Fixed Rate），是指一國貨幣當局制定並公布本國貨幣與外國貨幣之間的兌換比率，本國貨幣同另一國貨幣的匯率基本固定，匯率的波動幅度非常小。目前使用固定匯率的一般都是外匯管制較嚴格的國家，包括很多發展中國家。

（2）浮動匯率（Floating Rate），是指一國貨幣當局不規定本國貨幣對其他國家貨幣的匯率，也不設置任何匯率波動幅度的上下限，匯率由外匯市場的供求關係決定，自由漲落。貨幣當局只在匯率出現過度波動時才出面干預市場，以維護本國經濟的穩定和發展。布雷頓森林體系解體后，西方國家普遍實行浮動匯率制。

依據各國的實際匯率政策，IMF 從 1999 年 1 月對各國匯率制度進行了新的分類，共分為以下八種：美元化和貨幣聯盟制度、貨幣局制度、傳統的固定匯率制度（盯住單一貨幣或一籃子貨幣）、水平盯住匯率制度、爬行盯住匯率制度、爬行匯率制度、未事先安排的有管理的浮動匯率制度和完全自由浮動匯率制度。

5. 從銀行外匯交易支付方式角度，可分為電匯匯率、信匯匯率、票匯匯率

（1）電匯匯率（Telegraphic Transfer Rate，T/T rate）。電匯匯率也稱電匯價，是外匯交易以電匯方式支付外匯所採用的匯率。銀行賣出外匯后，用電報、電傳等方式通知其國外分行或代理行付款給收款人，這時所使用的匯率即電匯匯率。電匯是最為迅速的一種國際匯兌方式，在一兩天內便能支付款項，銀行無法在匯款期間利用客戶資金賺取利息，因而電匯匯率在三種匯率中最高。

（2）信匯匯率（Mail Transfer Rate，M/T rate）。信匯匯率又稱信匯價，是外匯交易

以信匯方式支付外匯所採用的匯率。銀行賣出外匯后開出付款委託書，用信函方式通知付款地分行或代理行支付給收款人，這時採用的就是信匯匯率。由於信匯需要的時間較長，銀行可在郵程期內利用客戶的資金賺取利息，故信匯匯率較電匯匯率低。

（3）票匯匯率（Demand Draft Rate，D/D rate）。票匯匯率又稱票匯價，是外匯交易以票匯方式支付時所採用的匯率。銀行在賣出外匯時，開立一張由其國外分支機構或代理行付款的即期匯票交給匯款人，由其自帶或寄往國外取款。由於這時從賣出外匯到支付外匯有一段間隔時間，銀行可以在這段時間內占用客戶資金，所以票匯匯率一般也比電匯匯率低。

在以上三種匯款方式中，電匯速度最快，收費最高；票匯最慢，收費最便宜；信匯介於兩者之間。目前最常見的方式是電匯，信匯僅存在於我國香港地區、臺灣地區以及東南亞的一些國家，它將逐步被淘汰。

二、匯率決定理論

匯率是一種貨幣用另一種貨幣表示的價格。在全球經濟一體化的過程中，匯率已成為影響一國經濟生活的重要宏觀變量，也是外匯市場的核心指標。有關匯率決定的理論解釋，主要有以下幾種：

（一）國際借貸說

國際借貸說（Theory of International Indebtedness）是由英國學者葛森（George Goschen）於1861年提出的。該理論認為匯率是由外匯的供給和需求決定的，而外匯的供給和需求是由國際借貸產生的，因此國際借貸關係是影響匯率變化的主要因素。在國際借貸關係中，只有已進入支付階段的借貸，即國際收支，才會影響外匯的供求關係。當一國的外匯收入大於外匯支出，即國際收支順差時，外匯的供大於求，因而匯率下降；當國際收支逆差時，外匯的需求大於供給，因而匯率上升；如果外匯收支相等，於是匯率處於均衡狀態，不會發生變動。

國際借貸說第一次較為系統地從國際收支的角度解釋了外匯供求的變化，分析了匯率波動的原因，由於強調國際收支在匯率決定中的作用，故又被稱為「國際收支說」。這一理論主要用於解釋第一次世界大戰前的金本位貨幣制度時期的匯率決定因素。從目前來看，國際收支仍然是影響匯率變化最直接、最重要的基本因素之一，但從另一方面看，國際借貸說存在其歷史的局限性，它並沒有說明匯率決定的基礎和其他一些重要的影響因素。

（二）購買力平價說

購買力平價說（Theory of Purchasing Power Parity，PPP）是歷史上最悠久的匯率決定理論之一，它是由瑞典經濟學家吉斯塔夫・卡塞爾（Gustav Cassel）於1916年在總結他人學術理論的基礎上提出的。購買力平價說分為兩種形式：絕對購買力平價和相對購買力平價。

絕對購買力平價說認為：一國貨幣的價值是由單位貨幣在國內所能買到的商品和勞務的量，即由其購買力決定的，因此兩國貨幣之間的匯率可以表示為兩國貨幣的購

買力之比。而購買力的大小是通過物價水平體現出來的。例如，1 杯可樂在法國價值 1 歐元，而同樣 1 杯可樂在美國賣 1.10 美元。我們說匯率為 1 歐元兌 1.10 美元。公式可以表示為：

$$R = P_a/P_b$$

式中，R 為直接標價法下的即期匯率，P_a 為本國價格指數，P_b 為外國價格指數。

根據這一公式，本國物價的上漲將意味著匯率升高，本國貨幣相對外國貨幣貶值；本國物價水平下降意味著匯率降低，本國貨幣相對於外國貨幣升值。

相對購買力平價彌補了絕對購買力平價一些方面的不足之處。它的主要觀點可以簡單地表述為：兩國貨幣的匯率水平將根據兩國通貨膨脹率的差異而進行相應地調整，匯率變動率約等於兩國通貨膨脹率之差。

儘管購買力平價學說忽略了國際資本流動等其他因素對匯率的影響，並不能完美地解釋匯率的決定和變動，但是它較為合理地解釋了匯率的決定基礎，在中央銀行計算貨幣之間的基本比率時仍起著重要作用，而且是預測長期匯率的重要手段之一。

(三) 利率平價說

利率平價說（Theory of Interest Rate Parity，IRP）由英國經濟學家凱恩斯（John Mayhard Keynes）於 1923 年首先提出，從資本流動的角度解釋了利率水平和匯率之間的關係。該學說認為利率水平的差異直接影響短期資本在國際間的流動，從而引起匯率的變化。如果外國利率相對於本國利率較高，那麼投資者為獲得較高收益，會把資金從本國轉向利率較高的外國，大量購入即期外匯並賣出遠期外匯，從而使外幣的即期匯率上升，遠期匯率下跌，即外幣遠期匯率貼水。相應的，本幣則即期貶值，遠期升值，即本幣的遠期匯率將升水。匯率的升貼水率等於兩國貨幣利率之差。

雖然該理論在前提假設上存在一定的缺陷，但是利率平價說擺脫了傳統匯率理論從國際收支、物價水平考慮問題的局限，從資本流動的角度研究匯率的變化，對現代匯率理論的發展提供了基礎。

(四) 貨幣學派匯率理論

20 世紀七八十年代，各國金融政策向自由化發展，很多西方國家實行了浮動匯率制，國際資本流動從規模和速度上都突飛猛進，匯率頻繁出現較大幅度的變動，利用傳統的匯率分析法難以解釋變動的原因。一些經濟學家開始從貨幣角度對匯率決定進行了系統的解釋，貨幣學派的經濟學家提出了匯率超調模型、資產市場說等新理論。

(1) 匯率超調模型（Overshooting Model），由美國經濟學家多恩·布什（Dorn Busch）提出。他認為貨幣供求平衡需要資本市場、商品市場和外匯市場同時均衡，要實現這一點，必須通過資本市場上的利率、商品市場上的價格以及外匯市場上的匯率來共同調節。然而出現貨幣供求失衡時，由於商品價格具有較強的粘性，調節存在時滯，失衡完全依靠利率和匯率調節，這時資本市場上就會出現利率過度調節超過長期均衡水平的情況，相應的，在外匯市場上匯率也會超調。該理論對短期匯率波動具有較好的解釋作用。

(2) 資產市場說（Asset Market Approach）從資產選擇角度闡述了匯率的決定與變

化。所謂資產選擇，是指投資者調整其有價證券和貨幣資產，從而實現最佳投資組合收益和風險比。投資者的投資組合中包括外幣資產。資產市場說認為投資者調整其外幣資產的比例關係，各種外幣資產的增減引起資金在國際間的大量流動，造成了各國貨幣的比價變動。資產市場說對匯率波動異常現象提供了新的解釋，但是資產市場說成立的條件十分嚴格，要求一國實行浮動匯率制度，具有發達的國內國際金融市場，資本、利率管制和外匯管制比較寬鬆。

三、影響匯率的因素

20世紀70年代布雷頓森林體系解體后，西方發達國家大多開始轉而實行浮動匯率制度，匯率變動變得愈加頻繁和劇烈。其中影響匯率變動的因素主要有以下幾個：

（一）國際收支狀況

簡而言之，國際收支就是商品、勞務的進出口以及資本的輸入和輸出，它直接反應了一個國家外匯供求的基本情況，其中貿易收支差額是影響匯率變動最重要的因素。當一個國家的國際收支出現順差時，說明本國市場上外匯供過於求，外匯匯率也就相應下降；反之，如果一個國家的國際收支出現逆差，說明本國市場上外匯供不應求，外債增加，外匯匯率也就相應上升。

（二）通貨膨脹率

在紙幣制度下，匯率從根本上來說是由貨幣所代表的實際價值所決定的。通貨膨脹引起的紙幣實際價值與名義價值的偏離必然會造成匯率水平的變化。按照購買力平價理論，貨幣購買力即兩國物價水平的比價就是名義匯率。如果一國的物價水平高，通貨膨脹率高，說明本國貨幣的購買力下降，會促使本幣對外幣貶值，其匯率下跌；反之，就趨於升值，其匯率上揚。對於兩種貨幣而言，通貨膨脹率的影響是相對的，也就是說，匯率變動決定於兩國通脹率的比較。高通脹率國家的貨幣相對於低通脹率國家的貨幣貶值，而后者相對於前者升值。

（三）利率水平

在開放經濟中，利率作為借貸資本的成本和收益，通過影響金融資產的供求對匯率可以產生直接的影響。與通貨膨脹率相似，影響匯率的是利率的相對水平而非絕對水平。如果一國利率相對於他國較高，就會吸引國外資金流入本國，國內資金流出減少，從而使本幣的需求增加，供給減少，本幣相對於外幣升值，匯率升高；反之，如果一國利率相對於他國較低，就會刺激國內資金流出，國外資金流入減少，從而使本幣的供給增加，需求減少，本幣相對於外幣貶值，匯率下降。目前，國際資本流動規模大大超過了國際貿易總額，利率差對資本尤其是套利資本的流動影響很大，它對匯率的影響在今后也將越來越大。

（四）各國的財政、貨幣政策

一國的宏觀經濟目標主要有四項，即增加就業、實現物價穩定、促進經濟增長和穩定外匯收支。國家通過財政政策與貨幣政策實現這四個目標，會對匯率產生直接或

間接的影響。一般而言，擴張性的財政、貨幣政策傾向於導致財政收支赤字和通貨膨脹，使本國貨幣貶值；緊縮性的財政、貨幣政策傾向於引起財政收支盈餘和較低的通貨膨脹率甚至通貨緊縮，使本國貨幣相對於其他貨幣升值。除此之外，各國貨幣當局為了穩定匯率，消除匯率過度波動對經濟造成的不良影響，往往會對外匯市場進行干預。例如中央銀行通過公開市場業務買入或賣出外匯影響外匯市場的供求關係，或是發表公告影響外匯市場預期。儘管第二次世界大戰以後尤其是 20 世紀 70 年代以後西方各國政府紛紛放鬆了外匯管制，但政府的干預仍是影響匯率水平的重要因素，短期影響尤為明顯。

(五) 市場心理預期

目前，市場心理預期對短期匯率走勢影響很大，當市場普遍預期某種貨幣將貶值時，人們很可能大量拋售該種貨幣，市場上對它的供給大大超過需求，導致該貨幣貶值。這一過程就是所謂的「預期的自我實現」。隨著國際資本流動的規模日益擴大，心理預期因素對匯率走向的影響作用也越來越大，並且作為一個主觀因素它非常難以預測。

(六) 各國的經濟增長率

經濟增長率是影響匯率波動的最基本的因素之一。根據凱恩斯學派的宏觀經濟理論，一國經濟增長率的提高和國內生產總值的增加會導致本國進口需求的增加，進而擴大對外匯的需求，促使外幣相對於本幣升值。然而，如果一國經濟增長形勢良好，往往意味著本國生產率提高，引起出口行業的成本降低，有利於出口的增加，從而擴大外匯供給，促使本幣相對於外幣升值。同時，較高的經濟增長率通常也說明在該國投資的收益較高，會吸引外國投資者的資金流入，也會擴大外匯供給，引起本幣升值。這些因素對外匯需求的淨影響將在很大程度上決定匯率的長期變動方向與幅度。

除此之外，影響匯率波動的因素還包括一國政治是否穩定、國際投機資本流動等，因此在現代外匯市場上，匯率變化異常頻繁、敏感。

第二節　外匯市場的構成

一、外匯市場的含義

所謂外匯市場，是指由各國中央銀行、外匯銀行、外匯經紀人和客戶組成的買賣外匯的交易系統。外匯市場不像商品市場和其他的金融市場那樣，一定要設有具體的交易場所，它主要是指外匯供求雙方在特定的地區內，通過現代化的電訊設備及計算機網路系統來從事外匯買賣的交易活動。

按照外匯交易參與者的不同，外匯市場可以具體分為狹義的外匯市場和廣義的外匯市場。狹義的外匯市場又叫外匯批發市場，它特指銀行同業之間的外匯交易市場，包括外匯銀行之間、外匯銀行與中央銀行之間以及各國中央銀行之間的外匯交易。廣

義的外匯市場，除了上述狹義的外匯市場之外，還包括銀行同一般客戶之間的外匯交易。

按照外匯市場經營範圍的不同，外匯市場有國內外匯市場和國際外匯市場之分。國內外匯市場一般適用於發展中國家，該種市場主要進行的是外幣與本幣之間的交易，其參加者主要限於本國居民，並且所進行的外匯交易要受制於國內金融制度。而國際外匯市場是指各國居民都可以自由參加的多種貨幣的自由買賣，交易不受所在國金融制度的限制。這種外匯市場是一個近乎完全自由的市場，是一種發達的外匯市場。

按外匯交易的方式來劃分，外匯市場有有形市場和無形市場之分。有形市場是指從事交易的當事人在固定的交易場所和規定的營業時間裡進行外匯買賣。這種形式的外匯市場主要包括位於歐洲大陸的法國巴黎、德國的法蘭克福、比利時的布魯塞爾等國家有關地區的外匯市場。由於其交易方式和交易目的都很有限，有形市場主要用於調整即期的外匯頭寸，決定對顧客交易的公定匯率，因此不是外匯市場的主要形式。無形市場是指一個由電話、電報、電傳和計算機終端等現代化通信網路所形成的一個抽象的市場。這種外匯市場沒有固定的外匯交易場所，也沒有固定的開收盤時間。抽象的外匯市場形式普遍流行於英國、美國、瑞士、遠東等國家和地區。所以人們一般都將典型的外匯市場理解為一種抽象市場。

二、外匯市場的參與者

外匯市場的參與者，主要包括外匯銀行、外匯經紀人、客戶、中央銀行及其他官方機構。

(一) 外匯銀行 (Foreign Exchange Bank)

外匯銀行又叫外匯指定銀行，是指經過本國中央銀行批准，可以經營外匯業務的商業銀行或其他金融機構。外匯銀行是外匯市場上最重要的參與者。外匯銀行可以是本國商業銀行，也可以是外國商業銀行。

外匯銀行在兩個層次上從事外匯業務活動。第一個層次是零售業務，銀行應客戶的要求進行外匯買賣，並收兌不同國家的貨幣現鈔。第二個層次是批發業務，這是銀行為了平衡外匯頭寸，防止外匯風險而在銀行同業市場上進行的軋差買賣。外匯銀行在為客戶提供外匯買賣的過程中，難免會在營業日內出現各種外匯頭寸的「多頭」(Long Position) 或「空頭」(Short Position)，統稱「敞開頭寸」(Open Position)，即一些幣種的出售額少於購入額，而另一些幣種的出售額多於購入額。為了避免因各種幣種之間匯率變動而產生的匯率風險，銀行就需要借助同業交易及時進行外匯頭寸的調撥，軋平各種頭寸，即將多頭拋出，將空頭補進。然而，銀行在同業市場上進行外匯買賣並不一定都是為了消除頭寸進而免除匯率風險。在有些情況下，某些外匯銀行會以「風險愛好者」的姿態，在該市場積極製造頭寸，這實際上是一種以牟取風險利潤為目的的外匯投機活動。但無論如何，同業外匯交易占外匯交易總額的95%以上。值得提出的是，外匯銀行同業間的外匯買賣差價一般要低於銀行與客戶之間的買賣差價。

（二）外匯經紀人（Foreign Exchange Broker）

外匯經紀人是指介於外匯銀行之間、外匯銀行和其他外匯市場參加者之間，通過為買賣雙方接洽外匯交易而賺取佣金的中間商。如同外匯銀行一樣，外匯經紀商也必須經過所在國中央銀行的核准方可參與市場。外匯經紀人在外匯市場上的作用主要在於提高外匯交易的效率，這主要體現在成交的速度與價格上。由於外匯經紀人本身集中體現了外匯市場上外匯買賣雙方的信息，所以，經紀人在接受客戶的委託後，一般總能在較短的時間內替委託人找到相應的交易對象，而且能在多家交易對象的報價中找到最好的成交價格，從而提高外匯交易的效率。

（三）客戶

在外匯市場中，凡是與外匯銀行有外匯交易關係的公司或個人，都是外匯銀行的客戶，他們是外匯市場上的主要供求者，其在外匯市場上的作用和地位，僅次於外匯銀行。這類市場的參與者有的為實施某項經濟交易而買賣外匯，如經營進出口業務的國際貿易商，到外國去投資的跨國公司，發行國際債券或籌借外幣貸款的國內企業，等等；有的為調整資產結構或利用國際金融市場的不均衡狀況而進行外匯交易，如買賣外國證券的投資者，在不同國家貨幣市場上賺取利差、匯差收益的套利者和套期保值者，對市場匯率進行打賭以賺取風險利潤的外匯投機者，等等。除此之外，還有其他零星的外匯供求者，如國際旅遊者、出國留學生、僑匯者、提供或接受外幣捐贈的機構和個人，等等。在上述各種外匯供求者中，最重要的是跨國公司，因為跨國公司的全球經營戰略涉及許多種貨幣的收入和支出，所以它進入外匯市場非常頻繁。

（四）中央銀行及其他官方機構

外匯市場上另一個重要的參與者是各國的中央銀行。這是因為各國的中央銀行都持有相當數量的外匯余額作為國際儲備的重要構成部分，並承擔著維持本國貨幣金融穩定的職責，所以中央銀行經常通過購入或拋出某種國際性貨幣的方式來對外匯市場進行干預，以便能把本國貨幣的匯率穩定在一個所希望的水平上或幅度內，從而實現本國貨幣金融政策的意圖。

中央銀行干預外匯市場的範圍與頻率在很大程度上取決於該國政府實行什麼樣的匯率制度。實行固定匯率制的國家的中央銀行的干預程度要比實行浮動匯率制的國家大得多。一般情況下，中央銀行在外匯市場上的交易數量並不是很大，但由於其行為可能代表著某種政策意圖，其在市場的影響卻非常廣泛。除了中央銀行以外，其他政府機構為了不同的經濟目的，有時也進入外匯市場進行交易，如財政部、商業部等。

三、外匯市場交易的三個層次

根據上述對外匯市場參與者的分類，外匯市場的交易可以分為三個層次，即銀行與客戶之間、銀行同業之間、銀行與中央銀行之間的交易。在這些交易中，外匯經紀人往往起著仲介作用。

(一) 銀行與客戶之間的外匯交易

客戶出於各種各樣的動機，需要向外匯銀行買賣外匯。銀行在與客戶的外匯交易中，一方面從客戶手中買入外匯，另一方面又將外匯賣給客戶。實際上銀行是在外匯的最終供給者和最終使用者之間起仲介作用，賺取外匯的買賣差價。

(二) 銀行同業間的外匯交易

銀行在每個營業日，根據客戶及自身的需要進行外匯交易，其結果難免產生各種外匯頭寸的多頭（Long Position）或空頭（Short Position），統稱敞開頭寸（Open Position）。多頭表示銀行該種外匯的購入額大於出售額，空頭則表示銀行該種外匯的出售額大於購入額。當銀行各種外匯頭寸處於不平衡時，銀行便承擔了外匯風險。若銀行要迴避外匯風險，就需要通過銀行同業間的交易，軋平外匯頭寸，即將多頭拋出，空頭補進，使其所承諾的某種貨幣的出售數量與所承諾的同種貨幣的購進數量相平衡。此外，銀行還出於投機、套利、套期保值等目的從事同業的外匯交易。因此，銀行同業間的外匯交易構成了絕大部分的外匯交易，占外匯市場交易總額的90%以上。

銀行同業市場是外匯市場供求流量的匯集點，因此它決定著外匯匯率的高低。在外匯市場上，有些實力雄厚的大銀行處於「做市商」（Market Maker）的地位，由於其雄厚的實力和巨額的經營，因此其報價對市場匯價的形成有很大的影響。

(三) 銀行與中央銀行之間的外匯交易

中央銀行為了使外匯市場上自發形成的供求關係所決定的匯率能相對地穩定在某一期望的水平上，可通過其與外匯銀行之間的交易對外匯市場進行干預。

如果某種外幣兌換本幣的匯率低於期望值，中央銀行就會向外匯銀行購入該種外幣，增加市場對該外幣的需求量，促使銀行調高其匯率；反之，如果中央銀行認為該外幣的匯率偏高，就向銀行出售該種外匯的儲備，促使其匯率下降。

四、當代外匯市場的特點

20世紀70年代以來，隨著國際貨幣制度的改革以及現代科學技術的發展，當代國際外匯市場更加迅猛地發展，新的交易工具和交易方式不斷湧現，呈現出以下方面的典型特徵。

(一) 宏觀經濟變量對外匯市場的影響日趨顯著

儘管外匯市場的參與者大都是出於微觀經濟的目的來進行外匯買賣的，但這個市場的交易總量及本國貨幣相對於外國貨幣的價格（即匯率），對一國的國民收入、就業量、物價指數和利率水平等宏觀經濟變量卻有著重大作用；與此同時，外匯交易及本國貨幣匯率也受上述種種宏觀經濟變量的影響。當然，國民經濟的所有部門都會彼此影響，各種類型的市場之間都存在著有機聯繫，但這種相互作用的現象在外匯市場上顯得尤為突出、尤為重要；特別是對一個開放型的小國經濟（如瑞士、新加坡等）來說，情況更是如此。外匯市場不僅對本國經濟的宏觀變量極為敏感，而且還容易受別國經濟盛衰的影響。更準確地說，外匯市場受國內外宏觀經濟變量的相對水平的影響。

例如，本國國民收入的增加會增加對外幣的需求，而世界上其他國家的國民收入增加則會擴大外幣的供給（即對本幣的需求增加），假如這兩者的變動是同比例的，那麼外匯市場上的價格（即匯率）將維持不變；否則，有關貨幣的匯率將出現升降。至於通貨膨脹和利率等經濟變量，情況也是如此，即影響匯率的只是國內外的相對水平。

(二) 全球外匯市場已在時空上形成一個國際性外匯大市場

首先，自20世紀70年代起，亞太地區外匯市場逐漸得到發展。由於時差的關係，世界各地的外匯市場的營業時間得以銜接，如每天由東京、中國香港等亞太地區的外匯市場首先開市，在即將收盤時，倫敦等歐洲的外匯市場開市了；交易後不久，紐約等美洲外匯市場也開市了；在紐約外匯市場收盤後不久，東京、中國香港等外匯市場又開市了。外匯市場交易24小時連續不斷地進行。其次，現代化通信設備和電腦的大量運用，使各個外匯市場相互間的聯繫更加緊密。外匯交易者不僅可以遠隔重洋進行交易，而且可每天24小時全天候進行交易。全球外匯市場就這樣相互銜接、重疊交合，在時間和空間上形成一個統一的整體。

(三) 外匯市場動盪不安

自1973年布雷頓森林體系瓦解，西方國家普遍開始實行浮動匯率制後，外匯市場的動盪不安就成為一種經常現象。尤其是進入20世紀80年代以來，由於世界經濟發展不平衡加劇以及國際資本流動進一步趨向自由化，世界外匯市場上各國貨幣匯率更加漲落不定，動盪劇烈，尤其是美元與日元的匯率更是大起大落。如1980年4月初，1美元可兌換257日元，1989年初，1美元僅兌130日元；9年間美元匯率貶低49.4%。毫無疑問，外匯市場如此動盪不穩，必然會給各國的對外經濟貿易活動帶來極大的風險。

(四) 政府對外匯市場的聯合干預日趨加強

20世紀80年代以來，由於全球外匯市場的一體化發展，一國外匯市場匯率的變化往往波及全球，這樣僅靠一國中央銀行干預外匯市場顯得勢單力薄。因此，在目前浮動匯率制下，中央銀行干預外匯市場的一個重要特徵是多國「聯合干預」。例如，1985年9月，西方五國（英、美、日、法、德）聯合干預外匯市場已取得一定成效。1986年5月在東京舉行的七國（上述五國加上義大利和加拿大）首腦會議上，美國提出，在主要貨幣出現「危險水平」時，七國要聯合干預。由此可見，今後聯合干預仍將是中央銀行干預外匯市場的重要特徵。

(五) 金融創新層出不窮

自1973年國際貨幣體系進入浮動匯率制後，匯率頻繁波動，外匯風險增大，各種防範匯率風險的金融創新不斷應運而生，如貨幣互換及其與利率互換相結合的混合互換、貨幣期貨交易、貨幣期權交易等，並且這些外匯交易與資本市場交易日益結合，使金融創新更加深入，從而使外匯市場交易更加豐富多彩。

五、世界主要外匯市場

外匯市場是世界上規模最大的市場。據估計，全世界日外匯交易額在 1990 年僅有 6500 億美元，到 1992 年就上漲到了 1 萬億美元左右。根據國際清算銀行 2003 年的統計數據，這一數額已逾 2 萬億美元，是美國股票與債券市場總和的三倍多。世界上的主要外匯交易市場有：

（一）倫敦外匯市場

倫敦外匯市場是全球歷史最為悠久、交易量最大的外匯市場。倫敦外匯市場是一個無形的市場，通過電話或電報完成交易。倫敦外匯市場的參與者主要包括：外匯銀行、外國銀行分行、外匯經紀商、非銀行金融機構（如匯票商行和貼現行）以及英國的中央銀行——英格蘭銀行。倫敦外匯市場有 290 多家領有英格蘭銀行執照的「外匯指定銀行」，它們向顧客提供各種外匯服務，並進行相互間的外匯交易。市場交易時間從 9:00 開始至 17:00 結束（格林威治時間、相當於北京時間 17:00 至次日 1:00）。

英國在 19 世紀末 20 世紀初已是國際貿易的中心，因而形成了外匯市場。第一次世界大戰到第二次世界大戰期間，英國政府實行了外匯管制，使倫敦外匯市場發展受挫；20 世紀 50 年代開始，英國各商業銀行開始辦理境外美元的存貸業務，逐漸形成了歐洲美元市場，進而又演變成歐洲貨幣市場。與之緊密相關的外匯買賣業務蓬勃發展起來，倫敦外匯市場的地位又日漸穩固。1979 年 10 月，英國全面取消了外匯管制，這對倫敦乃至世界金融市場都產生了重大影響，倫敦外匯市場迅速發展起來。

倫敦外匯市場的交易貨幣幾乎囊括了所有的可兌換貨幣。交易貨幣中，規模最大的是英鎊對美元的交易、美元對歐元的交易；其次是英鎊對歐元、瑞士法郎及日元的交易。外匯交易的種類包括即期外匯交易、遠期外匯交易、套匯交易、套利交易、掉期交易等。

倫敦外匯市場的一個突出特點在於其獨特的地理位置，它所在的時區位於東京和紐約之間，連接著亞洲和北美市場。東京接近收市時倫敦正好開市，而其收市時，紐約市場即將開市，所以它一天 24 小時都能和這兩個主要市場進行交易，倫敦成為世界上最大的外匯交易中心也就不足為奇了。

（二）紐約外匯市場

紐約外匯市場是美國最大的外匯市場，也是世界第二大外匯市場。它是在第二次世界大戰之後才逐漸發展起來的。紐約外匯市場的主要參與者有：聯邦儲備系統的成員銀行、非聯邦儲備系統成員銀行、外國銀行在紐約的分支機構、專業外匯交易商。美國政府從未實行過外匯管制，也沒有所謂的外匯指定銀行，幾乎所有商業銀行和其他金融機構都有資格經營外匯業務。市場 9:00 開市至 16:00 閉市（當地時間，相當於北京時間 22:00 至次日 5:00）。

紐約外匯市場的交易貨幣幾乎包括了所有的可兌換貨幣。由於美元是當今世界上最主要的國際貨幣，各個國家和地區發生的美元交易最終都要通過美國（主要是紐約）的商業銀行辦理收付、結算。目前世界上 90% 以上的美元收付是通過紐約的「銀行間

清算系統」進行的。因此，紐約外匯市場在作為美國國內外匯交易中心的同時，又是世界美元交易的清算中心。

(三) 東京外匯市場

1964年，日本加入國際貨幣基金組織，允許日元自由兌換之後，東京外匯市場才逐步發展起來。20世紀80年代以來，日本加快了以自由化為導向的金融體制改革，努力提高日本在國際金融市場所占份額和地位。政府對外匯的管理逐漸放鬆，隨著日本在全球經濟地位的上升，該市場的交易規模也迅速擴大，東京目前已成為世界最大的外匯市場之一。

與倫敦外匯市場相同，東京外匯市場也是一個無形市場，交易者通過電話、電報等現代化通信設施進行交易。市場參加者主要包括外匯專業銀行、外匯指定銀行、外匯經紀人、日本銀行以及非銀行客戶。交易時間從9:00開始至15:30結束（當地時間，相當於北京時間8:00至14:30），中間有一個半小時的休息時間。該市場地區性較強，交易幣種也比較單一，主要是日元兌美元和歐元的交易。據日本銀行發表的對東京外匯市場交易額的調查顯示，2004年4月份東京外匯市場平均每天交易額為1989億美元，僅次於倫敦和紐約外匯市場，日元對美元、歐元的交易額占全部交易額的80%以上。

倫敦、紐約和東京是目前世界上最大的三個外匯交易中心。其他主要外匯市場還包括歐洲地區的法蘭克福、巴黎、蘇黎世，美洲的洛杉磯，大洋洲的悉尼，亞洲的新加坡和中國香港等。亞洲地區除東京以外的匯市發展速度很快，最引人注目的當屬新加坡和中國香港，它們都是在20世紀70年代以後才發展起來的。新加坡地處歐亞非的交通樞紐，在時區上連接了中國香港、東京、悉尼、倫敦、蘇黎世、法蘭克福、紐約等多個重要的外匯市場，一天24小時都可以同世界各地區進行外匯交易。中國香港外匯市場在1973年香港當局取消外匯管制後得到了長足發展，外資和國外金融機構大量湧入，外匯市場越來越活躍，使其逐漸發展成了一個國際性的外匯市場。

伴隨傳統的國際外匯市場的發展，從20世紀五六十年代開始，世界一些地區也產生了以經營離岸金融業務為主要業務的新興離岸金融中心，代表包括開曼群島、拿騷、巴哈馬群島、澤西島等。這些地區雖然缺乏資源，但海空交通便利，而且在稅收和金融法規管理等方面採取優惠措施，從而吸引了大批國際銀行來此地建立金融市場，其主要功能是提供銀行轉帳業務，以規避銀行原所在國的金融管制和稅收。離岸金融市場開展的業務非常廣泛，以歐洲美元為代表的歐洲貨幣業務也是主要業務之一。由於離岸金融市場基本不受所在地政府當局的金融政策、法令的管制和外匯管制措施的約束，從而極大促進了資本在國際間的流動，為推動國際貿易和全球資本市場的發展提供了便利條件。但是，離岸金融中心的產生，也增加了金融監管的難度和不確定性，可能會造成該地區金融體系的混亂，產生巨大的金融風險。

【專欄】中國外匯市場改革歷程

中國外匯市場是中國金融市場的重要組成部分，在完善匯率形成機制、推動人民

幣可兌換、服務金融機構、促進宏觀調控方式的改變以及促進金融市場體系的完善等各方面發揮了不可替代的作用。改革開放以來，中國的外匯市場大體經歷了三個發展階段：

第一個階段，1994年前，外匯調劑市場與我國官方外匯市場並存，形成兩個市場、兩個匯價並存的局面。1979年以後，為促進對外開放，擴大對外貿易，實行外匯留成與上繳制度，由此產生了外匯調劑市場和匯率雙軌制。1980年10月開始辦理外匯調劑業務。1985年11月，各地先后設立了外匯調劑中心。外匯調劑市場匯率隨市場供求狀況浮動，但調劑價格基本上是一地一價。

第二個階段，建立統一的外匯市場、實現人民幣經常項目下可兌換。1994年外匯體制改革后，我國外匯市場開始由外匯調劑市場過渡到以中國外匯交易中心為核心的銀行間外匯市場。全國範圍內統一的銀行間外匯市場，實現了人民幣官方匯率與外匯調劑市場匯率並軌，從而徹底改變了市場分割、匯率不統一的局面，奠定以市場供求為基礎的、單一的、有管理的浮動匯率制的基礎。

第三個階段，深化外匯市場改革、完善人民幣匯率形成機制。2005年7月21日中國政府啟動了完善人民幣匯率形成機制的改革，開始實行以市場供求為基礎，參考一籃子貨幣進行調節，有管理的浮動匯率制度。人民幣匯率不再盯住單一美元，形成更富彈性的人民幣匯率機制。外匯市場發展迅速，交易方式、時間、品種、清算等各個方面不斷豐富完善。

第三節　外匯市場的交易方式

在固定匯率制下，外匯交易一直處於貿易結算的從屬地位，規模較小。隨著西方國家開始實行浮動匯率制度，匯率波動越來越大，外匯交易的重要性日益提高，交易規模大大超過了全球貿易總額。目前常見的外匯交易方式有：即期外匯交易、遠期外匯交易、掉期交易、套匯交易、套利交易、外匯期權交易等。

一、即期外匯交易

即期外匯交易（Spot Exchange Transaction），又稱現匯買賣，是交易雙方以當時外匯市場的價格成交，並在成交后的兩個營業日內辦理有關貨幣收付交割的外匯交易。例如，2003年5月14日（星期三）紐約花旗銀行和日本東京銀行通過電話達成一項外匯買賣業務，花旗銀行願意按1美元兌107.60日元的匯率賣出100萬美元，買入10,760萬日元；而東京銀行也願意按同樣的匯率賣出10,760萬日元，買入100萬美元。5月15日（星期四）花旗銀行和東京銀行分別按照對方的要求，將賣出的貨幣匯入對方指定的帳戶內，從而完成這筆交易。即期外匯交易是外匯市場上最常見、最普遍的買賣形式。

即期交易的匯率是即期匯率，或稱現匯匯率，通常採用以美元為中心的報價方法，即以某個貨幣對美元的買進或賣出的形式進行報價。除了原「英聯邦」國家的貨幣

(如英鎊、愛爾蘭鎊、澳大利亞元和新西蘭元等）採用間接報價法（即以一單位該貨幣等值美元標價）以外，其他交易貨幣均採用直接報價法（即以一單位美元等值該幣標價），並同時報出買入價和賣出價。買入價是指報價行願意以此價買入標的貨幣的匯價，賣出價是報價行願意以此價賣出標的貨幣的匯價，買入價與賣出價之間的價格差稱為價差。

按照即期外匯市場的報價慣例，通常用五位數字來表示買賣價。如紐約市場1998年5月26日的匯價為：

$$US\$1 = €1.1668 \sim 1.1673$$

報價的最小單位（市場稱基本點）是標價貨幣的最小價值單位的1%。如歐元的最小幣值為1歐分（0.01歐元），那麼美元兌歐元價中1個基本點為0.0001歐元。因此如果美元兌歐元從1.1668～1.1673上升到1.1768～1.1773，市場稱該匯率上升了一百個基本點或簡稱為一百個點。

通常各銀行的交易員在報價時只取最末兩位數，因為前面幾位數只有在外匯市場發生劇烈動盪時才會變化，一般情況下，頻繁變動的只是最末兩位數，如匯率為1.1668～1.1673時，就報68/73。

銀行和客戶間的零售交易大多按銀行報出的匯價買賣外匯，少數按客戶要求作限價交易。所謂限價交易是指客戶要求銀行按指定匯價買賣一定數量的外匯。當市場匯價變化到符合客戶要求時進行交易，否則銀行不能進行交易。

二、遠期外匯交易

(一) 遠期外匯交易的基本原理及其目的

遠期外匯交易（Forward Transaction），又稱期匯交易，是指買賣外匯雙方先簽訂合同，規定買賣外匯的數量、匯率和未來交割外匯的時間，到了規定的交割日期買賣雙方再按合同規定辦理貨幣收付的外匯交易。在簽訂合同時，除繳納10%的保證金外，不發生任何資金的轉移。

遠期交易的期限有1個月、3個月、6個月和1年等幾種，其中3個月最為普遍。遠期交易很少超過1年，因為期限越長，交易的不確定性越大。

人們進行遠期外匯交易主要有以下幾種情況：

(1) 進出口商和外幣資金借貸者為避免商業或金融交易遭受匯率變動的風險而進行期匯買賣。在國際貿易中，自買賣合同簽訂到貨款清算之間有相當一段時間，在這段時間內，進出口商可能因計價貨幣的匯率變動而遭受損失，為避免匯率風險，進出口商可預先向銀行買入或賣出遠期外匯，到支付或收進貨款時，就可按原先約定的匯率來辦理交割。同樣的，擁有外幣的債權人和債務人可能在到期收回或償還資金時因外匯匯率變動而遭受損失，因此，他們也可在貸出或借入資金時，就相應賣出或買入相同期限、相當金額的期匯，以防範外匯風險。

(2) 外匯銀行為平衡其遠期外匯頭寸而進行期匯買賣。進出口商等顧客為避免外匯風險而進行期匯交易，實質上就是把匯率變動的風險轉嫁給外匯銀行，外匯銀行為

滿足客戶要求而進行期匯交易時，難免會出現同一貨幣同一種交割期限或不同交割期限的超買或超賣，這樣，銀行就處於匯率變動的風險之中。為此，銀行就要設法把它的外匯頭寸予以平衡，即將不同期限、不同貨幣頭寸的餘缺進行拋售或補進，由此求得期匯頭寸的平衡。

(3) 外匯投機者為牟取投機利潤而進行期匯買賣。在浮動匯率制下，匯率的頻繁劇烈波動，會給外匯投機者進行外匯投機創造有利的條件。所謂外匯投機，是指根據對匯率變動的預期，有意保持某種外匯的多頭或空頭，希望從匯率變動中賺取利潤的行為。其特點：一是投機活動並非基於對外匯有實際需求，而是想通過匯率漲落賺取差額利潤；二是投機者與套期保值者不同，他們是通過有意識地持有外匯多頭或空頭來承擔外匯風險，以期從匯率變動中獲利。外匯投機既可以在現匯市場上進行也可以在期匯市場上進行。二者的區別在於，在現匯市場上進行投機時，由於現匯交易要求立即進行交割，投機者手中必須持有足夠的現金或外匯；而期匯交易只需繳納少量保證金，無須付現匯，到期軋抵，計算盈虧，因此，不必持有巨額資金就可進行交易。所以，期匯投機較容易，成交額也較大，但風險也較高。

1. 套期保值

套期保值是在遠期市場上進行與現貨市場方向相反的買賣行為。遠期合同是一種傳統的套期保值方式，它不像期貨、期權那樣是標準化的合同，其標的數量、金額以及交割時間由買賣雙方協定，形式更加靈活，且合同到期時必須進行交割。由於遠期交易可大量在場外進行，且遠期外匯合同成本較低，因此它的優點也是明顯的。

通過在遠期外匯市場上買進外匯以避免外匯風險的行為即所謂的多頭套期保值。在外匯市場上，購買遠期外匯的主要是負有即將到期的外幣債務的進口商，他們買入遠期外匯主要是為了使它與未來一定日期需要支付的一筆確定的外幣相匹配，以避免到時外匯匯率升高所造成的經濟損失。例如，美國 ABC 公司計劃從日本中田公司進口一批電子零件，根據合同要求一個月後付款 114 萬日元，假如此時的美元兌日元即期匯率為 1 美元 = 114 日元，合同總價值就等於 1 萬美元。如果 ABC 公司沒有利用遠期外匯合同套期保值，一個月後日元匯率上漲為 1 美元 = 100 日元，這時合同總價值也會增加到 11,400 美元。也就是說，ABC 公司此時要支付對方 11,400 美元而非 1 萬美元，產生了 1400 美元的損失。相反，如果 ABC 公司當時購買了協議價格為 1 美元 = 114 日元的一個月遠期外匯合同，那麼一個月後交割時就避免了 1400 美元的交易損失。

然而，在沒有進行套期保值的前提下，如果日元匯率一個月後下跌到 1 美元 = 120 日元，ABC 公司將會獲得額外收益 500 美元（合同新的價值 = 1140,000/120 = 9500 美元，收益 = 10,000 − 9500 = 500 美元）。這時，購買遠期外匯合同反而會抵消掉這部分收益，因為未來匯率下跌時遠期外匯交易多頭將損失 500 美元。也就是說，遠期合同將鎖定公司的未來收益，無論未來匯率是上漲還是下跌。

2. 投機獲利

投機獲利（Speculating）與套期保值行為不同之處在於，套期保值者如進出口商買賣遠期外匯時一般有實際貨物流動與其相匹配，而投機者卻不同，他們根據對市場行

情的預測決定買入或是賣出外匯，以賺取投機利潤，即協議價格與市場價格之間的差價。外匯投機主要有兩種形式：

（1）先賣后買，即賣空（Sell Short）或稱「空頭」（Bear）。當投機者預期某種外幣的匯率將下跌時，就在外匯市場上以較高的價格預先賣出該種貨幣的期匯，若到時該種外幣的匯率果真下跌，投機者就可按下跌后的匯率低價補進現匯，交割遠期合約，賺取差價利潤。

（2）先買后賣，即買空（Buy Long）或稱「多頭」（Bull）。當投機者預期某種外幣的匯率將上升時，就在外匯市場上預先以低價買進該種貨幣的期匯，若到期時，該種貨幣的匯率果真上升，投機者就按上升后的匯率賣出該種貨幣的現匯來交割遠期，從中賺取投機利潤。

例如，假定 2 月 5 日東京外匯市場上 3 個月遠期美元兌日元為 1 美元 = 110 日元，某投機者預測美元在接下來的 3 個月中將升值，於是決定用 110 萬日元買入 1 萬的 3 個月遠期美元。如果市場行情變化真如他所料，到 5 月份交割期時市場上的即期匯率為 1 美元 = 120 日元，那麼根據遠期合同，他可以支付 110 萬日元換取 1 萬美元，然后將其在現貨市場上賣出獲得 120 萬日元，則其利潤為 120 − 110 = 10 萬日元。事實上，市場上即期匯率與遠期匯率往往同方向變動，隨著市場上美元即期匯率的上升，美元的遠期匯率很可能也會隨之上升。假如 4 月份時美元 1 個月的遠期合同已經上升至 1 美元 = 120 日元，這時該投機者也可簽訂這樣一份遠期合同，賣出 1 萬 1 個月的遠期美元。5 月份交割時，他可以用第一份合同得到的美元支付第二份合同，收益同樣鎖定為 10 萬日元。

【案例6.1】1997 年港元的投機風潮

機構投資者 1997 年 7 月在泰國等東南亞國家的投機中獲得豐厚的利潤以后，於 1997 年 10 月把衝擊的目標轉向中國香港。機構投資者在外匯市場上的投機方法如下：①在遠期外匯市場賣出遠期港元。機構投資者的目的是：如果一旦可以成功地壓低港元的即期匯率，那麼當遠期外匯交易協議到期時，可以在遠期外匯市場上按較高的協議匯率賣出港元買進美元，然后按較低的即期匯率賣出美元買回港元以獲取遠期匯率和即期匯率的差價。②從中國香港的銀行借入港元，然后在即期外匯市場拋售港元搶購美元，以期待在港元即期匯率下降以后再回購港元用於償還貸款，從而獲得匯率的差價。另外，一旦港元即期匯率下降，機構投資者不但可以在即期港元投機中獲得收益，而且可以在遠期港元投機中獲得收益。

從 10 月 16 日開始，套期保值基金等機構投資者開始在外匯市場上拋售港元。10 月 21 日和 22 日，套期保值基金等機構投資者僅在倫敦外匯市場就拋售了價值 60 億美元的港元，使港元受到了多年來規模最大的一次衝擊。

面對著機構投資者的投機性衝擊，中國香港特區政府不得不奮起反擊。香港貨幣當局的應對方法是：①利用外匯基金的外匯在即期外匯市場上賣出美元買進港元，以維持港元的供求平衡，阻止港元匯率貶值。②通過收縮貨幣供給量和停止向銀行拆出

港元來提高利率，提高機構投資者的投機成本和斷絕他們港元的來源。

根據1996年12月即時總清算制度（Real Time Gross Settlement, RTGS），香港各銀行在充當結算銀行的匯豐銀行裡必須保留一定的港元餘額，不允許各銀行向匯豐銀行透支港元。港元不足的銀行或者通過銀行間的拆借市場借入港元，或者通過香港貨幣當局的流動性調整便利（Liquidity Adjustment Facility, LAF）借入港元，以補充港元儲備的不足。由於香港銀行大量向機構投資者發放貸款，它們在匯豐銀行結算帳戶中的港元餘額已成負數。

10月23日上午，香港貨幣當局向香港銀行發出通知，對重複向貨幣當局借入港元的銀行徵收懲罰性的利率，阻止它們利用LAF補充短缺的港元，以達到斷絕機構投資者的港元資金來源的目的。部分持有多餘港元的銀行在貨幣市場港元緊缺和市場走向不明確的情況下不願意在銀行間的拆借市場貸放港元。另外，香港貨幣當局在外匯市場上投放美元購進港元，又不把港元投放到貨幣市場，本身就起到收縮港元貨幣供給量的作用。10月23日是銀行貸放港元的結算日，銀行只好到處籌集港元資金以補充結算帳戶的港元餘額，結果導致港元利率直線上升，在23日中午年利率曾達到280%的水平。

在香港特區政府的反擊下，港元資金不足而且利率很高，機構投資者無法繼續借入港元以用於外匯市場的拋售，因而不得不以同樣的匯率買回港元以償還港元債務，結果不但損失了借款的利息，而且還損失了外匯買賣的手續費，他們在即期港元和遠期港元的投機中遭受了挫折。

資料來源：李翀. 國家金融風險論 [M]. 北京：商務印書館，2000.

（二）遠期外匯交易方式

遠期外匯交易主要有兩種方式：

（1）固定交割日的遠期交易（Fixed Maturity Date Forward Transaction），即交易雙方事先約定在未來某個確定的日期辦理貨幣收付的遠期外匯交易。這是在實際中較常用的遠期外匯交易方式，但它缺乏靈活性和機動性。

（2）選擇交割日的遠期交易（Optional Maturity Date Forward Transaction），簡稱擇期交易，指主動請求交易的一方可在成交日的第三天起至約定的期限內的任何一個營業日要求交易的另一方按照雙方事先約定的遠期匯率辦理貨幣收付的遠期外匯交易。

由於擇期交易在交割日上對顧客較為有利，因此，銀行在擇期交易中使用的是對顧客較不利的匯率。也就是說，銀行將選擇從擇期開始到結束期間最不利於顧客的匯率作為擇期遠期交易的匯率。

例如，假設某家美國銀行的報價如下：

即期　　　£1 = US$1.5500 ~ 1.5550

1月期　　£1 = US$1.5600 ~ 1.5650

2月期　　£1 = US$1.5750 ~ 1.5750

3月期　　£1 = US$1.5800 ~ 1.5850

如果擇期從第一個月開始到第三個月結束，對向該行出售外匯的顧客來說，適用的匯率是£1 = US＄1.5500，對於從該行購買外匯的顧客來說適用的匯率為£1 = US＄1.5850。如果擇期在第二個、第三個兩個月，則對出售外匯的顧客和購買外匯的顧客適用的匯率分別為£1 = US＄1.5750 和£1 = US＄1.5850。由此可見，對於購買者來說，適用的匯率在兩種情況下都一樣，而對出售外匯者來說，適用的匯率則有所差別。

三、掉期交易

掉期交易（Swap），又稱時間套匯（Time Arbitrage），是指同時買進和賣出相同金額的某種外匯但買與賣的交割期限不同的一種外匯交易，進行掉期交易的目的也在於避免匯率變動的風險。掉期交易可分為以下三種形式：

（1）即期對遠期（Spot Against Forward），即在買進或賣出一筆現匯的同時，賣出或買進相同金額該種貨幣的期匯。期匯的交割期限大都為1星期、1個月、2個月、3個月、6個月。這是掉期交易中最常見的一種形式。

（2）明日對次日（Tomorrow – Next Or Rollover），即在買進或賣出一筆現匯的同時，賣出或買進同種貨幣的另一筆即期交易，但兩筆即期交易交割日不同，一筆是在成交后的第二個營業日（明日）交割，另一筆反向交易是在成交后的第三個營業日（次日）交割。這種掉期交易主要用於銀行同業的隔夜資金拆借。

（3）遠期對遠期（Forward to Forward），指同時買進並賣出兩筆相同金額、不同交割期限的同種貨幣遠期外匯。這種掉期形式多為轉口貿易中的中間商所使用。

【案例6.2】中行韓元掉期

1997年，受東南亞金融風暴影響，韓國金融市場烏雲密布，一場暴風雨就要來臨。

1997年9月22日，受起亞集團申請破產的影響，韓國綜合股價指數不斷跌落，很快創下半年來的新低。外匯市場也出現異動，搶購美元之風愈演愈烈。之后，韓元持續暴跌，外匯市場美元供不應求，韓國外匯儲備將近枯竭，各種貸款利率急遽上升，韓國金融市場劇烈動盪。韓國政府對此焦慮不安，社會各界反應強烈。

為穩定金融市場，當時的韓國總統金泳三調整了政府經濟官員，並在一系列緊急措施未能奏效后向國際貨幣基金組織請求援助。金泳三還就當前國家經濟形勢發表特別談話，呼籲社會各界同舟共濟，消除危機。

企業債務分析：

當時，中國的一家運輸企業負有巨額韓元政府貸款，貸款期限12年，利率為韓政府優惠固定利率。面對動盪的韓國金融市場，如何抓住有利時機保證其韓元貸款的安全，成為該企業當時的頭等大事。這家企業採用優惠固定利率，匯率成本為1美元兌850韓元。如何在較低價位用美元購買韓元，用於歸還韓元貸款，或者說，如何鎖定匯率風險，是其在債務期間需主要控制的風險來源。

根據以往經驗，韓元大幅貶值的不可控性十分明顯，如何應對需要豐富的實踐經

驗和市場判斷能力，為此這家企業選擇中國銀行為其韓元債務提供保值方案。

專家分析建議：

中行交易員為此成立專門的風險分析小組。經過縝密分析，風險分析小組為該企業制定了三套可選擇方案。

方案一：提前還款。好處：在韓元大幅貶值的情況下，用美元購入韓元，結清該筆債務。弊端：採用該方法既需要客戶當期支出大筆美元，又使得客戶無法享受到該筆貸款的優惠利率。

方案二：用美元買韓元，存入中行，用於償還該貸款。好處：由於當時韓元存款利率高於該筆貸款的借款利率，客戶可以獲得利差收益。弊端：還是需要客戶當期拿出一筆美元。

方案三：貨幣調期。好處：把韓元匯價鎖在較低水平，這樣既可減輕償債負擔，又不必於當期支付美元。只不過貨幣調期屬於金融衍生產品，敘做難度大，對交易人員的綜合素質要求高，在當時國內銀行中只有中行可以開展該種業務。綜上分析，鑒於當時的市場情況，在企業與中行交易員進行多次溝通後，最終決定選擇韓元/美元的貨幣調期對其債務進行風險管理。

交易情況及結果：

為了將客戶的韓元匯率鎖在相對低點，努力為客戶節約外匯資金，中行的交易員開始了緊張又辛苦的盯盤工作。外匯市場的每次變動都使交易員承受著巨大的心理壓力，做還是不做，交易員每天都面臨著艱難選擇。

韓元曾創出三天內暴跌 24.3% 的紀錄，並出現歷史低點 1 美元兌 1995 韓元。鑒於韓元在這一低點以後出現回調，並且大幅上下震盪，交易員判斷韓元可能見底。機會稍縱即逝，交易員果斷抓住市場有利時機，將客戶的韓元債務匯率鎖定在 1 美元兌 1800 韓元。在敘做此筆貨幣調期後，韓元果然改變趨勢走高，由 1 美元兌 1700 韓元、1600 韓元、1500 韓元逐級上升，在 1998 年 3 月底回到 1 美元兌 1400 韓元左右並趨於穩定。

這筆貨幣調期交易由於將韓元匯率鎖定在相對低點，僅本金一項就為企業節約 670 萬美元，且美元在當時屬於低息貨幣，企業與中行敘做調期交易后，需要支付的美元利率還低於韓元的優惠利率，這樣，企業又節省了利息支出 360 萬美元。

資料來源：財經時報，2006-04-17.

四、套匯交易

套匯交易是套利交易在外匯市場上的表現形式之一，是指套匯者利用不同地點、不同貨幣在匯率上的差異進行賤買貴賣，從中套取差價利潤的一種外匯交易。由於空間的分割，不同的外匯市場對影響匯率諸因素的反應速度和反應程度不完全一樣，因而在不同的外匯市場上，同種貨幣的匯率有時可能出現較大差異，這就為異地套匯提供了條件。套匯交易又可分為直接套匯和間接套匯。

1. 直接套匯

利用兩個外匯市場之間某種貨幣匯率的差異進行的套匯，稱為直接套匯，也叫兩點套匯或兩地套匯。例如，在倫敦市場上，匯率為 £1 = US$1.9480；同時，紐約外匯

市場上匯率為£1＝US$1.9500。可見，英鎊在紐約市場上的匯率高於倫敦市場上的匯率，套匯者就可在倫敦市場上用194.8萬美元買入100萬英鎊，同時在紐約市場上賣出100萬英鎊，收入195萬美元，從而獲得2000美元的收益。

2. 間接套匯

間接套匯又稱三點套匯或三角套匯，是指套匯者利用三個不同外匯市場中三種不同貨幣之間交叉匯率的差異，同時在這三個外匯市場上賤買貴賣，從中賺取匯率差額的一種套匯交易。

例如：

在紐約市場上　　$1＝FRF7.0800/7.0815
在巴黎市場上　　£1＝FRF9.6530/9.6540
在倫敦市場上　　£1＝$1.4325/1.4335

根據這三個外匯市場的外匯行市，套匯者首先在紐約市場上以1美元7.0800法郎的行市賣出10萬美元，買進708,000法郎，同時又在巴黎市場上以1英鎊9.6540法郎的行市賣出708,000法郎，買進73,337.47英鎊（708,000÷9.6540）；同時又在倫敦市場上以1英鎊1.4325美元的行市賣出73,337.47英鎊，買進105,056美元（73,337.47×1.4325）。結果，在紐約市場上以10萬美元進行套匯，最后收回105,056美元，匯率差額利潤為5056美元（未扣除套匯費用）。

為了把握三地之間的套匯機會，可依據下述原則進行判斷：將三地外匯市場的匯率均以直接標價法（或間接標價法）表示，然后相乘，如果乘積等於1或接近等於1，說明沒有套匯機會，如果乘積不等於1且與1的偏差較大，說明有套匯機會（在用同一標價法表示匯率時，被標值的貨幣單位皆為1）。

目前，由於電訊技術的高度發達，不同外匯市場上的匯率差異日益縮小，因此，套匯交易的機會已大大減少。

五、套利交易

（一）概念

套利交易（Interest Rate Arbitrage）是指利用兩國利率之差與兩國貨幣掉期率不一致的機會，將資金從利率低的國家調往利率高的國家以獲取利差的行為。而掉期率（Swap Rate）即某一時點上遠期匯率與即期匯率的差額，如果遠期匯率高於即期匯率就稱升水，反之稱為貼水。

套利交易的理論基礎是「利率平價理論」，它經常被一些大的跨國公司用於投資套利。由於現代高度發達的通信技術，外匯市場和資本市場的聯繫也愈加緊密，一旦出現兩國利率差與兩國貨幣掉期率不一致的情況，各大交易商便會迅速投入大量套利資金，從而使利率較低國家的貨幣需求增加，利率上升，利率較高國家的貨幣供給增加，利率下降，兩國利差隨即迅速消失，套利的機會也轉瞬即逝。總之，套利交易使兩國間的短期利率趨於一致，與套匯一樣客觀上加強了國際金融市場的一體化。

（二）類型

套利活動根據其防範外匯風險程度可分為非拋補套利和拋補套利。

1. 非拋補套利

非拋補套利（Uncovered Interest Rate Arbitrage）是交易商利用兩國市場的利率差異，把資金從利率較低的市場調到利率較高的市場進行投資，以牟取利差收入，同時不進行遠期外匯交易套期保值。例如，假定美國3個月的國庫券利率為7％，而英國3個月期的短期國庫券利率為9％，如果3個月後英鎊對美元的匯率不發生變化，則投資者將先在美國市場上出售3個月美國國庫券（為此他須支付7％的利息），然後將所得資金調往倫敦購買英國國庫券（為此獲得9％的利息收入），綜合計算下來，該投資者可以穩獲2％的利差收入。需要注意的是，獲利的前提條件是3個月後英鎊兌美元匯率升高或至少維持不變，這在現實世界中幾乎是不可能的。因此為了規避匯率風險，出現了拋補套利交易。

2. 拋補套利

拋補套利（Covered Interest Rate Arbitrage）與非拋補套利的區別在於，套利者在市場間調撥資金以獲取利差的同時，還在外匯市場上進行遠期外匯交易以防範風險。援引上例，套利者首先借入利率較低國家的貨幣，即以7％的利率借入美元，隨後在現貨市場上將這筆美元賣出，將換得的英鎊調往倫敦投資於利率9％的3個月短期國庫券。與此同時，他在遠期外匯市場買入3個月的遠期美元，以防止英鎊貶值、美元升值的風險。相反，如果套利者不進行「拋補」，即不同時買入遠期美元，若3個月後英國國庫券到期時英鎊相對於美元貶值，其資產的美元價值可能就會低於美元借款額，投資出現虧損。

六、外匯期權交易

外匯期權是指權利的買方在向賣方支付一定數額的費用后，有權在未來的某一特定時間，按約定的匯率買進或賣出約定數額的某種貨幣。買方為了獲得期權而支付給賣方的費用稱為期權費或期權價格，合同約定的匯率稱為執行價格。買方可以實施期權也可以放棄實施期權；賣方始終負有應買方要求實施期權的責任。

【案例6.3】中信泰富94億澳元豪賭

2008年10月20日，中信泰富有限公司發布公告稱，該公司與銀行簽訂的澳元累計目標可贖回遠期合約（AUD Target Redemption Forward），因澳元大幅貶值而跌破鎖定匯價，目前已錄得（形成）155億港元虧損。這也是港交所績優股公司迄今虧損最大的一宗案例。

中信泰富在10月20日發表的公告中稱，為對沖澳元升值風險，鎖定公司在澳洲鐵礦項目的開支成本，中信泰富與香港的銀行簽訂了四份槓桿式外匯買賣合約，其中三份涉及澳元，最大交易金額為94.4億澳元，另一份則為人民幣兌美元的匯率掛勾合約。

令中信泰富損失最為慘重的，是其中一份澳元外匯合約。

按照合約內容，中信泰富需每月以固定價格用美元換澳元，合約2010年10月期滿。雙方約定的匯率為澳元兌美元1：0.87。如果澳元匯率上漲，中信泰富即可賺取與市場匯率的差價，但匯率上漲到一定幅度，合約將自動終止（Knock Out），即盈利上限是鎖定的；但如果澳元匯率下跌，根據雙方約定的計價模型，中信泰富不僅將蒙受約定匯率與市場匯率的差價損失，而且還受合同約束需加倍買入澳元，其損失也將成倍放大。

據中信泰富主席榮智健在10月20日的記者會上稱，如果澳元市價低於0.87美元，中信泰富需要買入最初約定規模的兩倍澳元。不過他未提及繼續下跌的買入倍數。

由於這一產品的高槓桿性，中信泰富按合同的最高交易金額高達94.4億澳元，而風險沒有下限。在極端情況下，比如澳元兌美元匯率跌至1：0，這94.4億澳元將全部化為灰燼。相形之下，中信泰富的收益則有明確的上限。儘管公告沒有披露終止合約機制的匯率觸發點，但明確表示，通過這一合約中信泰富最多也只能賺取5350萬美元。

在中信泰富醜聞曝光之前，這類被統稱為累計期權（Accumulator）的衍生工具，已經是讓市場人士談虎色變的一個品種。對於專業的對沖基金或金融投資者而言，在簽署這種風險敞口巨大的合約時，都會有相應的對沖安排，以鎖定下行風險。

市場分析認為，中信泰富之所以簽訂這一「止賺不止蝕」的合約，一方面可能因為計價模型過於複雜，操作者不能準確對其風險定價；另一方面，這一合約簽署時，澳元當時在穩定的上行通道中，市場匯率應當高於1：0.87，即中信泰富簽訂合約之初即可賺錢，且看似在相當一段時間內並無下跌之虞。由於今年以來美元式微，市場多認為擁有資源性產品的澳洲的貨幣將持續走強，因而看好澳元的 Accumulator 大行其道，但像中信泰富這樣的藍籌公司加註之巨、捲入之深，亦極為罕見。

澳元兌美元的匯價當然不可能跌到0，但中信泰富涉足衍生品交易，顯然亦大大低估了外匯衍生品市場的波幅和凶險程度。自7月以來，澳元兌美元的匯價即一路下滑，近期一直在1：0.7附近徘徊，最低已達1：0.65。按照中信泰富的公告，自今年7月1日至10月17日，中信泰富已終止部分當時生效的槓桿式外匯買賣合約，至今已虧損8億港元。如澳元維持現價，到合同終止日槓桿式外匯合約虧損將達147億港元，即合計虧損155億港元。有分析指出，倘若澳元繼續下行到1：0.5，而中信泰富仍未收手的話，損失將擴大到260億港元。

資料來源：王端、陳慧穎、徐可. 中信泰富94億澳元豪賭 [J]. 財經, 2008 (223).

小結

1. 外匯的概念有動態和靜態兩種表述形式。靜態的外匯又有廣義和狹義之分。動態的外匯是指一國貨幣兌換或折算為另一種貨幣的運動過程。廣義的靜態外匯是指一切用外幣表示的資產，狹義的靜態外匯是指以外幣表示的可用於國際間結算的支付手段。

2. 匯率是指兩種不同貨幣之間的折算比價，也就是以一國貨幣表示的另一國貨幣的價格，也稱匯價、外匯牌價或外匯行市。匯率標價法包括直接標價法和間接標價法。匯率按照不同的標準可以分為：基礎匯率和套算匯率、買入匯率和賣出匯率、即期匯率與遠期匯率、固定匯率與浮動匯率等。

3. 目前流行著幾種不同的匯率決定理論：國際借貸說認為匯率是由外匯的供給和需求決定的，而外匯的供給和需求是由國際借貸所產生的；絕對購買力平價認為，兩國貨幣之間的匯率水平可以表示為兩國貨幣的購買力之比；相對購買力平價則提出兩國貨幣的匯率變化等於兩國通貨膨脹率之差；利率平價說指出利率水平的差異直接影響短期資本在國際間的流動，從而引起匯率的變化；而貨幣學派則提出了超調模型、資產市場說等新的匯率決定理論。

4. 外匯市場是指由各國中央銀行、外匯銀行、外匯經紀人和客戶組成的買賣外匯的交易系統。它可以分為三個層次的交易：銀行與顧客之間、銀行同業之間、銀行與中央銀行之間的交易。目前，全球外匯市場在時空上已經形成一個國際性外匯大市場，有倫敦、紐約和東京世界上最大的三個外匯交易中心。

5. 目前常見的外匯交易方式有：即期外匯交易、遠期外匯交易、掉期交易、互換交易、期貨交易、期權交易等。

6. 遠期外匯交易的目的要麼是進行套期保值，要麼是投機，其交易方式主要有兩種：固定交割日的遠期交易和選擇交割日的遠期交易。相比而言，擇期交易在交割日上對顧客較為有利。

7. 套利交易指利用兩國利率之差與兩國貨幣掉期率不一致的機會，將資金從利率低的國家調往利率高的國家以獲取利差的行為。它可分為非拋補套利和拋補套利，與非拋補套利者不同，拋補套利者在市場間調撥資金以獲取利差的同時，還在外匯市場上進行遠期外匯交易以防範風險。

重要概念提示

套算匯率　升水　貼水　購買力平價　外匯市場　遠期外匯交易　掉期交易　互換交易　套期保值　非拋補套利　拋補套利

復習思考題

1. 什麼是外匯？外匯的特點是什麼？
2. 匯率的表達方式有哪兩種？說明各自的原理。
3. 簡要闡明匯率超調模型和資產市場說的匯率決定理論。
4. 外匯市場的參與者有哪些？他們各自扮演什麼角色？
5. 當前，外匯市場的主要特點有哪些？外匯交易方式有哪些？
6. 說明非拋補套利和拋補套利的含義和區別。當兩國之間的利率存在差異時（如 A 國利率為6%，B 國利率為8%），應該採取什麼套利方式，才能保證獲取穩定的套利收益？

第七章　黃金市場

學習目標

在這一章中，我們將討論黃金市場的發展、黃金交易以及黃金價格等相關問題。完成本章的學習後，你應該能夠：
1. 瞭解黃金市場的發展、分類以及世界主要的黃金市場。
2. 熟悉我國黃金市場的發展狀況。
3. 掌握黃金市場的構成。
4. 掌握黃金交易的方式。
5. 分析黃金價格的影響因素。

學習的重點和難點
1. 我國黃金市場的發展。
2. 黃金市場的交易方式。
3. 黃金價格的影響因素。

第一節　黃金市場的發展

在貨幣制度變革的歷史進程中，黃金曾經作為貨幣被世界認可。在今天，黃金的貨幣職能已經消失，但是其儲備職能、對紙幣的穩定作用和對外貿中的結算作用仍然存在，所以黃金作為一項特殊的商品被列入金融市場的行列。

一、世界黃金市場

（一）世界黃金市場的發展

世界黃金市場是隨著貨幣制度的變革及國際金融市場的發展逐步形成的。

19世紀中期以後，在產業革命的推動下，世界主要資本主義國家的生產力獲得極大的提高，國內工商業發展迅速，國際貿易、國外投資及國際信貸也急遽擴張，傳統的以黃金和白銀為本位幣的貨幣體系已經不能適應資本主義經濟國內發展和國際擴張的需要。因此，1861年，當時在世界經貿格局中居於壟斷地位的英國率先進行了貨幣制度改革，拋棄傳統的金銀複本位制而改行金本位制，將一英鎊金幣作為基本貨幣單位，這是黃金第一次正式作為貨幣商品而發揮作用。

19世紀60年代，英、德、法、美等世界其他主要資本主義國家也相繼仿效英國進行貨幣制度改革。國家以法令形式規定金鑄幣的形狀、重量及成色。金幣可以自由鑄造、自由熔化，黃金是貨幣價值的基礎，流通中的紙幣和銀行券同金幣可以自由兌換；黃金可以自由輸出入，作為國際儲備的唯一選擇及國際經濟貿易的結算手段。金幣的以上特點保證了金本位制調節貨幣流通量，保持各國物價水平和匯率的相對穩定，促進國際貿易、資本流動與各國經濟發展的作用。因此，到20世紀初，基本確立了以英鎊為核心、以黃金為基礎的國際金本位制度，這段時間也因而被人們稱為國際金本位制的「黃金時代」。在這個時期，金本位制在世界各國通行，成為國際性貨幣制度。

黃金自由流動的日益廣泛和頻繁，黃金交易規模的日漸擴大，帶動了黃金市場的形成與發展，其金融市場性質也逐漸強化。

1919年9月，在倫敦對黃金交易正式實行按日報價制度，從而形成了世界上第一個組織健全、制度規範的黃金市場。倫敦黃金市場的形成，使黃金的自由流動和轉移具有了更加有效的組織保障和規則約束，從而使倫敦很快成為世界黃金銷售和轉移的中心和樞紐，進一步強化了倫敦作為世界金融中心的地位和作用。

黃金作為本位幣在各國間自由流動，為外匯市場的穩定發展提供了良好的基礎。各國政府對各自貨幣所規定的含金量之比成了決定匯率的基礎，匯率的變化幅度受到黃金輸送點的制約。可見，在金本位制度下，黃金市場是國際金融市場的核心構成之一。

黃金產量的有限增長與國際清算與支付方面對黃金輸出入要求的大幅增長之間的矛盾，成為金本位制繼續維持的一個障礙。第一次世界大戰及1929—1933年資本主義世界的經濟大蕭條加劇了以上障礙的負面影響。

隨著第一次世界大戰的爆發，世界主要資本主義國家的經濟受到嚴重破壞，各國為應付龐大的戰爭開支，紛紛宣布停止銀行券和黃金兌換並禁止黃金自由輸出入的政策，以金本位制為基礎的國際貨幣體系遂陷入崩潰。第一次世界大戰結束後，世界主要資本主義國家在義大利熱那亞召開會議，討論世界貨幣體系的重建問題。會議決定除美國還實行金本位制外，英國、法國兩國實行金塊本位制，其他國家則實行金匯兌本位制。金塊本位制雖仍以金幣作為本位幣，但實際上並不鑄造金幣，市場上流通的只是代表金幣的紙幣，紙幣與黃金之間不能自由兌換，只能按官方規定的標準兌換金塊。而在金匯兌本位制下，國內不僅不鑄造金幣，連黃金儲備也不一定有。它是將本國貨幣與另一實行金本位制的國家相聯繫，並通過規定一個固定的比價，使本國貨幣與黃金間接掛勾，並在這個國家存放一定的外匯基金，利用買賣外匯來維持本國貨幣與金本位國家的貨幣的固定比價。

隨后，20世紀30年代（1929—1933年）世界主要資本主義國家相繼爆發了有史以來最大的經濟危機，資本主義經濟幾乎陷入崩潰。在這種情況下，各國紛紛在市場上拋售英鎊和美元來兌換黃金，使英、美兩國疲於應付，不得不宣布停止兌換，廢除金本位制，金本位制也隨之陷入崩潰。隨著金本位制的崩潰，各國紛紛實行外匯管制，黃金交易的自由也受到了很大的限制。各國政府的貨幣當局均規定黃金一般要出售給官方外匯管理機構或指定的銀行，至於工業和其他用途的黃金也需向外匯管理機構或

指定的銀行購買。黃金輸出入限制增加，銀行券發行膨脹，黃金兌換日益困難，而世界經濟發展的不平衡使黃金通過貿易順差向發達國家集中，極大地縮小了黃金的流通範圍，這使得黃金的貨幣職能作用大為削減，黃金市場在金融市場中的地位也逐步下降。而在這一時期借貸市場、證券市場和外匯市場卻得到了快速的發展，逐步取代了黃金市場的主導地位。

金本位制崩潰以後，黃金作為本位幣的地位受到嚴重削弱，紙幣代替黃金成了法定的流通貨幣，金融市場上匯率的變動也不再受到黃金的束縛，黃金市場上的價格由官方控制。這些規定再加上國際外匯市場和國際證券市場迅速發展所帶來的衝擊，都使得國際黃金市場在金融市場上的地位和作用受到削弱，其金融市場的性質也日漸模糊。

第二次世界大戰結束後，美國擁有強大的經濟實力和雄厚的黃金儲備，因此，在1944年7月美國新罕布什爾州的布雷頓森林國際金融貨幣會議上確定了構建以美元為核心的新的國際貨幣體系，即布雷頓森林貨幣體系。該體系規定各國貨幣都有一定的含金量，但只有美元與黃金直接掛鉤，即黃金—美元和美元—其他貨幣的雙掛鉤體制。黃金是確定貨幣平價的尺度，規定其官價為35美元兌換1盎司黃金；各國都實行浮動匯率制，各國貨幣與美元的匯率的波動幅度不能超過1%，如匯率波動太大，各國有義務協助美國維持黃金的官價水平。這樣，黃金與美元的固定比價關係是聯繫黃金市場與金融市場的基本紐帶，黃金市場作為金融市場附庸的地位日益明顯。此時的國際黃金市場已失去了市場特性，而淪為一個官價控制的經濟附庸。

1954年在戰爭中關閉的倫敦自由黃金市場重新開放，該市場雖允許黃金價格以官價為標準上下浮動，但浮動的幅度不能超過1%，並接受發達國家金融機構的嚴密干預。20世紀六七十年代，由於美朝、美越戰爭的影響，美國貿易赤字增加，國際收支連年逆差，各國紛紛利用所掌握的美元儲備大量購買黃金，美元的地位開始不穩。1961—1971年，連續爆發了四次美元危機，為了維護黃金官價，抑制搶購黃金風潮，美國會同西德、法國、英國、義大利、荷蘭、比利時、瑞士七國於1961年10月組織成立了「黃金總庫」，但美元與黃金脫鉤的趨勢已在所難免，最終在1968年3月導致「黃金總庫」宣告解體、黃金雙價制出抬。即一方面把35美元一盎司的官價用作官方結算價，另一方面，自由市場的黃金價格隨供求關係而自由變動，於是，國際黃金市場也一分為二，形成並存的黃金官價市場和黃金自由市場。這種人為的「創造」顯然不符合經濟規律，在此期間，黃金價格不斷上漲，黃金市場日趨活躍。1971年，美國在內外交困的情況下，不得不宣布不再負責接受各國政府或中央銀行將所持美元兌換黃金的要求，美元與黃金脫鉤，停止美元自由兌換黃金，僅實行三年的黃金雙價制開始瓦解。1973年，西方七國正式宣布廢除黃金雙價制，各國貨幣不再與黃金掛鉤，各國貨幣對美元實行浮動匯率制並逐漸與美元脫鉤，各國中央銀行在自由市場上買賣黃金不再受到黃金官價的約束。從此，金本位貨幣制度徹底崩潰，黃金的貨幣職能消失。以「黃金—美元、美元—各國貨幣」雙掛鉤為支柱的、以美元為中心的布雷頓森林國際貨幣體系也隨之解體。

1976年，國際貨幣基金組織為克服國際貨幣關係的混亂狀態，建立比較穩定的國

際貨幣制度，國際貨幣基金組織臨時委員會在牙買加的金斯敦召開會議並通過了著名的《牙買加協定》，宣布取消基金組織協定的黃金條款，廢除黃金官價，正式明確了黃金的非貨幣化與國際黃金市場的自由性質。

1978年，與會各國經過兩年的立法準備，該條款正式生效。至此，黃金與美元正式脫鉤，黃金與貨幣的關係在法律上被完全割斷。隨著黃金的非貨幣化，黃金由一般等價物逐漸還原為普通的貴金屬商品。但是即使黃金的貨幣職能消失，但其儲備職能、對紙幣的穩定作用和對外貿易中的結算作用仍然存在，黃金仍不失為特殊的商品。世界黃金市場也從金融市場的中心撤離出來，成為一個以普通商品市場的身分影響國際金融市場的久盛不衰的特殊市場。

由於歷史、心理、經濟等因素的綜合作用，使黃金還原為普通貴金屬，黃金市場轉變為商品市場的過程較緩慢。從歷史角度來看，黃金的貨幣化是一個歷史的漸進的過程，同樣黃金的非貨幣化也將需要一個過程；從心理因素來分析，人們長期以來的一種觀念——黃金作為一種安全、可靠的保值手段也不是短時間內就能根除的；從經濟方面來衡量，黃金的內在價值確實有其優於紙幣的特徵，發達的國際黃金市場又保證貨幣當局可以方便地出售黃金變現，這也促使黃金不會立即退出各國國際儲備的構成。所以黃金有其不同於其他貴金屬的特性，黃金市場在具備商品屬性的同時兼有金融的職能。

近年來，黃金市場的交易也出現了一些新動向，最為突出的是黃金微型化交易發展迅速。各種金條、金幣形式多樣化，且重量更輕，最小的只有1克重。這便於小額資金持有者也能夠購買黃金作為保值手段，還是國家增加外匯收入的一個來源。其次是出現了黃金券交易。黃金券是黃金的憑證，持有人可以隨時向發行銀行要求換成黃金或與其等值的貨幣。對於購買者來說，如同持有黃金實物一樣，既可用於保值，又可用於投資，而且比持有黃金更為方便、安全。對於發行銀行來說，由於黃金交易增多，實物交易供不應求，發行黃金券既可以擴大黃金交易量，也可以增加收益。

由此，國際黃金市場的發展歷史大體可用圖7-1加以概括。

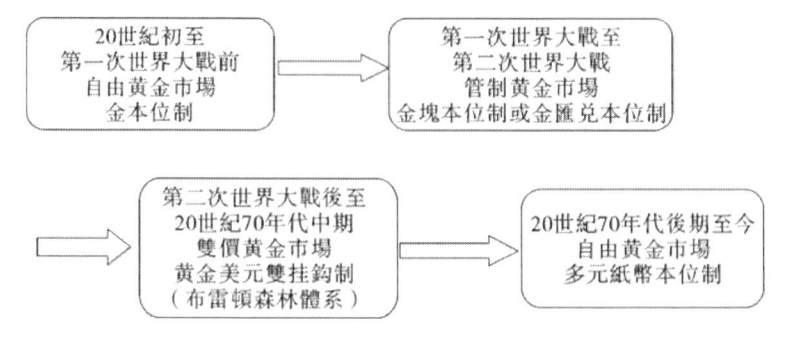

圖7-1 國際黃金市場的發展歷史

(二) 世界主要黃金交易市場

1. 倫敦黃金市場

倫敦黃金市場（London Gold Market）歷史悠久，其發展歷史可追溯到300多年前。1804年倫敦黃金市場取代阿姆斯特丹成為世界上最大的黃金交易中心並且成為金條精煉、貯藏、銷售和金幣兌換的集中地。

第二次世界大戰前，英國控制了主要黃金產地——南非的黃金產銷，倫敦黃金市場的交易量占世界總交易量的80%左右，是世界上唯一可成噸買賣黃金的市場。第二次世界大戰期間，倫敦黃金市場一度關閉，直到1954年3月重新開放。之後的美元危機使得倫敦黃金市場的金價無法繼續維持，不得不將一部分黃金交易轉移到蘇黎世市場，從而削弱了倫敦黃金市場一直以來的霸主地位。

1982年以前，倫敦黃金市場主要經營黃金現貨交易，1982年4月，倫敦期貨黃金市場開業。目前，倫敦黃金市場仍是世界上最大的黃金市場。

倫敦黃金市場的特點之一是交易制度比較特別，因為倫敦沒有實際的交易場所，其交易是通過無形方式——各大金商的銷售聯絡網完成。交易會員由最具權威的五大金商及一些公認為有資格向五大金商購買黃金的公司或商號組成，然後再由各個加工製造商、中小商號和公司等連鎖組成。交易時由金商根據各自的買盤和賣盤，報出買價和賣價。

倫敦黃金市場交易的另一個特點是靈活性很強。如果客戶要求在較遠的地區交售，黃金交易商就會報出運費及保費等，也可按客戶要求報出期貨價格。買賣倫敦黃金最通行的方式是客戶無須現金交收，即可買入黃金現貨，到期只需按約定利率支付利息即可，但此時客戶不能獲取實物黃金。這種黃金買賣方式，只是在會計帳上進行數字游戲，直到客戶進行了相反的操作平倉為止。

倫敦黃金市場特殊的交易體系也有若干不足之處。首先，由於各個金商報的價格都是實價，有時市場上黃金價格比較混亂，連金商也不知道哪個價位的金價是合理的，只好停止報價，倫敦金的買賣便會停止；其次是倫敦市場的客戶絕對保密，因此缺乏有效的黃金交易頭寸的統計。

2. 蘇黎世黃金市場

蘇黎世黃金市場在國際黃金市場上的地位僅次於倫敦。第二次世界大戰及其以後英國倫敦黃金市場的兩次關閉（1939—1954年倫敦金市因遭戰火浩劫停業，未受戰爭破壞的蘇黎世趁機發展為黃金零售市場。1968年3月，西歐掀起黃金搶購風潮，倫敦黃金市場受其影響被迫關閉四周，致使許多金商轉移到蘇黎世市場），為蘇黎世黃金市場的發展提供了良好的機會。由於瑞士是一個永久的中立國，其政治、經濟穩定，瑞士法郎長久可靠，資本輸入出自由，市場交易沒有任何限制，持有黃金可列為現金項目，瑞士銀行為客戶保密的制度使瑞士成為世界各國有名的資金庇護所，吸引大量遊資來購金保值或進行投機活動。再加上1969年蘇黎世通過給予南非儲備銀行以優惠信貸的條件，獲得了南非80%黃金新產量的供應權，以及前蘇聯的黃金也聚集於此，使得瑞士不僅是世界上新增黃金的最大中轉站，也是世界上最大的私人黃金的存儲中心。

所有這些有利條件，促使蘇黎世迅速發展成為重要的國際金融中心，其世界黃金市場的地位也由此得以確立。

蘇黎世黃金市場沒有正式的組織結構，由瑞士三大銀行——瑞士銀行、瑞士信貸銀行和瑞士聯合銀行負責清算結帳，三大銀行不僅可為客戶代行交易，而且黃金交易也是這三家銀行本身的主要業務。銀行業同黃金交易密切相關，蘇黎世黃金總庫（Zurich Gold Pool）建立在瑞士三大銀行非正式協商的基礎上，不受政府管轄，作為交易商的聯合體與清算系統混合體在市場上起仲介作用。

蘇黎世黃金市場無金價定盤制度，在每個交易日任一特定時間，根據供需狀況議定當日交易金價，這一價格為蘇黎世黃金官價。全日金價在此基礎上的波動不受漲跌停板限制。

除了上述交易制度方面的特點以外，蘇黎世黃金市場還具有以下一些特點：①它和倫敦黃金市場一樣，實行以現貨交易為主。②與倫敦黃金市場主要傾向於黃金批發業務不同，它是以零售業務、小宗交易為主。③它是西方金幣交易中心和最大的金幣市場，是世界其他黃金市場的主要供應者。④蘇黎世黃金市場的黃金出口目的地主要是義大利的首飾加工業和歐洲其他黃金加工中心以及中東、遠東。

3. 紐約黃金市場

美國在第二次世界大戰期間累積了巨額資本，成為世界上最大的經濟強國和最大的資金供應者。世界的經濟中心由英國轉移到美國，美元取代英鎊成為最主要的國際結算貨幣和國際儲備貨幣，並且國際借貸、結算和資金籌措大都集中於紐約，紐約成為世界上最大的國際金融市場。1974年美國政府取消了私人持有和購買黃金的禁令，黃金市場隨之發展起來。目前美國有五大黃金市場，以紐約最大，其次是芝加哥、底特律、舊金山和布法羅。1977年后，美元貶值，美國人（主要以法人團體為主）為了套期保值和投資增值獲利，大量投資黃金期貨。

近幾年來，美國已經成為世界第二大產金國，美國的黃金加工業位居世界第四位。因此紐約黃金市場已成為採金企業和黃金加工業之間的聯繫紐帶。當今世界上有73個國家和地區或官方機構由美國代為儲存黃金，數量達1.1萬噸，超過了美國黃金儲備量，美國的謝克斯堡金庫，就是世界上最大的一座黃金儲存庫。英國英格蘭銀行也把自己的部分黃金存放於美國。

美國黃金交易以遠期交易為主，目前紐約商品交易所（COMEX）和芝加哥商品交易所（IMM）是世界最大的黃金期貨交易中心。兩大交易所對黃金現貨市場的金價影響很大。美國財政部和國際貨幣基金組織也在紐約拍賣黃金，美國已成為世界黃金市場的中樞，而紐約市場的黃金價格常比倫敦市場上的黃金價格更具權威。

4. 香港黃金市場

中國香港是20世紀70年代以后發展起來的新興國際金融市場。香港黃金市場已有90多年的歷史，其形成是以1910年香港金銀貿易場的成立為標誌。1974年取消黃金進口限制后，黃金市場日趨興旺發達，並於1980年3月建立了黃金期貨市場。

中國香港是自由港，不僅長期以來政治局勢穩定，而且是世界貿易中心，有現代化的海空運輸線。由於香港黃金市場在時差上剛好填補了紐約、芝加哥市場收市和倫

敦開市前的空檔（中國香港與倫敦相差8小時，與紐約相差13小時，與東京相差1小時），於是，紐約收市，香港開市，香港收市正趕上倫敦開市，從而形成了連貫亞、歐、美的完整的世界黃金市場。這種優越的地理條件引起了歐洲金商的注意，倫敦五大金商、瑞士三大銀行等紛紛來港設立分公司。它們將在倫敦交收的黃金買賣活動帶到中國香港，逐漸形成了一個無形的當地「倫敦金市場」，促使中國香港成為世界主要的黃金市場之一。世界黃金市場一般每週只營業五天，星期六、星期日兩天閉市休息，而香港每週開業六天，只有星期日閉市。

目前，香港黃金市場由三個市場組成：

（1）香港金銀貿易市場，即本地黃金市場，以華人資金商占優勢，有固定買賣場所，主要交易的黃金規格為99標準金條，交易方式是公開喊價，現貨交易；有濃厚的東方傳統特色，國際上用「金衡盎司」，它還用「司馬兩」。黃金買賣以港元計價，以兩為單位。

（2）倫敦金市場，即本地倫敦黃金市場，以國外資金商為主體，沒有固定交易場所，主要交易的黃金成色為99.5%，金錠重量為400盎司，金條重量為1千克，即31.151盎司；其特色在於引進倫敦交易方式，按西方標準成交，以金衡盎司為買賣單位，以美元計價，收交地點在倫敦現貨市場。

（3）黃金期貨市場，是一個正規的市場，其性質與美國的紐約、芝加哥的商品期貨交易所黃金期貨性質是一樣的。所有黃金買賣按標準合約進行，合同交易為雙月份，最長期貨可達25個月，每一合同買賣單位為100盎司。黃金成色為99.5%，重量為100盎司、50盎司、1千克的金條，收交地點從1981年5月由倫敦改為香港，計價單位為美元，每盎司波動幅度以10美分為單位。還規定當天價格升降若比上日超出40美元，必須停市30分鐘，上市收取的按金原則上為合約總值的10%。交投方式正規，制度也比較健全，彌補了金銀貿易場的不足。

5. 新加坡黃金市場

新加坡國際金融市場是在亞洲美元市場發展過程中逐漸形成的。新加坡由於地理位置優越，在一天之中可以和世界上大多數國際金融中心進行直接外匯交易。1970年以來，新加坡政府採取各種措施促進亞洲美元市場的進一步發展。到20世紀90年代初，新加坡成為亞洲美元市場的中心，是歐洲美元市場的一個重要組成部分。新加坡已成為僅次於倫敦、紐約和中國香港的世界第四大國際金融中心，其黃金市場業務也相應得到了發展。

新加坡黃金市場組建於1969年4月，開始時只准有執照的金商交易，禁止居民進行黃金買賣。1973年8月新加坡取消黃金管制，免除黃金進口稅，允許自由買賣黃金，並鼓勵黃金進口，促使新加坡黃金市場日趨活躍。1978年11月新加坡黃金市場進一步開放，新加坡黃金交易所正式成立並開業。為了促進黃金期貨市場發展，1980年3月新加坡政府對離岸黃金交易的徵稅率由40%降為10%，對非居民在新加坡金銀公司的黃金存款免徵遺產稅。從1982年4月1日起，新加坡黃金清算中心將其他成員應交的押金減少25%，清算手續費減少50%。這些措施都促進了新加坡黃金市場的發展。

(三) 各市場之間的相互聯繫

黃金市場雖然分佈在世界各地，但它們之間的聯繫是相當密切的。

(1) 各市場都有共同的參與者，例如瑞士的三大銀行是蘇黎世市場的中心；同時它們又以分行或當地法人的形式參與倫敦、紐約、芝加哥、中國香港、新加坡市場的交易，成為各市場的有力成員，即使不作為成員，也可以利用這些市場。其他市場的金商也一樣。

(2) 市場專業人員利用各市場的差價進行間接交易，如某市場出現某種特殊情況，這就給投機性的間接交易提供了盈利的機會。這種機會成了各個市場專業人員共同的捕捉目標，因而，更密切了各市場在價格方面的相互聯繫。

(3) 時差把分佈在各大洲的黃金市場連為一體。倫敦的交易是9點到17點，紐約的營業時間按倫敦時間計算是14點25分至19點30分，倫敦的后半截交易和紐約重疊，而香港的收盤時間又是倫敦的早晨，在時差上剛好填補了紐約、芝加哥收市后和倫敦開市前的空檔。這就形成了一個連貫歐、美、亞三洲的一天超過17個小時都可以進行買賣的全球性黃金市場。

二、中國內地黃金市場

(一) 中國內地黃金市場的發展

1. 新中國成立以前的黃金市場

中國國內黃金市場的出現可以追溯到20世紀二三十年代。1917年上海建立了金業公會，1921年成立了上海金業交易所。之后在當時經濟發達的北平、天津、武漢都成立了黃金交易機構，在一些證券交易市場內也設立了黃金交易部門。

當時社會動亂，外憂內患頻生，民眾紛紛買入黃金作為保值之用，而有實力的投資者則入市「炒金」。在交易最活躍的1926—1931年間，上海黃金市場的年交易量最高時曾達到過近2萬噸，成為當時世界上的第三大黃金市場。在抗日戰爭爆發後，政府實行了黃金管制，黃金交易所停業，黃金市場也走向沉寂。

以蔣介石為首的國民黨政府在逃離中國大陸時從當時的中央銀行劫運黃金200萬兩，幾乎席捲所有黃金；1949年2月又劫運57萬兩。

2. 新中國成立后的黃金管制

中華人民共和國成立之后，人民政府繼續對黃金實行嚴格的控制政策，並將黃金統收專營政策推廣到全國。1952年國家統一了金銀收售價格，這標誌著中國統一的金銀計劃性市場已經形成，即國家按價收購和配售金銀。任何單位生產的金銀，一律按國家價格予以收購；任何單位和個人需用金銀時，按國家牌價予以配售；任何單位和個人不得自由進出口黃金；黃金礦業為國家所壟斷，禁止外資及私人資本進入。

3. 改革開放后的黃金市場的有限放開

改革開放以后，長期管制的黃金市場重新對民眾開放。1979年我國恢復了金幣的生產和發行，1982年恢復了黃金首飾的供應，但在加快金銀生產的同時，也在一定程度上對金銀產品的管理進行了強化。1983年頒布的《中華人民共和國金銀管理條例》

對金銀的管理比以前控制得更加嚴格。

隨著改革開放的進程，國內的固定價格制使國內金價長期低於國際金價，對於國內市場來說就是官價長期低於市場價，這樣就出現了國家計劃調控下的隱形黃金市場，即境內黃金私下買賣和境外走私黃金。從 1982 年 9 月國家恢復內銷金飾品業務開始至 1992 年，據黃金管理部門估計，每年全國個體採金產量約為 40 萬兩（12.5 噸），但國家收購上來的卻很少，大部分被私下買賣。

4. 20 世紀 90 年代中后期至今：黃金市場的醞釀和建立

一方面，價格管制帶來種種弊端；另一方面，這一時期我國外匯儲備迅速增加，黃金已經從主要服務於外匯需要轉為用於黃金首飾的生產和銷售，使得對黃金的價格管制的必要性逐漸降低。因此，中央政府明確黃金市場化的改革方向，並採取若干推動措施：實現國內金價與國際金價接軌，變固定價格制為浮動價格制；要求中國人民銀行著手中國黃金市場開放的方案設想，開始著手中國黃金市場建立的前期準備工作。

2001 年，中國人民銀行直接介入了上海黃金市場的籌備工作，確定成立上海黃金交易所，並由中國人民銀行直接領導。2002 年 10 月 30 日，上海黃金交易所正式投入運行，使中國的黃金市場建設逐漸走向正規化。

（二）中國內地的黃金交易市場——上海黃金交易所的創立與發展

2001 年 11 月 28 日，上海黃金交易所開始模擬運行黃金交易，2002 年 10 月 16 日首次實際交易試運行，完成了中國黃金市場開放後成交的第一筆交易，並於 2002 年 10 月 28 日掛牌運行，2002 年 10 月 30 日正式開業。這是我國黃金政策改革的一個重要標誌。上海黃金交易所是經國務院批準，由中國人民銀行總行牽頭組織成立的一個非營利機構，是在國家工商行政管理局登記註冊的、實行自律性管理的法人，遵循公開、公平、公正和誠實信用的原則組織黃金、白銀、鉑金交易。

在各地的黃金市場中，上海的黃金市場發展比較迅速。目前，上海黃金交易所還是一個區域性市場，但作為中國現代化程度最高的城市，上海所具有的資金集散地的特性定會為未來黃金交易的順利進行提供結算、融資等方面的便利。從發展趨勢看，中國加入世界貿易組織後，人民幣有望成為國際貨幣；今後 20 年內，中國都可能是國際資本的主要輸入國，人民幣幣值長期保持穩定；上海其他各項條件也已基本成熟；上海黃金市場極有可能發展為世界第六大黃金市場。

上海黃金交易所實行會員制，最高權力機構是會員大會，下設理事會，總經理負責交易部、清算部、會員管理部、財務部、技術儲運部、信息部、信息保障部、綜合部八個部門。交易所會員的組成包括黃金的生產企業、冶煉企業、首飾加工企業、造幣公司及黃金進出口貿易企業和經國家批準的中國工商銀行、中國農業銀行、中國建設銀行和中國銀行四家國有銀行，首批加入黃金交易所的會員共有 108 家。其中商業銀行 13 家、產金單位 24 家、用金單位 61 家、冶煉單位 8 家、造幣單位 2 家，會員分散在全國 26 個省；交易所會員依其業務範圍分為金融類會員、綜合類會員和自營會員。金融類會員可進行自營和代理業務及批準的其他業務，綜合類會員可進行自營和代理業務，自營會員可進行自營業務。

上海黃金交易所的交易方式採用會員自由報價，以「價格優先，時間優先」的原則，由交易所撮合成交，交易可在現場或通過通信網路的遠程終端進行，交易員都是經過黃金交易所培訓備案註冊的。交易時間為每週一至周五（節假日除外）10:00～11:30、下午13:30～15:30。資金清算由中國工商銀行、中國銀行、中國建設銀行和中國農業銀行作為交易所指定的清算銀行，實行集中、直接、淨額的資金清算原則。交易完成當日，資金即從買方保證金帳戶轉入賣方保證金帳戶，第二天轉入賣方專用帳戶。買賣雙方成交當日收市后，交易所為買賣雙方進行貨權轉移，買方可自由選擇提取黃金或次日后進行賣出交易。現貨黃金交易中，會員賣出黃金所得金額的90%可用於本交易日內的交易；買入的黃金則需在第二天方可用於交易。如果是非會員要參加黃金交易，必須通過會員代理，只有金融類和綜合類會員可以接受客戶委託代理非會員客戶進行交易活動，而個人黃金買賣業務則需通過金融類會員進行。會員向代理客戶收取保證金和手續費。

倉儲交割按照交易所實行「擇庫存入」、「擇庫取貨」的交割原則，在全國34個城市設立42家指定交割倉庫，會員可自由選擇交割倉庫存入或提取黃金，並由交易所統一調運配送。交易所對於提供標準金錠、金條冶煉廠的資格進行認證，並指定權威質檢機構對產品質量進行監督和對質量糾紛進行檢測和仲裁。經國家財政部、稅務總局批准，通過交易所交易的標準黃金執行免徵增值稅和增值稅即徵即退政策。

對於進入上海交易所的黃金生產企業及金錠規格，黃金交易所都有明確的標準，只有達到國際標準的「9999」一號金及「9995」的二號金，才可進入交易所參加交易。黃金交易所將對所有的黃金冶煉企業及冶煉設備進行資格認證，只有經過中國人民銀行認定方可進入交易所。黃金交易所的成立，有利於國家對黃金企業的規範管理，同時也使黃金的品質有了保證。目前成色種類為黃金 AU99.99、AU99.95、AM99.9、AM99.5四種，重量規格為50克、100克、1千克、3千克、12.5千克的金條、金錠和法定金幣。黃金交易的報價單位為人民幣元／克（保留兩位小數），金錠的最小交易單位為千克，金錠的最小提貨量為6千克。

上海黃金交易所的成立，為我國黃金從計劃走向市場提供了規範運行的平臺，是中國人民銀行取消黃金製品零售許可證管理制度后，在黃金體制改革方面的又一個進步。上海黃金交易所的建立與運行，將激發我國黃金勘探、開採、冶煉企業的發展，提高冶煉技術，更大地滿足國內用金企業及普通消費者的黃金需求，使之逐步與國際接軌。上海黃金交易所將與貨幣市場、證券市場、外匯市場等一起構築成我國完整的金融市場體系。

三、黃金市場的分類

按照不同的標準，黃金市場可有如下分類方式：

(一) 按黃金市場規模及對世界黃金交易影響程度分為主導性市場和區域性市場

主導性市場是指交易規模大、國際性交易比較集中、價格水平和交易量對其他市場有很大影響的市場。世界五大黃金市場的倫敦、蘇黎世、紐約、芝加哥和中國香港

的黃金市場即屬此類市場。

區域性市場是指交易規模有限，且集中在某地區，對其他市場影響不大的黃金市場。如歐洲有巴黎、法蘭克福、布魯塞爾、日內瓦、盧森堡、阿姆斯特丹、米蘭、維也納等；亞洲有東京、澳門、新加坡、曼谷、雅加達、德黑蘭、科威特、貝魯特、迪拜等；非洲有開羅、亞歷山大、達喀爾、卡薩布蘭卡等；美洲有底特律、多倫多、溫尼伯、舊金山、布法羅、墨西哥、里約熱內盧、蒙得維多、布誼諾斯艾利斯；大洋洲有悉尼等。

(二) 按交易方式分為現貨市場和期貨市場

現貨交易是指交易雙方在成交後兩個營業日內交割的一種黃金交易，這種市場是通過同業間利用電訊工具聯繫進行交易。黃金現貨市場由於大多分佈在歐洲，因此又叫歐洲式黃金市場。比如倫敦、蘇黎世黃金市場，又稱倫敦—蘇黎世黃金集團。

期貨交易是指交易雙方按簽訂的合約在未來的某一時間交割的一種黃金交易，這種市場設立獨立交易場所。黃金期貨市場也叫美國類型的市場，如紐約、芝加哥、中國香港黃金市場，又稱紐約—香港黃金集團。

目前世界黃金市場出現以倫敦—蘇黎世集團與紐約（包括芝加哥）—香港集團並存發展的現狀，前者以現貨交易為主，後者以期貨交易為主。其中倫敦黃金市場的黃金交易和報價被稱為反應世界黃金行市的一個「晴雨表」。

(三) 按黃金交易管制程度不同分為自由交易市場和限制性交易市場

自由交易市場是指黃金可以自由輸出入，居民和非居民都可以自由買賣黃金的市場，如蘇黎世黃金市場。

限制性交易市場是指對黃金的輸出入及對市場交易主體實行某種管制的黃金市場。限制交易市場包括兩種情況：一種是只準非居民買賣，不準居民自由交易的黃金市場；另一種是只允許居民自由買賣的國內黃金市場。這兩種交易的管制方式雖有不同，但其目的都是出於外匯管制的需要。如1979年以前的貝魯特黃金市場，對黃金的輸出進行嚴格管制，並且只允許非居民參加交易。

第二節　黃金交易

一、黃金市場的構成

(一) 黃金交易的主體

黃金交易的主體是指黃金市場上的參與者，包括黃金的買方、賣方和黃金經紀人。作為黃金賣方出現的有產金國的採金企業、藏有黃金待售的私人或集團、做金價看跌「空頭」的投機者以及各國的中央銀行等；作為買方出現的有各國的中央銀行、為保值或投資的購買者、做金價看漲「多頭」的投機者及以黃金作為工業原料的工商企業等。黃金市場上的交易活動，一般通過黃金經紀人成交。

1. 各國政府和中央銀行

各國政府購買黃金作為官方儲備資產,但也會為了解決外匯短缺和支付困難而出售黃金,或者是為了增加官方儲備收益,賣出不能升息的黃金換取能夠升息的較硬的貨幣。

2. 從事黃金生產或黃金消費的法人機構

它包括專門出售黃金的公司,如各大金礦及黃金生產商,這是黃金供應的主要來源,也包括專門購買黃金消費的工業企業——主要是工藝、首飾、牙科、電子、裝潢及金牌獎章製造業,其黃金需求量已占供應量的最大比重。這類參與者是風險厭惡者,希望對黃金保值,規避風險,轉嫁風險。

3. 國際金商

國際金商是黃金市場的主要參與者。它們的主要活動方式是:專營代理業務,專做期貨買賣,做中間商業務、套購業務等。最典型的就是倫敦黃金市場上的五大金行,其自身就是一個黃金交易商。由於其與世界上各大金礦和許多金商有廣泛的聯繫,而且其下屬的各個公司又與許多商店和黃金顧客聯繫,因此,五大金商會根據自身掌握的情況不斷報出黃金的買價和賣價,在一定程度上影響著金價的走勢。

4. 銀行

作為黃金市場的參與者,銀行又有兩種參與形式:一種是黃金市場的經紀人,其自身不參加黃金買賣,僅僅為客戶代行買賣和結算,在生產者和投資者之間扮演中間人的角色,在市場上起著仲介作用,主要以蘇黎世的三大銀行為代表;另一種是做自營業務的銀行,如在新加坡黃金交易所內,就有多家自營商會員是銀行的。

5. 對沖基金

近年來,國際對沖基金尤其是美國的對沖基金在國際金融市場表現活躍。在黃金市場上,幾乎每次大跌都部分因為基金公司通過介入短期黃金,在即期黃金市場拋售和在紐約商品交易所黃金期貨交易所構築大量的淡倉引起的。而一些規模龐大的對沖基金利用與各國政治、工商、金融界千絲萬縷的聯繫往往較先捕捉到經濟基本面的變化,利用所管理的龐大資金進行買空和賣空,從而加速黃金市場價格的變化而從中漁利。

6. 其他投機商及個人投資者

它包括一些專門從事黃金買賣業務的投資公司及個人投資者。預測金價下跌做「空頭」,預測金價上漲做「多頭」,這類參與者是風險偏好型投資者,樂意承擔風險,從而從價格漲跌中獲取利益。

7. 經紀公司

代理非交易所會員進行黃金交易,以收取佣金為目的的經紀公司,也有的交易所將經紀公司稱為經紀行。經紀公司本身並沒有黃金,只是派場內代表在交易廳裡為客戶代理黃金買賣,收取客戶的佣金。在紐約、芝加哥、中國香港等黃金市場裡就活躍著許多的經紀公司。

(二) 黃金交易的客體

由於在黃金市場上參與交易的目的不同,黃金買賣的意義也就有所不同。總的來

說，用貨幣購買黃金，無論是作為投機活動、保值，還是作為黃金儲備，就金融本質意義而言，這種用貨幣進行的黃金買賣，屬於金融活動範疇。而雖然用貨幣購買，但用於工業等方面的黃金，因其不再執行貨幣的部分職能，只充當一般商品，因此不屬於金融活動範疇。

1. 黃金的計量單位

國際上通用金衡盎司作為計算金和銀的基本單位，盎司舊稱英兩，系英制。

1 盎司 = 31.103,477 克 = 0.622,07 市兩 = 1.097,14 常衡盎司 = 0.831,010,6 司馬兩。

2. 黃金的成色

黃金所含的雜質很難提淨，純金並非百分之百的足金。成色是金屬貨幣、金銀條塊或飾品器物的金屬純度，一般以千分比表示，也可以百分比表示。黃金的成色分為 24 分，1 分為一開（K），純金為 24K。

二、黃金的交易方式

(一) 黃金現貨交易

黃金現貨交易一般以金條為標的物，是在成交后的兩個營業日內完成交割與清算的一種黃金交易方式。黃金以固定價格交易，買賣時必須說明黃金在什麼地方交收、存入或提取。

金商出售后有兩種保管黃金的方法，一種叫「已分配帳戶」，這種帳戶下的黃金實物，由金商單獨保管，並開列重量、成色、條數等清單，金商不能動用這種黃金，因此要收取保管費。如倫敦市場的手續費通常為 0.25%，近年來由於競爭的加劇，有下降的趨勢。例如，在倫敦黃金市場上，某客戶用美元從銀行購進 100 條 1000 克的「四九」純金條，交收地在中國香港，每盎司金價為 303 美元，每盎司的運費和保險費為 0.90 美元，則每盎司售價為 303.90 美元，1000 克金條總價為 9770.60 美元（1000/31.1035×303.90），100 條 1000 克金條總價就為 977,060 美元，這些金條在兩個工作日內裝運完畢，977,060 美元在兩個工作日后借記在客戶的銀行美元帳戶上。另一種叫「未分配帳戶」，這種帳戶下的黃金，金商並不單獨保管，只是正式確認買方有一定數量黃金的所有權，由於黃金實物仍是金商的一種資產，可由其繼續週轉使用，所以免收保管費。

(二) 黃金遠期交易

黃金遠期類產品包括黃金遠期、黃金掉期（互換）、遠期利率協議，等等。黃金遠期合約是交易雙方約定在未來的某一日期按照約定的價格買賣既定數量的黃金，商業銀行和金礦公司都可以借此鎖定成本、對沖風險。而掉期是由一次現貨交易和一次反向的遠期交易組合而成，掉期完成后，交易者的黃金長短頭寸不變，所變化的只是頭寸所對應的期限。黃金遠期和掉期在功能上都是鎖定未來價格風險，兩者不同的是，掉期的前后兩筆交易（即期加遠期）的主體是相同的，而一筆即期交易和一筆遠期交易的主體可能是不同的。因此，掉期對市場影響較小，而遠期對於市場價格影響較大。

黃金的遠期利率協議是參與雙方約定在未來的某一個時間以某一約定的利率借貸黃金的協議，以此來鎖定未來黃金借貸的成本。這些工具一般通過櫃臺交易，交易雙方為大的金融機構、黃金企業和黃金投資人。這些工具為市場參與者提供了買賣和借貸黃金的價格風險管理手段。

(三) 黃金期貨交易

黃金期貨交易是指買賣雙方先簽訂買賣黃金期貨合同並交付保證金，規定買賣黃金的標準量、商定價格、到期日，即在約定的交割日（一般為3個月、6個月、1年）按約定價格與交易量進行交割的一種交易方式。

期貨交易又可分為保值交易與投機交易。保值交易是人們為了規避政治與經濟風險，以及為了避免金價波動而遭受損失而進行的黃金買賣；投機交易則是利用金價波動買空或賣空，從中牟取投機利潤的黃金交易。保值交易和投機交易有時很難區分，但對大多數金融機構和用金企業來說，期貨交易既是減少未來風險的一個方式，又是一個十分微妙複雜的投機形式。

進行期貨投機時，當預測金價趨跌時，賣出期貨，即所謂做「空頭」或「賣空」。期貨到期時，若價格按預期下跌，則可以低價買入黃金實行對沖，從而賺取差額投機利潤。一般情況下，並不是購買黃金現貨來履行賣出義務，而只收取價差；相反，當預測金價趨漲時，買進期貨，期貨到期時，若價格按預期上漲，則可以高價賣出黃金實行對沖，同樣賺取差額投機利潤。

黃金期貨交易的標準量為100金衡盎司，買賣一筆合同的交易量均為100金衡盎司。黃金期貨交易採取保證金與逐日盯市的交易和結算方法。起始保證金為交易量的5%，即若當天黃金收市價為336.80美元/盎司，那麼購買一筆期貨的保證金為1684.0美元（5%×336.80×100）。而逐日盯市的制度規定當天結算期貨交易的利潤與虧損，即購買了一筆黃金期貨合約後，若當天黃金的收市價比昨天收市價低了0.8美元，則期貨買方當天損失80美元（0.8×100），這80美元將從保證金中扣除；反之，如果當天黃金收市價比昨天高0.8美元，則買者獲利80美元，並將其計入保證金。

黃金期貨的交易價格一般也以現貨價格為依據，再加上期貨期限的利息而定。實際上近年來黃金價格波動頻繁而且劇烈，期貨升水、貼水的水平很難與實際價格完全相符，所以期貨交易多為投機者所利用。黃金期貨交易要收取各種費用。以中國香港為例，一筆黃金期貨交易（每筆交易量規定為100司馬兩）要收取四種費用，即手續費30港元、倉儲費每日10港元、收倉手續費100港元、保險費5萬港元。但承購遠期黃金不必繳納試金費、保藏費等，且買方只需按每盎司黃金先付少量的保證金，但現貨交易須在交割時全部付清。

期貨合約與遠期合約的區別在於期貨合約是一種標準化的協議，對交割日和交割質量有統一標準，交易在交易所內進行。而遠期合約的內容包括交割日、質量等內容都需一一談判以達成協議，沒有關於遠期合約的交易所。另外，期貨合約中實際交割的比例小，而遠期合約要求實際交割，因此，遠期合約中沒有保證金變化的問題，而黃金期貨則像一般商品期貨一樣，採取逐日盯市結算保證金的辦法。黃金期貨交易實

質上是買賣保證金制度，因此適合於做黃金投機交易和保值交易。

第三節　黃金價格

一、黃金價格的種類

目前世界上所指的黃金價格主要指市場價格、生產價格或準官方價格。

市場價格包括現貨價格和期貨價格，受很多因素的影響，價格變化大，價格確定機制複雜。由於存在強烈的投機因素，黃金市場上價格劇烈波動，而只有在中期、長期交易中才能綜合各種因素確定出一個比較穩定的市場價格。

生產價格是根據生產成本建立的價格基礎。例如，1986年，除去折舊費和所得稅以外，南非的黃金生產成本約每盎司258美元，但如果把礦藏管理、必要的投資及資本收益都考慮進去的話，南非的生產成本應該翻一番。

準官方價格是被中央銀行用來與官方黃金進行有關交易活動而採用的一種價格。在準官方價格中，中央銀行的官方黃金總儲備量是確定準官方金價的一個重要的因素。

二、世界黃金價格變動概述

20世紀70年代初至今，世界黃金價格發生了劇烈的變動。20世紀70年代初，每盎司黃金價格為30多美元，80年代初，黃金價格暴漲至每盎司近700美元。而到21世紀初，黃金價格為每盎司270美元左右，隨後逐年上漲，2006年5月12日達到26年來的最高點，為每盎司730美元。緊接而來的是一個月內跌幅達21.9%，隨後，黃金價格進入一個長時間穩步增長的牛市，2011年9月6日達到黃金歷史最高價每盎司1920.8美元。此後的幾年中，黃金價格持續降溫，2015年10月22日的黃金價格為每盎司1167美元。倫敦黃金價格趨勢如圖7-2所示：

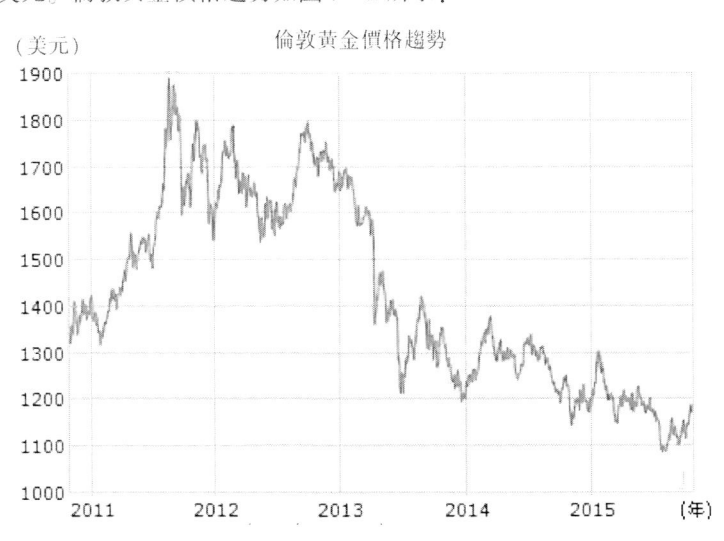

倫敦黃金價格趨勢

圖 7-2　2011—2015 年倫敦黃金價格走勢

三、影響黃金價格的因素

黃金作為一種商品，決定其價格的因素在於它的生產成本以及供求情況。黃金的生產成本受科學技術發展水平的制約。新的開採技術或新的冶煉技術的發現，無疑會有助於黃金價格的下降。但是短期內生產成本的變化不大，而影響黃金價格的主要是黃金的供給與需求。黃金供求狀況直接影響國際黃金市場上金價的波動，一般來說，供不應求時，黃金價格會上漲；供過於求時，黃金價格會下降。

（一）黃金的供給與需求

1. 黃金供給

黃金市場的供給主要來自世界主要採金國，如南非、美國、澳大利亞和加拿大的黃金開採，各國政府、國際貨幣基金組織拋售黃金儲備，金幣、金葉的出售，商業銀行在市場上拋售金礦公司歸還貸款時所支付的黃金，中央銀行為獲得流動性資產而進行的黃金抵押交易和黃金互換交易，西方一些國家發行的黃金證券及私人拋售的黃金。世界黃金總供給量和進入市場交易的供給量是兩個不同的概念。因為在前者中，許多黃金管制的國家生產的黃金很少在國際上或國際市場上出售，大部分用為國家儲備。

黃金市場主要有三種性質的黃金供給：第一種是經常性供給，主要包括世界主要產金國的供給，如南非、澳大利亞、加拿大、美國等，這類供給是穩定的、經常性的。第二種是誘發性供給，這是由於其他因素刺激作用導致的供給，主要是金價上揚，使許多囤金者為獲利拋售，或使黃金礦山加速開採，或黃金管制國家趁機在國際市場上拋售黃金換取美元。第三種是調節性供給，這是一種有階段性的不規則的供給。如原蘇聯農產品欠收拋售黃金；產油國因油價低迷導致收入不足而拋售一些黃金。

2. 黃金需求

黃金需求的主要來源：一是機械、通信設備、電子產品、航天工業、首飾、醫療等各方面的工業生產用金需求；二是各國官方的黃金儲備需求，即各國中央銀行將黃金集中作為儲備，用以國際間的支付；三是保值與投資的需求，投資者主要是為優化資產組合和避險保值的銀行等各類金融機構、為降低通貨膨脹對自己資產帶來損失的一些企業和個人以及利用黃金財富貯藏功能將資產轉化為金幣並獲取升值價差的金幣收藏者；四是投機需求，主要是遊走於黃金市場上希望從黃金價格的變動中獲取投機機會的資金。

因此也可將黃金需求分為四種性質：第一種是經常性需求，包括珠寶飾金、工業用金、各國官方儲備及民間儲蓄持有。這類需求占一般總需求的 75%～80%，且每年呈增長趨勢。第二種是保值性需求，這類需求主要是為了防備通貨膨脹，減少損失。如農產品欠收，油價上漲時，投資者會大量購買金條以求保值。第三類是替代性需求，黃金與存款、股票、債券、美元等投資工具的相互替代性取決於收益率的大小。第四類是投機性需求，這種需求是投機者利用金價波動，入市賺取利潤，人為製造需求假象。

（二）影響黃金供求的因素

黃金市場的供求關係決定黃金價格，而金價在長期上漲的趨勢中呈現短期波動的特點，是由於黃金的供求受到以下一些因素的影響：

1. 黃金產量對黃金的供應量有著重要影響

南非是世界上生產和供應黃金最多的國家，它生產的黃金占西方世界黃金產量的 70%～80%，因此南非黃金年產量的變化，直接影響著國際黃金市場的黃金供應量。1970 年時南非黃金年產量已達 1000 噸，但由於此后黃金官價遭取消，自由市場金價上漲，南非採取了削弱產量的辦法。南非黃金產量的減少，直接導致世界黃金年產量的下降和世界黃金市場上供應量的減少，推動了黃金價格的大幅度上漲，使每盎司黃金價格由 40 美元上漲到 400 美元。

2. 世界經濟週期的波動

一般來講，在經濟危機和經濟衰退時期，一方面，生產環節對黃金的消費將減少，並且由於人們對收入的悲觀預期，使得黃金首飾的購買量也減少了；另一方面，這一時期利潤率會降低到最低點，人們對一國或世界經濟發展的悲觀預期使人們採取拋售紙幣搶購黃金的方法謀求保值，從而對黃金的需求就會增加，刺激金價上漲。在經濟復甦和高漲時期，一方面黃金消費增加，人們對收入的良好預期，使得對黃金首飾的購買量增加；另一方面，這一時期由於對資金的吸收量大，利潤率增高，人們反過來願意將黃金拋出，換成紙幣進行投資，以獲得更多的利潤。因為這時持有黃金非但不能獲取利息，還要支付保管費等。經濟發展也提升了其他金融資產和其他實物資產的價格和投資價值，例如股票、儲蓄、房地產等。人們會把資金投向回報更高的資產，因此，這一時期人們對黃金的需求就會減少，金價疲軟。

3. 通貨膨脹

第一，通貨膨脹會使紙幣貶值，使人們對紙幣失去信心，認為持有黃金比持有紙幣更穩妥與更安全。居民為了保值的需要更願意擁有黃金，黃金的需求增加，黃金價格上漲；相反，則黃金的價格會下降。第二，一國通貨膨脹率越高，其居民為了保值的需要更願意擁有黃金，黃金的需求增加，其價格會相對上漲；相反，則黃金的價格會下降。

4. 市場利率

黃金作為保值手段存在機會成本，如果不考慮保管費用，持有黃金機會成本的大小與市場利率密切相關。當市場利率較高時，意味著持有黃金的機會成本增大，促使人們將資金存入銀行或投資於證券市場以獲取更高的預期收益，而減少對黃金的購買；反之，當市場利率較低時，意味著持有黃金的機會成本降低和貨幣供應量增加，因此人們持有黃金來保值的慾望增強，增加對黃金的購買，引起金價上揚。

5. 影響世界經濟的關鍵產品的價格變化——石油價格

石油是世界經濟能源中重要的一項，它的價格變動會對整個世界經濟產生重要影響。石油價格對黃金價格的影響主要是通過「石油美元」來實現的。一般而言，金價與石油價格呈同向變動趨勢，因為目前國際石油價格以美元標價，當石油價格上漲時，

往往引起美元的貶值，美元的貶值又會促使人們搶購黃金以保值，從而刺激金價的上漲。例如1973年和1979年的兩次石油危機均對黃金價格造成了影響。反之，若石油價格不斷下降，美元升值，則會影響金價，使其有下跌的趨勢。

6. 外匯市場的匯率波動

一國貨幣匯率的變動對金價的變動也有著重要影響。一般來說，當一國貨幣匯率出現下跌時，會引發人們拋售該種貨幣而購買黃金，政府也會增加黃金儲備而相應減少外匯儲備，對黃金需求的增加會導致黃金價格的上漲；反之，金價則可能下跌。而在國際外匯市場上，某種主要貨幣地位疲軟，出現匯率下跌，該幣實際貶值，人們就會拋售該貨幣而購買黃金，黃金價格就會上漲。美元是目前國際結算和國際儲備中使用得最多的貨幣，在國際貨幣市場中佔有最大比重。所以，當美元匯率波動時，國際黃金市場上的黃金價格就會出現相應的波動。當美元匯率下跌時，往往會引起拋售美元搶購黃金的風潮，從而導致金價大幅度上漲；反之，當美元匯率堅挺時，金價一般都處於比較平穩或穩中有降的趨勢。

7. 其他金融資產價格及收益率

黃金作為一種金融資產，在其他條件不變的情況下，它的價格同其他金融資產的收益率呈反方向變動：其他金融資產收益率高，黃金價格相對降低；其他金融資產收益率低，黃金價格會相對上漲。

8. 政治局勢

金價對國際政治局勢的動盪或偶發性的政治事件的反應也極為敏感。一旦發生重大國際事件或出現政治局勢的動盪，便會引發搶購黃金的市場行為，因為當前仍只有黃金才是人們普遍願意接受的資產，由此對金價產生衝擊。國際政治局勢越穩定，黃金價格越穩定；國際政治局勢越是動盪不安，黃金價格往往會上漲。如1990年海灣戰爭期間，國際黃金市場上金價曾大幅度上揚。

9. 人們的心理預期與投機活動

隨著黃金市場交易工具的不斷創新，一方面，人們用以規避風險的手段不斷增多；另一方面，利用創新工具進行投機以獲取投機利潤的機會也越來越多。當外匯市場和證券市場的行情不明朗時，投機者便會將目光集中在黃金市場上，引起黃金市場供求關係發生變化，進而引起金價波動。如1996年因美國投機基金的大量投機性購買，促使金價上漲到417美元/盎司，創下自1990年伊拉克入侵科威特以來近六年時間裡的黃金最高價。而當人們預期本國或外國經濟不景氣時，往往拋售本幣或外幣而購買黃金，而這種預期行為又會引起投機者的投機活動，兩方面推波助瀾會引起黃金價格上漲；反之，則黃金價格會下降。

小結

1. 黃金市場隨著世界經濟政治局勢的變化而不斷發展變化，黃金的貨幣化是一個歷史的漸進的過程，同樣黃金的非貨幣化也需要一個過程。

2. 世界主要黃金市場有：英國倫敦黃金市場、瑞士蘇黎世黃金市場、美國紐約黃

金市場、中國香港黃金市場、新加坡黃金市場。

3. 時差把分佈在各大洲的黃金市場連為一體，世界各地的黃金市場都有共同的參與者，它們利用各市場的差價進行間接交易。

4. 黃金市場按規模及對世界黃金交易影響程度分為主導性市場和區域性市場；按交易方式分為現貨市場和期貨市場；按黃金交易管制程度不同分為自由交易市場和限制性交易市場。

5. 黃金可以進行現貨交易、遠期交易以及期貨交易。

6. 黃金價格主要受黃金的供求關係影響，而世界經濟週期的波動、通貨膨脹、市場利率、石油價格、外匯市場的匯率波動、其他金融資產價格及收益率、政治局勢、人們的心理預期與投機活動都會對黃金供求產生影響。

重要概念提示

金本位制　黃金管制　布雷頓森林體系　牙買加協定　黃金遠期交易　黃金期貨交易

復習思考題

1. 簡述黃金市場的分類。
2. 分析比較黃金期貨合約與黃金遠期合約。
3. 闡述影響黃金價格的因素。
4. 如果你有一筆錢準備進行投資，你會選擇黃金嗎？為什麼？

第八章　金融衍生工具

學習目標

在這一章中，我們將討論金融衍生工具、金融遠期與期貨市場、金融期權市場以及其他金融衍生工具市場。完成本章的學習後，你應該能夠：

1. 瞭解金融衍生工具的概念及特徵。
2. 瞭解金融衍生工具的分類。
3. 熟悉金融衍生工具的功能。
4. 掌握金融遠期合約以及金融期貨的含義。
5. 熟悉金融期貨市場的分類以及交易制度。
6. 熟悉股指期貨的概念和操作。
7. 掌握金融期權的概念和特點。
8. 分析金融期權價格的決定、影響期權價格的因素以及金融期權的損益。
9. 瞭解其他金融衍生工具市場。
10. 掌握融資融券交易的功能與作用。

學習的重點和難點

1. 金融衍生工具的功能和分類。
2. 金融遠期合約及金融期貨的比較。
3. 金融期權的價格決定及影響價格的因素。
4. 我國開展融資融券業務的積極意義和作用。

第一節　金融衍生工具概述

一、金融衍生工具的概念及特徵

金融衍生工具（Financial Derivative Instrument），也稱金融衍生產品，通常是指價值依附於某個基礎標的資產價格及價格指數的一種金融合約。其中，基礎金融工具包括貨幣、債券、股票、匯率、利率、股票指數等。

衍生工具自誕生以來，其內涵和外延就時刻處在動態的變化和發展當中，尤其進入20世紀80年代之後，金融創新的蓬勃發展使得衍生工具市場得以通過進一步的創新、分解和組合，形成新的證券。但總的來說，所有的衍生工具大都可以用遠期、期

貨、期權和互換等基本衍生工具框架進行解釋。

金融衍生工具有以下主要特徵：

（1）金融衍生工具的價值依賴於標的資產的價值變動。金融衍生工具是由基礎金融工具派生出來的產品，因此其價值也從基礎資產的市場價格中衍生出來。

（2）金融衍生工具是對未來的交易。金融衍生工具是在現時對基礎工具未來可能產生的變動趨勢進行預測並約定在未來某一時間按一定條件進行交易或選擇是否交易的合約。其交易在現時發生而盈虧結果要在未來某時刻才能確定。

（3）金融衍生工具具有槓桿效應。由於衍生工具在交易時採用繳納保證金或期權費的方式進入市場，這樣，參與者只需動用較為低廉的交易成本就可進行幾十倍金額的交易，具有以小博大的高槓桿效應。

二、金融衍生工具市場的參與者

金融衍生工具市場的參與者包括套期保值者、投機者和套利者。

套期保值者（Hedger）參與市場交易的目的不在於投資獲利，而是希望通過買賣相關工具對沖現在或是將來可能面臨的風險，以此來鎖定將來的收益。如股票和外匯的遠期合約，都是採用現時的約定去規避將來市場價格逆向運動時可能會帶來的損失。

投機者（Speculator）行為類似於賭徒，他們相信自己對未來市場價格走勢的預期是正確的。他們打賭價格會上漲時，在現在買入，而在將來價格真的上漲時賣出，獲取可觀的價差收益；打賭價格會下降時，則作相反操作，仍可獲取價差收益。由此可見，投機者參與衍生市場的目的恰好與套期保值者相反，未來不確定性越大，投機者在市場上就越活躍。

套利者（Arbitrageur）通過瞬間進入一個或兩個市場進行同一種相關工具的交易從而獲得一個無風險的收益。如交易者在倫敦市場上以低價買入，與此同時在紐約市場上高價賣出，利用兩個地點匯率的不同進行跨市套利交易。

三、金融衍生工具的分類

金融衍生工具按照不同的標準有不同的劃分方法。國際清算銀行按照交易方式將其分為遠期協議、期貨、互換和期權四種類型。按交易地點不同又可分為交易所交易品種與場外交易品種兩類。按照衍生產品所依附的基礎工具的不同又可分為匯率類、利率類、股票類、商品類金融衍生工具。這裡我們主要介紹兩種劃分方式。

1. 按照依附的基礎工具不同，可分為股權式衍生工具、貨幣衍生工具和利率衍生工具

（1）股權式衍生工具。它是以股票或股票指數為基礎資產的金融衍生工具，主要包括股票期貨、股票期權、股票指數期貨、股票指數期權以及上述合約的混合交易合約如股票期貨期權等。

（2）貨幣衍生工具。它是以各種貨幣作為基礎資產的金融衍生工具，主要包括遠期外匯協議、貨幣期貨、貨幣期權、貨幣互換以及上述合約的混合交易方式。

（3）利率衍生工具。它是以利率或利率的載體為基礎資產的金融衍生工具，主要

包括遠期利率協議、利率期貨、利率期權、利率互換以及上述合約的混合交易合約。

2. 按照金融衍生工具的性質及交易方式的不同，可分為金融遠期、金融期貨、金融期權和金融互換

（1）金融遠期。金融遠期是指合約雙方約定在未來的某一確定時間，按確定的價格買賣一定數量的某種資產的協議。也就是說，交易雙方根據不同的需要在合約簽訂日約定交易對象、交易價格、交易數量和交易時間等合約條款，並在這個約定的未來交易時間進行實際的交割和資金交收。金融遠期合約主要包括遠期利率協議、遠期外匯合約、遠期股票合約。

（2）金融期貨。金融期貨合約實際上就是標準化了的遠期合約。從原理上來看，遠期和期貨是本質相同的兩種衍生工具，其最大的區別就在於交易機制設計的不同。期貨交易是雙方在集中性的交易場所，以公開競價的方式所進行的標準化金融期貨合約的交易。通過標準化的合約設計和清算所、保證金等交易制度的設計，提高了交易的流動性，降低了信用風險，從而大大促進了交易的發展。

（3）金融期權。金融期權是指賦予其購買者在規定的期限內按雙方約定的價格買入或賣出一定數量的某種金融資產的權利的合約。期權的實質是：在支付了一定的期權費之後，合約購買者享受的是一種權利而非義務，也就是說，有權選擇是否行使期權賦予的權利。

（4）金融互換。金融互換是兩個或兩個以上當事人按照商定條件，在約定的時間內，交換一系列未來的現金流的合約。利率互換和貨幣互換是最重要的兩種互換協議。互換交易在場外市場上進行，交易方之間可以就互換標的資產、互換金額、互換期限、互換利益分享等方面進行具體的協商，從而更能夠符合交易者的具體需要，但也因此必須承擔一定的流動性成本和信用風險。

四、金融衍生工具的功能

在今天的金融市場上，衍生工具非常受歡迎，獲得了巨大的發展，這顯然是和衍生工具的功能和作用分不開的。

（1）市場的完善。在金融理論中，對於金融市場可能出現的各種情況，如果市場中具備足夠數目的獨立金融工具來進行完全的套期保值，從而轉移風險，則這個市場就是完全的。如果在市場中的金融工具不夠多，不夠分散，無法實現這個過程，那麼這個市場就是不完全的。完全市場是金融市場不斷追求的一種理想狀態，因為越接近完全市場，經濟中的市場主體所獲得的福利就越大，市場主體的處境就越能夠得到改善。而衍生證券的存在，可以從分擔風險、準確定價和增加信息揭示三個方面促進市場的完善。

（2）風險管理功能。儘管衍生工具自身的價格波動很大，風險性較高，但衍生工具的重要功能之一就是風險管理，這也是其誕生的原動力。金融衍生工具可以將分散在社會經濟各個角落裡的市場風險、信用風險等集中到衍生品交易市場中集中匹配，然後分割、包裝並重新分配，使套期保值者規避經營中的大部分風險，不承擔或只承擔極少一部分風險。

(3) 投機功能。衍生工具往往以高風險著稱，其高槓桿的交易特徵是主要原因之一。但是，衍生工具的高風險性並不一定是不好的，因為衍生工具的存在向那些希望進行投機、追逐利潤的投資者提供了非常強大的交易工具，而適度的投機是金融市場得以存在的重要基礎之一。

第二節　金融遠期與期貨市場

一、金融遠期合約的概念

遠期合約是指由買賣雙方在成交日訂立的，約定在未來某一確定時間以確定價格交割特定數量的某種標的資產的協議。在合約中，雙方約定買賣的資產稱為「標的資產」，當標的資產為金融資產時，則稱作金融遠期合約（Forward Contracts）；同意在未來某一時間以約定的價格賣出標的資產的一方稱為「空頭」或「空方」，同意在未來某一時間以約定的價格買入標的資產的一方稱為「多頭」或「多方」；雙方約定的未來進行交割的某一確定時間稱為標的資產的遠期交割日期；約定的成交價格稱為「協議價格」或「交割價格」。

遠期市場是商品經濟發展的產物，是生產者和經營者在商品經濟實踐中創造出來的一種規避或減少交易風險、保護自身利益的商品交換形式。遠期合約具有以下特點：

(1) 遠期合約一旦被訂立，合約中指明的交割條件（價格、數量、時間）對於雙方來說既是權利也是義務，買賣雙方都必須保證標的資產按條款交割。它是由交易雙方通過談判後簽署的非標準化合約，合約中的交割條件的細節都可由雙方協商決定，具有很大的靈活性，可以盡可能地滿足雙方的需要。但正因如此，遠期合約千差萬別，給遠期合約的流通造成了較大的不便，流動性較差。

(2) 由於買賣方的權利和義務是對等的，因此遠期合約在訂立時本身沒有價值，任何一方都不必向另一方進行價值支付或者補償。

(3) 遠期合約一般是在場外市場交易。這是它的一個缺點，因為沒有固定集中的交易場所，不利於信息的交流和傳遞，從而不利於形成統一的市場價格，市場效率較低，並且缺乏有效的信用保證體系。因此遠期合約交易方一般都面臨比較高的違約風險，當價格變動對一方有利時，對方有可能無力或無誠意履行合約。

遠期合約的交易目的一般為套期保值。它是一種投資策略，這種策略通過構造一些頭寸相反的金融合約，使得合約之間的價值變動是負相關的。也就是說，在特定因素（比如現貨價格變動）影響下，一些合約的價值損失能夠被另一些合約的價值收益所補償；反之亦然。

二、金融期貨的概念

金融期貨合約和遠期合約本質上是相同的，都是指協議雙方約定在將來某一特定的時間按約定的條件（包括價格、交割地、交割方式）買入或賣出一定標準數量的某

種特定金融工具的標準化協議。但期貨合約和遠期合約有以下不同：①期貨合約都是在標準化的交易場所進行交易，交易所的交易機制保證了它的違約風險大大小於遠期合約。②期貨交易的交易對象為標準化的合約。期貨合約的條款都是由交易所確定的、在標的資產、交割數量、期限上都進行了標準化。因此與遠期合約相比，期貨合約有更高的流動性。

金融期貨合約的基本要素包括：

（1）交易單位。交易單位也稱合約規模，是指交易所對每一份金融期貨合約所規定的交易標準數量。人們在交易中只能買進或賣出這一標準數量的整數倍。

（2）最小變動價位。最小變動價位是指由交易所規定的在金融期貨交易中每一次價格變動的最小幅度。

（3）每日價格波動限制。每日價格波動限制是指交易所對金融期貨合約每日價格的最大波幅的限制。對價格波動加以限制是為了降低期貨價格劇烈波動帶來的風險。

（4）合約月份。合約月份是指期貨合約到期交收的月份。在金融期貨交易中，絕大多數期貨合約的交收月份都為每年的3月、6月、9月和12月。

（5）交易時間。交易時間是指由交易所規定的每種合約在每天可以進行交易的具體時間。

（6）最后交易日。最后交易日是指由交易所規定的每種合約在到期前的最后一個交易日期。由於金融期貨交易大多數都在交易限期內通過對沖交易結清差額，但是如果在最后交易日交易結束前持倉者仍未作對沖交易，那麼則只能通過合約到期時進行實物交收或現金結算結清其交易。

表8-1是我國滬深300指數期貨合約的內容：

表8-1　　　　　　　　　　滬深300指數期貨合約

合約標的	滬深300指數
合約乘數	每點300元
報價單位	指數點
最小變動價位	0.2點
合約月份	當月、下月及隨后兩個季月
交易時間	9:15~11:30、13:00~15:15
最后交易日交易時間	9:15~11:30、13:00~15:00
每日價格最大波動限制	上一個交易日結算價的±10%
最低交易保證金	合約價值的10%
最后交易日	合約到期月份的第三個周五（遇法定假日順延）
交割日期	同最后交易日
交割方式	現金交割
交易代碼	IF
上市交易所	中國金融期貨交易所

三、金融期貨市場的交易制度

（1）保證金制度。保證金分初始保證金與維持保證金。所謂初始保證金，是指買賣雙方在交易之前在經紀公司開立專門的保證金帳戶，並存入的一定數量的保證金。初始保證金可以用現金、銀行信用證或短期國庫券等繳納。大多數期貨合約的初始保證金僅為標的資產價值的5%～10%。維持保證金是維持帳戶的最低保證金，通常相當於初始保證金的75%。

（2）每日結算制。所謂每日結算制，是指期貨交易每天進行結算，而不是像遠期交易一樣到期一次性進行。具體來說，是指根據當天的結算價格來計算多空雙方的盈虧。在每天交易結束時，保證金帳戶會根據期貨價格的升跌而進行調整，以反應交易者的浮動盈虧，這就是所謂的盯市。當天結算價格高於昨天的結算價格時，高出部分就是多頭的浮動盈利和空頭的浮動虧損。這些浮動盈利和虧損就在當天晚上分別加入多頭的保證金帳戶和從空頭的保證金帳戶中扣除。當保證金帳戶的余額超過初始保證金水平時，交易者可隨時提取現金，但交易者取出的資金額不得使保證金帳戶中的余額低於初始保證金水平。而當保證金帳戶的余額低於交易所規定的維持保證金水平時，經紀公司就會通知交易者追加保證金，即在限期內把保證金水平補足到初始保證金水平，否則就會被強制平倉。

（3）結清期貨頭寸。結清期貨頭寸的方式主要有實物交割和對沖平倉兩種。

①實物交割。大多數的期貨合約在最初訂立時都要求通過交割特定的商品來結清頭寸。目前大約只有不到2%的期貨合約是通過實物交割來結清頭寸的。近年來，期貨交易中引入了現金結算的方式，即交易者在合約到期時不進行實物交割，而是根據最後交易日的結算價格計算交易雙方的盈虧，並通過直接劃轉雙方的保證金來結清頭寸。商品期貨大多採用實物交割，金融期貨大多採用現金結算。

②對沖平倉。這是目前期貨市場上最主要的一種結清頭寸的方式。即可以在交割日之前通過反向對沖交易（相當於期貨合約的買者將原來買進的期貨合約賣掉，期貨合約的賣者將原來賣出的期貨合約重新買回）來結清自身的期貨頭寸，而無須進行最後的實物交割。

四、金融期貨市場的分類

按標的物的不同，金融期貨主要可分為外匯期貨市場、利率期貨市場和股價指數期貨市場。

（一）外匯期貨市場

1. 外匯期貨的概念

外匯期貨，也稱貨幣期貨，是指交易雙方以公開叫價的方式，承諾在約定的時間以約定的價格買入或賣出一定數量的某種外匯。簡而言之，外匯期貨就是以外匯為標的的期貨合約，它是金融期貨中最先產生的品種，主要是為了規避外匯風險。目前，外匯期貨的主要市場包括倫敦國際金融期貨交易所、美國芝加哥商品交易所、新加坡國際貨幣交易所等。

2. 外匯期貨交易的操作

外匯期貨市場的交易主要有兩種：套期保值和投機套利。

（1）套期保值。外匯期貨市場上的套期保值主要是指國際經貿交往中的債權人和債務人為防止因計價貨幣貶值或升值而使其預計收回的債權或將要支付的債務蒙受損失，從而將匯率風險控制在一定程度內，在金融期貨市場上做與金融現貨市場頭寸相反、期限對稱、金額相當的外匯期貨交易，以達到保值的目的。它可以分為買入套期保值和賣出套期保值。買入套期保值又稱多頭套期保值，一般應用於在未來將發生外匯支出的情況下，即事先在期貨市場上買入該外匯期貨；賣出套期保值又稱空頭套期保值，一般應用於在未來取得外匯收入的情況，即事先賣出這筆外匯收入，從而避免到期時匯率波動的風險。

例如，美國某出口企業 A 公司於 2009 年 9 月 5 日向加拿大 B 公司出口一批價值為 150 萬加元的商品，用加元計價結算，3 個月后取得貨款。為減小到期時加元貶值的風險，A 公司擬在 IMM 做外匯期貨套期保值，賣出加元期貨，以減小可能的損失。出口時和 3 個月后的加元現貨與期貨價格如下所示：

	9 月 5 日	3 個月后
CAN 現貨價格	CAN 1 = USD 0.9675	CAN 1 = USD 0.9592
6 月份 CAN 的期貨價格	CAN 1 = USD 0.9678	CAN 1 = USD 0.9598

IMM 外匯期貨合約中美元是報價貨幣，加元是交易標的貨幣，每手加元期貨規模為 100,000 加元，因此可以直接賣出加元期貨套期保值。A 公司的套期保值交易如表 8-2 所示。

表 8-2　　　　　　　　　　外匯期貨空頭套期保值示例

	現貨市場	期貨市場
9 月 5 日	預計 3 個月后將會收到 CAN 1,500,000 貸款，按照當時匯率 CAN 1 = USD 0.9675 計算，貸款的價值為 1,451,250 美元	以 CAN 1 = USD 0.9678 的期貨價格賣出 15 份 12 月份加元期貨合約，總價值為 1,451,700 美元
3 個月后	收到 1,500,000 加元貸款，按當前的現貨價格 CAN 1 = USD 0.9592 可以兌換為 1,438,800 美元	以 CAN 1 = USD 0.9598 的期貨價格買入 15 份 12 月份加元期貨合約平倉，總價值為 1,439,700 美元
盈虧狀況	現貨市場虧損：1,451,250 − 1,438,800 = 12,450 美元	期貨市場盈利：(0.9678 − 0.9598) × 15 × 100,000 = 12,000 美元
總頭寸盈虧	淨虧損：450 美元	

利用期貨市場套期保值，該出口商蒙受的損失從 1 萬多美元減少至 450 美元。如果到期時加元升值，那麼期貨市場的虧損就由現貨市場的盈利來彌補。最后的結果可能是少量的虧損或持平，甚至有可能少量盈利。

（2）投機套利交易。外匯期貨市場的投機是指交易者根據其對未來市場走勢的預測和判斷，通過買賣外匯期貨合約，從中賺取差價的交易行為。投機分為做多和做空。

做多是指當投機者預測某種外匯的期貨價格將會上漲，則買入該外匯期貨合約，待價格上漲便賣出進行對沖從而盈利，若價格下降則會受損；同樣，做空則是指當投機者預測某種外匯的期貨價格將下跌，便先行賣出該外匯期貨合約，待價格下跌便買進進行對沖從而盈利，若價格上漲則會受損。

外匯期貨的套利交易是外匯期貨投機交易的延伸，因而更複雜。一般是投資者根據對市場的判斷，賣出價格相對高估的期貨合約，同時買入相對低估的期貨合約從而實現套利。外匯期貨套利又可以分為跨期套利、跨市場套利和跨幣種套利。

(二) 利率期貨市場

1. 利率期貨的概念

所謂利率期貨 (Interest Rate Futures)，是指由交易雙方簽訂的，約定在將來某一時間按雙方事先商定的價格，交割一定數量的與利率相關的金融資產的標準化期貨合約。簡而言之，利率期貨是指標的資產價格依賴於利率水平的期貨合約。

利率期貨交易的交易對象並不是利率，而是某種與利率相關的特定的金融證券或支付憑證，如國庫券、債券、大額定期存單、歐洲美元存款證等。其標的資產的價格通常與實際利率呈反方向變動，並且通常在合同期滿時並不需要實際交割金融資產，而只是通過計算市場價格的漲落結算利率期貨合同的實際價值。

2. 利率期貨交易的種類

目前全球期貨市場上的利率期貨種類繁多。通常，按照合約標的的期限長短，利率期貨可以分為短期利率期貨和長期利率期貨兩大類。短期利率期貨又稱貨幣市場類利率期貨，即凡是以期限不超過一年的貨幣市場金融工具作為交易標的的利率期貨，如短期國庫券期貨合約、歐洲美元期貨合約、商業票據期貨合約、大額可轉讓存單期貨合約等。長期利率期貨又叫資本市場類利率期貨，即凡以期限超過一年的資本市場金融工具作為交易標的的利率期貨，如各種中期國債期貨合約、長期國債期貨合約等。

3. 利率期貨交易的操作

(1) 套期保值操作。套期保值在這裡是指在現貨市場買入時在期貨市場賣出，或在現貨市場賣出時在期貨市場買入。利率期貨的套期保值也可以分為多頭套期保值和空頭套期保值。

例如，3月15日，美國現貨市場的國庫券貼現率為5%，某人預期一個月後可以收到一筆100萬美元的款項，他準備將這筆款項投資於3個月期的國庫券，但預測一個月後市場利率可能下調。為此，他買進一張同年6月份到期的國庫券期貨合約，以實現多頭保值。其具體過程如表8-3所示。

表8-3　　　　　　　　　　利率期貨多頭套期保值示例

	現貨市場	期貨市場
4月15日	貼現率為10%（國庫券價格為90萬美元），準備將100萬美元投資於3個月期國庫券	以88.5萬美元的價格買進一張6月份到期的國庫券期貨合約

表8-3(續)

	現貨市場	期貨市場
5月15日	收到100萬美元，以92.5萬美元的價格買進3個月期的國庫券	以90.8萬美元的價格賣出一張6月份到期的國庫券期貨合約
盈虧狀況	現貨市場：1,000,000 × (7.5% − 10%) × 90/360 = −6250美元	期貨市場：(90.8 − 88.5) × 10,000 × 90/360 = 5750美元
總頭寸盈虧	淨虧損：500美元	

（2）投機和套利交易。同外匯期貨類似，利率期貨市場也有投機和套利交易。投機主要是指用單筆頭寸進行買賣的交易，它的原理很簡單：若投機者預期未來利率水平將下降，從而利率期貨的價格將上漲，便可先行買入期貨合約，做多；否則，便做空。而實際上，利率期貨市場上大多數的投機行為都是價差頭寸投機，我們可以稱之為套利，例如利用交割月份不同的短期國庫券期貨合約來進行套利，或者利用短期國庫券期貨合約和歐洲美元期貨合約的價差來進行套利。

（三）股價指數期貨市場

股價指數期貨（簡稱「股指期貨」）是金融期貨家族中最年輕的一員，目前已成為當前國際金融市場上交易最為活躍的期貨品種之一，股指期貨交易也無愧為20世紀80年代最重要和最成功的金融創新之一。目前，股指期貨交易已成為所有期貨交易品種中第二大品種，僅次於利率期貨。

1. 股指期貨的概念

股指期貨（Stock Index Futures），是指由交易雙方通過競價方式簽訂的，約定在將來某一特定時間和地點交收特定價格（一定點數的股價指數）的標準化期貨合約。股指期貨是所有期貨交易中最複雜，也是技術性最強的一種交易形式，其交易的標的物既不是普通的商品，也不是一般的金融商品，而是用來反應股票市場價格總水平變動的一種綜合指標——股價指數。（股票價格指數，簡稱股價指數，是反應股市中總體股價或某類股價變動和走勢情況的一種指標。比較著名的股價指數有道瓊斯工業平均指數、日經225股價指數、標準普爾500指數、紐約證交所綜合股價指數、香港恒生指數等）

股指期貨交易單位是由標的指數的點數與某一既定的貨幣金額的乘積表示的。這一乘數是由交易所規定的、賦予每一指數點以一定價值的金額。這一固定金額反應了股指期貨合約的標準化特徵。而不同的股指期貨合約有著不同的規模，例如S&P500股指期貨合約的規模是250美元乘以該指數的值，而紐約證交所綜合股指期貨合約規模是500美元乘以該指數的值。股指期貨的報價方式是以期貨合約標的指數的點數來報出價格的，最小變動價值通常也以一定的指數點來表示。由於股指期貨的交易標的僅是一個指標而非某種實物，故其交割只能採取現金交割的方式。

2. 股指期貨的操作

（1）套期保值。股指期貨的引入，為市場提供了一條新的對沖風險的途徑，而期

貨的風險轉移則主要是通過套期保值來實現的。與其他期貨品種一樣，股指期貨的套期保值也可以分為多頭套期保值和空頭套期保值。空頭套期保值適用的場合主要是手中已持有股票的投資者或準備發行股票的籌資者，他們因懼怕股價下跌而帶來損失，便預先在期貨市場上賣出相應的股指期貨，利用股指期貨的空頭與股票的多頭相配合，避免總頭寸的風險。

多頭套期保值則主要適用於當投資者準備投資股票而資金還未到位，又唯恐實際購買時因股價上揚而蒙受損失，便預先買入股指期貨，預先鎖定將來購入股票的價格，待實際購買股票時再進行對沖，以彌補現貨市場可能遭受的損失。此外，在公司重組時，股價一般會大幅上揚，收購方也可以用多頭套期保值來減少收購成本。

（2）投機和套利。股指期貨的投機性交易也可以分為簡單的投機和複雜的價差頭寸套利。其中投機是指投機者根據自身對整體股市的預測和判斷而採取的先買后賣或先賣后買的「做多」或「做空」的交易行為。

恒生指數由在中國香港上市的較有代表性的33家公司的股票構成，現成為反應中國香港政治、經濟和社會狀況的主要風向標。恒指期貨則是以港元為貨幣單位的標準化期貨合約，每份合約的價值等於50港元與恒生指數的乘積。

設某日某投機者預測香港股市在短期內將會受利好消息的推動大幅上揚，便於6250點時吃進恒指期貨10手，半個月後，恒指期貨的價格真的上漲到6800點，此時該投機者抛出手中的期貨合約，便可獲利 $10 \times 50 \times (6800 - 6250) = 275,000$ 港元。當然，若半個月後，恒指期貨的價格沒有上漲，反而下跌至6100點，那麼該投機者就將損失75,000港元。

套利則是利用不同市場、不同月份或不同品種的股指期貨間的價差而進行的投機套利行為。套利可以分為跨市場套利、跨月份套利和跨品種套利三種。跨市場套利是指投機者在兩個不同的金融期貨市場間同時買進和賣出一種股指期貨合約，從中套取差價利潤；跨月份套利是指投機者利用某種股指期貨不同合約月份之間的差價賤買貴賣，從中獲取差價利潤；跨品種套利則是指投機者利用兩種不同但具有替代性的或受供求因素制約的股指期貨合約間的價差進行賤買貴賣活動，從中套取差價利潤。

第三節　金融期權市場

一、金融期權合約的概念

（一）金融期權的定義

金融期權（Option），是指賦予其購買方在規定期限內按買賣雙方約定的價格購買或出售一定數量某種金融資產（稱為標的資產）的權利的合約。期權交易是指買方支付一定的期權費給賣方以取得期權合約的交易活動。

金融期權交易的雙方在交易的過程中所享受的權利和承擔的義務是不對等的。對於期權買方而言，在支付一定的期權費后，就獲得了一種權利，在到期前他可以行使、

轉賣或放棄行使這種權利，而不必承擔到期必須買進或賣出的義務；而對於期權賣方而言，由於收取了一定的期權費，則承擔了到期或到期前履行該期權合約的義務，即在相應期限內，只要期權的買方要求行使其權利，則期權的賣方就必須無條件地履行期權合約所規定的義務。

期權交易被引入金融市場，最初是以單一的現貨股票作為交易對象的，即股票期權交易。但在1973年以前，這種股票期權交易大都分散在各櫃臺交易市場進行，因而交易的品種比較單一，交易量也比較有限。1973年對金融期權交易的發展具有劃時代的意義。1973年4月26日，美國率先成立了芝加哥期權交易所（CBOE），使金融期權合約在交割數額、交割月份以及交易程序方面實現了標準化，開始以公開競爭的拍賣方式組織交易，交易技術日臻完善，最終形成了一個完整的國際金融期權市場。

(二) 金融期權的特點

金融期權交易的特點主要通過整個交易活動表現出來，概括為兩個方面：權利與義務的非對稱性和盈虧的非對等性。

(1) 權利與義務的非對稱性。權利與義務的非對稱性是指在交易發生後，期權的買方得到的是一種權利，而不是義務，期權的買方可以在交易期限內執行或放棄該權利；期權的賣方則必須在交易的有效期限內承擔無條件交割合約標的物的義務，只有在期權的買方放棄權利時，期權的賣方的義務才能解除。

(2) 盈虧的非對等性。對期權買方而言，交易結果如果有虧損，其虧損是有限的，最大限度是期權費；如果有收益，其收益可能是無限的，依據市場行情漲落而變化。對期權賣方而言結果恰恰相反，如果有收益，其收益是有限的，即期權費；如果有虧損，其虧損可能是無限的，也依據市場行情漲落而變化。

(三) 金融期權市場與金融期貨市場的比較

金融期權與金融期貨之間既存在必然聯繫，又有著本質區別。金融期權與期貨合約作為買賣契約，其構成要素都是標準化的合約，都是以金融商品作為標的物，都是在正規的交易所裡進行，有很好的履約保證。它們的基本功能都可以用於套期保值和投機。

(1) 交易中的權利和義務。這是金融期貨與金融期權交易最重要的區別。在金融期貨交易中，交易雙方的權利和義務是對稱的，即交易雙方既有要求對方履約的權利，也有自己對對方履約的義務；但在金融期權交易中，交易雙方的權利和義務存在明顯的不對稱性。

(2) 交易的標的物。金融期權交易的標的物多於金融期貨交易的標的物，因為凡可作期貨交易的金融商品都可作期權交易，可作期權交易的金融商品卻未必可作期貨交易。在實踐中，只有金融期貨期權，而沒有金融期權期貨，即只有以金融期貨合約為標的物的金融期權交易，而沒有以金融期權合約為標的物的金融期貨交易。隨著金融期權的日益發展，其標的物還有日益增多的趨勢，不少金融期貨無法交易的東西均可作為金融期權的標的物，甚至連金融期權合約本身也成了金融期權的標的物，即所謂的複合期權。

(3) 交易合約的標準化。期貨合約都是標準化的，因為它是在交易所中交易的，而期權合約則不一定。在美國，場外交易的現貨期權是非標準化的，但在交易所交易的現貨期權和所有的期貨期權則是標準化的。

(4) 交易雙方的盈虧風險。期貨交易雙方所承擔的盈虧風險都是對等的，而期權交易賣方的虧損風險不對等。

(5) 交易的履約保證金。在金融期貨交易中，交易雙方均需開立保證金帳戶，並按規定繳納履約保證金；但在金融期權交易中，只有期權出售者才需要開立保證金帳戶，並按規定繳納保證金，以保證其履行期權合約所規定的義務。對於期權購買者來說，無須繳納保證金。

(6) 交易的結算制度。在金融期貨交易中實行逐日結算制度，交易雙方在成交時並不發生現金收付關係，但在成交後將因價格的變動而發生現金流轉。因為在逐日結算制度下，盈利方保證金帳戶餘額將增加，而虧損方保證金帳戶餘額將減少。但在金融期權交易中，除了期權的購買者在成交時為取得期權合約之外，交易雙方將不再發生任何現金流動。

(7) 交易的套期保值。運用期貨進行套期保值時，在把不利風險轉移出去的同時，也把有利機會轉移出去了。而運用期權進行套期保值時，只把不利風險轉移出去而把有利機會留給自己。

二、金融期權的分類

(1) 根據買者權利的不同，期權可分為看漲期權和看跌期權。凡是賦予期權買者購買標的資產權利的合約，就是看漲期權；而賦予期權買者出售標的資產權利的合約就是看跌期權。

(2) 根據買者權利執行時間的不同，期權分為歐式期權、美式期權和百慕大期權。歐式期權只有在到期日當日合約買方才能選擇是否執行權利，到期日之前期權不能被執行。美式期權的買方可以選擇在合約訂立日至到期日之間的任何一天執行合約。百慕大期權的買方可以在事先指定的存續期內的若干個交易日行權。

(3) 根據標的資產的不同，期權可分為現貨期權和期貨期權。現貨期權包括利率期權、貨幣期權（或稱外匯期權）、股價指數期權、股票期權等，而期貨期權又可分為利率期貨期權、外匯期貨期權和股價指數期貨期權三種。

三、金融期權的價格決定與損益

(一) 金融期權的價格決定

在分析期權價格時主要應關注內在價值和時間溢價兩個因素。

1. 內在價值

在立即實施期權合約的條件下，期權的內在價值等於期權的經濟價值。看漲期權的內在價值是標的資產的現貨市場價格與實施價格之差。例如，假定看漲期權的實施價格為100美元，標的資產的現貨市場價格為105美元，其內在價值就為5美元。這就

是說，看漲期權買方實施期權，同時出售標的資產，獲得了 5 美元的盈利。對於看跌期權的買方來說，內在價值是期權合約的實施價格高於現貨市場標的資產價格的部分。假定看跌期權的實施價格為 120 美元，現貨市場的標的資產的價格為 110 美元，看跌期權買方可以在現貨市場按 110 美元的價格購買標的資產，然后履約以 120 美元的價格售出，這裡所獲得的 10 美元盈利就是這一期權的內在價值；如果標的資產的現貨市場價格高於 120 美元，這一期權的內在價值為零。

當期權有內在價值時，實施期權可以獲利，就稱這一期權處於實值狀態；當看漲期權的現貨市場價格低於期權實施價格或看跌期權的現貨市場價格高於期權實施價格時，期權買方不會實施期權，就稱這一期權處於虛值狀態；當看漲期權和看跌期權的現貨市場價格分別等於兩期權的實施價格時，期權買方是否實施期權結果都一樣，就稱這一期權處於兩平狀態。

2. 時間溢價

時間溢價是期權價格超過它的內在價值的部分。期權的購買者期望在到期日前，有關資產的市場價格會有一定的增加，並願為此付出超過內在價值的溢價。顯然，如果其他條件不變，期權的時間溢價將隨著到期日的延長而增加。

(二) 影響期權價格的因素

1. 標的資產的市場價格與期權的協議價格

由於看漲期權在執行時，其收益等於標的資產當時的市價與協議價格之差，因而標的資產的價格越高、協議價格越低，看漲期權的價格就越高。

對於看跌期權而言，由於執行時其收益等於協議價格與標的資產市價的差額，因此，標的資產的價格越低、協議價格越高，看跌期權的價格就越高。

2. 期權的有效期

對於美式期權而言，由於它可以在有效期內的任何時間執行，有效期越長，多頭獲利機會就越大。而且有效期長的期權包含了有效期短的期權的所有執行機會，因此有效期越長，期權價格越高。

對於歐式期權而言，由於它只能在期末執行，有效期長的期權就不一定包含有效期短的期權的所有執行機會。這就使歐式期權的有效期與期權價格之間的關係顯得較為複雜。例如，同一股票的兩份歐式看漲期權，一個有效期為一個月，另一個為兩個月，假定在六周后標的股票將有大量紅利支付，由於支付紅利會使股價下降，在這種情況下，有效期短的期權價格甚至會大於有效期長的期權。

但在一般情況下（即剔除標的資產支付大量收益這一特殊情況），由於有效期越長，標的資產的風險就越大，空頭虧損的風險也越大，因此即使是歐式期權，有效期越長，其期權價格也越高，即期權的邊際時間價值為正值。

3. 標的資產價格的波動率

標的資產價格的波動率是用來衡量標的資產未來價格變動不確定性的指標。由於期權多頭的最大虧損額僅限於期權價格，而最大盈利額則取決於執行期權時標的資產市場價格與協議價格的差額，因此波動率越大，對期權多頭越有利，期權價格也應越高。

4. 無風險利率

如果無風險利率較高，則標的資產的預期收益率也應較高，這意味著對應標的資產現在特定的市價，未來預期價格較高。或者由於貼現率較高，未來同樣預期盈利的現值就較低。這兩種效應都將減少看跌期權的價值。但對於看漲期權來說，對於較高的無風險利率，看漲期權的價格較高。

5. 標的資產的收益

由於標的資產分紅付息等將降低標的資產的價格，而協議價格並未進行相應調整，因此在期權有效期內標的資產產生收益將使看漲期權價格下降，而使看跌期權價格上漲。

(三) 金融期權的損益

(1) 看漲期權的盈虧分佈。看漲期權買方（多頭）的盈虧分佈如圖8-1左圖所示。由於期權合約的買方與賣方的盈虧剛好相反，據此我們可以畫出看漲期權賣方（空頭）的盈虧分佈如圖8-1右圖所示。

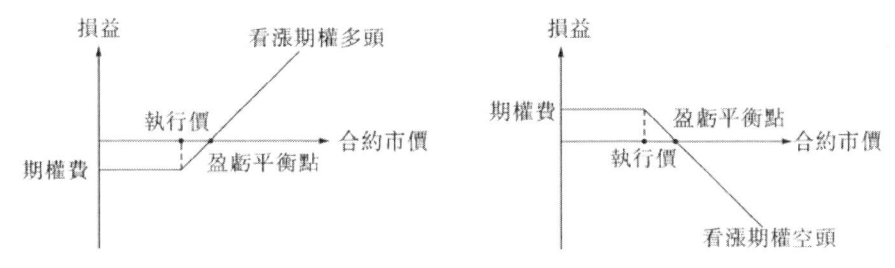

圖8-1　看漲期權多頭與空頭的損益圖

當投資者預期某種標的資產的市價將上漲時，他可以通過買進該標的資產的期權進行投資。從圖8-1中可以看出，期權到期時的價值（即回報）取決於標的資產市價與協議價格的差距。對於看漲期權多頭而言，如果到期標的資產價格大於執行價格，就執行期權，但直到標的資產價格等於執行價格加上期權費（盈虧平衡點）時才能彌補期權費的損失，開始盈利，並且從理論上來說，其盈利可能是無限的；如果到期時標的資產價格小於執行價格，就不執行期權，此時他的損失是有限的，即已經支付的期權費。一般而言，當標的資產的市價上漲時，看漲期權的期權費也隨之上漲，此時，看漲期權的購買者既可以通過交割獲利，也可以通過轉讓期權合約獲利，就投資收益率而言，通常后者所獲收益更高。

而當投資者預期標的資產價格將下跌時，他可以賣出看漲期權。當到期時標的資產的價格跌至執行價格以下時，由於期權買方將放棄期權，因此賣方的最大收益為期權費；即使市價高於執行價，但只要市價仍低於執行價與期權費之和，看漲期權的賣方仍有利可圖。但是如果市價繼續高漲，那麼從理論上說，期權賣方的損失可能是無限的。因此，看漲期權的賣方的最大利潤為收取的期權費，而其損失則隨標的資產市價的漲幅而定。但從實際來看，看漲期權的賣方發生巨大虧損的概率比較小，而小幅獲利的概率較大。

（2）看跌期權的損益。看跌期權的盈虧如圖8-2所示。看跌期權多頭對於是否要執行期權的決策點仍然是執行價，盈虧平衡點則是執行價與期權費的差。也就是說，當標的資產的市價跌至執行價格點時，執行看跌期權可以開始彌補初期的期權費支出；當標的資產的市價跌至盈虧平衡點以下時，看跌期權買方就可獲利，價格越低，收益越大。由於標的資產價格最低為零，因此看跌期權多頭最大盈利限度是執行價減去期權費。如果標的資產市價高於協議價格，看跌期權買方就會虧損，其最大虧損是期權費。看跌期權賣方的回報和盈虧狀況則與買方剛好相反，即看跌期權賣方的盈利是有限的期權費，虧損也是有限的，最大虧損金額為執行價減去期權費。

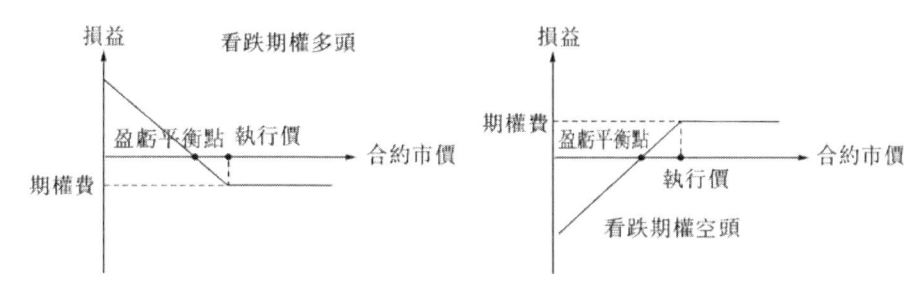

圖8-2　看跌期權多頭與空頭的損益

從期權回報和盈虧分佈的分析中我們可以看到，根據種類的不同和頭寸位置的差異，期權具有多種回報和盈虧狀態。因此，對不同的期權品種進行構造，就能形成眾多具有不同回報和盈虧分佈特徵的投資組合。投資者可以根據各自對未來標的資產現貨價格概率分佈的預期以及各自的風險收益偏好，選擇最適合自己的期權組合，形成相應的交易策略。

第四節　其他金融衍生工具市場

一、認股權證

（一）認股權證的概念

認股權證是期權的一種，認股權證持有人可以以特定的股票執行價格購買標的普通股的相應份額，持有人可以在到期日或到期日前的任何時候進行購買。傳統的認股權證是由經濟實體發行的金融工具——通常作為債券或股票發行的伴隨工具。它賦予投資者與發行實體進行一些交易的權利。發行股票的公司賦予權證的購買者以事先確定的價格購買公司更多股票的權利。

（二）認股權證的價格

在市場上，認股權證的價格取決於許多因素。認股權證的首要吸引力是它所提供的槓桿作用。考察每股價格為35美元的股票。假定認股權證可以在將來5年內的任何時候以35美元的價格購買這種股票，而認股權證自身的價格為5美元。

5 美元溢價的存在是由於認股權證具有時間價值。在投資者持有認股權證期間，股票的價格可能進一步上漲。如果股票價格上漲到 45 美元，認股權證持有人為獲得收益會執行認股權證。如果股票價格為 35 美元，認股權證沒有內在價值。如果股票交易價格為 45 美元，則認股權證的內在價值為 10 美元（45 美元－35 美元），如果股票價格上漲至 55 美元，內在價值將為 20 美元。

對於投機者來說，其所關注的是由更長期間的因素所決定的溢價。在短期內溢價往往是穩定的。因此，在這個例子中，當股票交易價格為 35 美元時，認股權證的價格為 5 美元；當股票價格上漲到 45 美元時，認股權證的價格為 15 美元（5 美元的溢價＋10 美元的內在價值）；當股票價格為 55 美元時，認股權證的價格為 25 美元（5 美元的溢價＋20 美元的內在價值）。

二、可轉換公司債券

（一）可轉換公司債券的概念

可轉換公司債券是指持券人可以按券面上所記載的條件與約定的日期要求公司將其所持債券轉化為股票的一種特殊債券。可轉換債券兼具有債券和股票的特性。持券人可以通過向公司辦理轉換手續，由債權人轉變為公司股東，持有人享有是否轉換的選擇權。可轉換債券的發行需要滿足很多條件：首先，由於可轉換公司債券可以轉化為公司股票，這就相當於公開募集股份，因此只有可以發行股票的股份有限公司才有權發行，其他公司和組織都無權發行。其次，我國對可轉換公司債券的發行有比較嚴格的規定。《中華人民共和國公司法》第一百七十二條規定：「上市公司經股東大會決議可以發行可轉換為股票的公司債券，並在公司債券募集辦法中規定具體的轉換辦法。發行可轉換為股票的公司債券，應當報請國務院證券管理部門批准。公司債券可轉換為股票的，除具備發行公司債券的條件外，還應當符合股票發行的條件。發行可轉換為股票的公司債券，應當在債券上標明可轉換公司債券字樣，並在公司債券存根簿上載明可轉換公司債券的數額。」

（二）可轉換公司債券的特點

（1）債權性。與其他債券一樣，可轉換債券也有規定的利率和期限。投資者可以選擇持有債券到期，收取本金和利息。

（2）股權性。可轉換債券在轉換成股票之前是純粹的債券，但在轉換成股票之後，原債券持有人就由債權人變成了公司的股東，可參與企業的經營決策和紅利分配。

（3）可轉換性。可轉換性是可轉換債券的重要標誌，債券持有人可以按約定的條件將債券轉換成股票。轉股權是投資者享有的、一般債券所沒有的選擇權。可轉換債券在發行時就明確約定債券持有者可按照發行時約定的價格將債券轉換成公司的普通股股票。如果債券持有者不想轉換，則可繼續持有債券，直到償還期滿時收取本金和利息，或者在流通市場出售變現。

一些可轉換債券附有回售條款，規定當公司股票的市場價格持續低於轉股價（即按約定可轉換債券轉換成股票的價格）達到一定幅度時，債券持有人可以把債券按約

定條件回售給債券發行人。另外，一些可轉換債券在發行時附有強制贖回條款，規定在一定時期內，若公司股票的市場價格高於轉股價達到一定幅度並持續一段時間時，發行人可按約定條件強制贖回債券。

由於可轉換債附有一般債券所沒有的選擇權，因此，可轉換債券利率一般低於普通公司債券利率，企業發行可轉換債券有助於降低其籌資成本，但可轉換債券在一定條件下可轉換成公司股票，因而會影響到公司的所有權。可轉換債券兼具債券和股票的雙重特點，從而受到投資者的歡迎。

三、融資融券業務

(一) 融資融券業務的概念

融資融券業務是指在信用交易方式下，客戶買賣證券時只需向證券公司交付一定數量的現款或有價證券作為保證金，證券公司此時向客戶墊付一部分資金或融通一部分或全部證券，幫助其完成交易。融資的情況在客戶買入證券時發生。證券公司先為顧客墊付一部分資金以完成交易，以後再由顧客歸還這筆資金並支付利息，通常的做法是證券公司先向銀行借款，然後再貸給客戶。而融券則發生在顧客賣出證券時，證券公司先借給顧客交易所需的一部分或全部證券以完成交易，日後再讓客戶歸還這些證券。在融資融券業務中，證券公司賺取委託手續費、利息和管理費。其中，管理費是在信用交易開始時，用於開立信用交易帳戶的管理費用，利息是收入的主要構成部分。

證券公司的融資融券業務是隨著有價證券信用交易這一交易方式的發展而發展的。早在1610年，荷蘭就曾設法禁止賣空交易，可見當時當地賣空交易已產生重要影響，但直到20世紀30年代，信用交易才受到嚴格管理而逐步演化成了一種完善的交易制度。近年來，信用交易在證券市場中所占的份額越來越大了。1986年3月日本的信用交易量占到全部市場交易量的40%，隨著信用交易方式的迅速發展，融資融券業務也成為證券公司的重要業務之一。

(二) 融資融券交易與普通證券交易的區別

一是投資者從事普通證券交易買入證券時，必須事先有足額資金；賣出證券時，則必須有足額證券。而從事融資融券交易則不同，投資者預測證券價格將要上漲而手頭沒有足夠的資金時，可以向證券公司借入資金買入證券；預測證券價格將要下跌而手頭沒有證券時，則可以向證券公司借入證券賣出。

二是投資者從事普通證券交易時，其與證券公司之間只存在委託買賣的關係，因此不需要向證券公司提供擔保；而從事融資融券交易時，其與證券公司之間不僅存在委託買賣的關係，還存在資金或證券的借貸關係，因此還要事先以現金或證券的形式向證券公司交付一定比例的保證金，並將融資買入的證券和融券賣出所得資金交付證券公司，作為擔保物。

三是投資者從事普通證券交易時，風險完全由其自行承擔，可以買賣所有在證券交易所上市交易的證券；而從事融資融券交易時，如不能按時、足額償還資金或證券，

還會給證券公司帶來風險,所以投資者只能在與證券公司約定的範圍內買賣證券。

(三)融資融券交易的積極意義和作用

1. 融資融券交易的功能

一般認為,融資融券交易具有以下四大基本功能:

一是價格發現功能。融資融券機制的存在,可以將更多的信息融入證券的價格,使之能更充分地反應證券的內在價值。

二是市場穩定功能。完整的融資融券交易,一般要通過方向相反的兩次買賣完成,即融資買入證券的投資者,要通過賣出所買入的證券,償還向證券公司借入的資金;融券賣出的投資者,則要通過買入所賣出的證券,償還向證券公司借入的證券。因此,融資融券機制具有一定的減緩證券價格波動的功能,有助於市場內在的價格穩定機制的形成。

三是流動性增強功能。融資融券交易可以在一定程度上放大證券供求,增加市場交易量,從而活躍證券交易,增強證券市場的流動性。

四是風險管理功能。融資融券交易不僅可以為投資者提供新的交易工具,而且還有利於改變證券市場「單邊市」的狀況,方便投資者規避市場風險。

2. 我國開展融資融券業務的積極意義和作用

我國在 2010 年 4 月正式推出融資融券業務試點,讓市場出現全新的盈利模式和運行特徵,是拓寬證券公司業務範圍、改善證券公司盈利模式的有益探索。

允許證券公司在嚴格控制風險的前提下開展融資融券業務,在我國證券市場引入融資融券交易,是完善我國證券市場機制的一項重大改革,具有十分重要的意義。一是為投資者帶來新的獲利機會,有利於滿足投資者多樣化的投資需求,並為投資者提供新的風險管理工具;二是有利於拓寬證券公司的業務範圍,改善證券公司的盈利模式,促進證券公司規範發展;三是有利於增強證券市場的活躍程度,平滑市場價格波動,改變證券市場「單邊市」的狀況,形成證券市場內在的穩定機制,促進證券市場功能的進一步發揮和市場長期、穩定、健康發展。

(四)融資融券的交易流程

1. 融資交易

(1)建立買空的關係

投資者買空證券時必須擁有的資金占購買價格總額的百分比稱為最初保證金率。

$$最初保證金率 = 自有資金 / 購買價格總額$$

一般而言,最初保證金率由最高證券主管當局確定並適時調整。證券交易所、證券商可自己制定一個稍高的最初保證金率。證券主管當局的最初保證金率是基礎,證券商的最初保證金率是投資者必須遵循的保證金比率。

若投資者用保證金買空 1000 股深發展股票,時價為 25 元/股,證券商的最初保證金比率為 60%,那麼投資者自有資金必須為 $25 \times 0.6 \times 1000 = 15,000$(元),不足部分 $25 \times (1 - 0.6) \times 1000 = 10,000$(元)由證券商墊付。可見,買空是指購買者和證券商之間的信用關係,賣出深發展股票的投資者和買者之間則是錢貨兩清。買賣成交之後,

投資者的資產負債狀況為：

資產：25×1000＝25,000（元），1000 股深發展股票

負債：25×（1－0.6）×1000 元＝10,000（元）

資本：25×0.6×1000＝15,000（元）

其關係為：

$$資產＝負債＋資本$$

(2) 股票價格變化對投資者的影響

股票價格在隨時發生變化，投資者的資產負債狀況也在不斷變化。當深發展股票價格漲至 35 元時，投資者的資產負債狀況為：

資產：35×1000＝35000（元），1000 股深發展股票

負債：10,000 元　　資本：25,000 元

投資者的資本升值了 10,000 元，其實際保證金率為資本/資產＝25,000/35,000×100％＝71.4％，高於最初保證金率。

當深發展股票跌至 15 元時，投資者的資產負債狀況為：

資產：15×1000＝15000（元），1000 股深發展股

負債：10,000 元　　資本：5000 元

投資者的資本貶值了 10,000 元，其實際保證金比率為 5000/15,000×100％＝33.3％，低於最初保證金率。

可見，在購買股票時實際保證金率等於最初保證金率。購買股票之後，隨著行情的變化，實際保證金率可能高於最初保證金率，也可能低於最初保證金率。當后一種情況持續下去，即股票價格不斷下跌，證券商就可以越來越清晰地聽見風險的腳步聲了。當股票價格跌至 10 元以下時，投資者已資不抵債，其作為貸款抵押品的股票市價已低於負債總額。若投資者放棄這 1000 股深發展股票的所有權，其負債與股票市價之間的差額就成了證券商的壞帳。

(3) 發生不利影響時的補救措施

為了防止上述情況發生，證券商要求投資者保持一定比例以上的實際保證金，這種實際保證金與資產時價之間的比率稱為最低保證金率。

如果投資者的實際保證金率低於最低保證金率，證券商會要求投資者：①在資金或證券帳戶上存入現金或證券；②償還部分貸款；③拋出部分證券，並用收入償還貸款。其目的是為了使實際保證金率達到或者超過最低保證金率。若投資者拒絕證券商的要求，證券商有權根據合約規定強制平倉，使實際保證金率達到最低保證金率。

前面談到若深發展股票跌至 15 元，實際保證金率為 33.3％。假定最低保證金率為 40％，投資者的實際保證金率低於最低保證金率。若投資者在保證金帳戶上存入 1667 元，則其資產負債狀況為：

資產：15×1000＝15,000（元）　　現金：1667 元

負債：10,000 元　　　　　　　　資本：6667 元

其實際保證金率符合最低保證金率要求。若存入市值為 1667 元的證券，結果

相同。

若投資償還1000元貸款,其資產負債狀況為:

資產:15×1000=15,000(元)

負債:9000元 資本:6000元

其實際保證金率為40%。

若投資出售帳戶上的167股股票,用所得資金償還部分貸款,則其資產負債狀況為:

資產:15×833=12,495(元)

負債:7495元 資產:5000元

其實際保證金同樣為40%,符合最低保證金要求。

(4)補交保證金的臨界點

投資者不論採取何種措施,其結果不外乎減少負債和增加資本,使實際保證金率達到或超過最低保證金率。那麼,投資者在股票價格下跌到什麼價位時應補交保證金呢,根據公式:

投資者應增補保證金的證券價格=(1-最初保證金)×購買價/(1-最低保證金)

代入前例數值,得:

$$(1-0.6)\times 25/(1-0.4)=16.67(元)$$

即股票價格下跌到16.67元以下時,投資者的資產負債狀況為:

資產:16.67×1000=16,670(元)

負債:10,000元 資本:6670元

投資者應增補保證金。

當投資者的實際保證金率高於最初保證金率時,投資者可以從帳戶中取出資金;當投資者的實際保證金率介於最初保證金率和最低保證金率之間,即股票價格低於25元,但高於16.67元時,則投資者既不需補交保證金,但也不能取出資金,也就是說,投資者的保證金帳戶要受到限制。

2. 融券交易

投資者預期證券價格上漲時,會借入資金買空,而投資者預期證券價格下跌時,則會向他的證券商借入證券賣空,待日後再買入證券歸還。在賣空中,交易的順序顛倒了,是先賣後買,和買空正好相反。

(1)建立賣空關係

賣空證券的收入作為投資者向證券商借入證券的抵押品,投資者不能動用,但僅有這點是不夠的。如果借貸證券的價格上漲了,證券商存在著遭受損失的可能性,所以,證券商還要求投資者賣空時繳納一定數量的保證金,這即是最初保證金率。

例如,投資者借入1000股深發展股票賣空,賣出價為25元,最初保證金比率是60%,最初投資者的資產負債狀況是:

資產:(1+0.6)×25×1000=40,000(元)

負債:25×1000=25,000(元) 資本:0.6×25×1000=15,000(元)

這時投資者的實際保證金率為資本/負債。

（2）市場發生不利變化

若股票價格上漲到30元，則投資者的資產負債狀況為：

資產：40,000元

負債：30×1000＝30,000（元）　　資本：10,000元

實際保證金率＝資本/負債×100%＝10,000/30,000×100%＝33.3%

若最低保證金率為40%，則投資者應補交2000元保證金使實際保證金率達40%。其資產負債狀況為：

資產：42,000元

負債：30,000元　　資本：12,000元

應補交保證金證券的臨界價格為：

應補交保證金證券價格＝賣空價格×（1＋最初保證金率）/（1＋實際保證金率）
$$=25×(1+0.6)/(1+0.4)=28.57（元）$$

在這一臨界價位上，投資者的資產負債狀況為：

資產：40,000元

負債：28,570元　　資本：11,430元

（3）市場發生有利變化

若深發展股票價格下跌至20元，則其資產負債狀況為：

資產：40,000元

負債：20×1000＝20,000（元）　　資本：20,000元

實際保證金率＝資本/負債×100%＝20,000/20,000×100%＝100%

投資者可取出一部分資金，取出的數量以實際保證金率不低於最初保證金率為限，其公式為：

可取出資金數量＝資本增值部分×（1＋最初保證金率）
$$=5000×(1+0.6)=8000（元）$$

取出資金后投資者的資產負債狀況為：

資產：32,000元

負債：20,000元　　資本：12,000元

其實際保證金率＝資本/負債×100%＝12,000/20,000×100%＝60%

若深發展股票介於25～28.57元之間，即實際保證金率高於最低保證金率而低於最初保證金率，則投資者的保證金帳戶要受到限制。

【專欄】2015年股災中的兩融業務

2015年6月股災的產生與我國兩融業務的迅速膨脹密不可分。毫無疑問，股市中的融資盤（也就是槓桿資金）是2015年6月股市動盪的核心風險因素。在2007到2008年，上證綜指曾經從6124的高點跌到了1664，累計下跌幅度超過70%。當時各界對股市的風險並沒有那麼擔心。而2015年6月上證綜指不過是從5178的高點向下回

落了接近30%，各方就感覺到壓力很大。之所以會有這樣的反差，是因為股市中有大量融資盤，而七、八年前沒有。

所謂融資盤，是借錢買股票的頭寸。目前，融資盤的資金成本一般都在年息10%以上。付著這麼高的融資成本，不僅面臨著股價下跌的巨大風險，而且只要這些投資者預期股市一段時間不漲，就會迅速把手中的股票賣掉來償還融資。另外，融資盤有強制平倉機制。也就是說，提供融資的機構（比如券商）一旦發現投資者手裡的股票跌了不少，威脅到了自己借出資金的安全，就會強制把投資者的股票給賣了，從而收回自己借出的資金。這兩點讓融資盤成為市場波動的放大器。正是融資盤的推波助瀾，使2015年6月股市下跌異常迅猛。

更加嚴重的是，融資盤平倉和股指下跌已經形成了相互加強的惡性循環，令市場下跌的壓力愈發加大。在大家都在賣出股票的時候，融資盤有時就算想賣股票平倉也做不到。這樣，融資投資者就只能拿著一把的股票眼睜睜地看著股價下跌，直到自己的本金全部虧掉。在那之後，提供融資的金融機構也不可避免地會遭受損失。

在股市中，提供融資的主力是券商和銀行。當市場下跌到讓券商和銀行都開始損失的時候，這就不僅僅是股票市場的問題，而變成有可能威脅金融體系整體穩定的大麻煩了。

證監會對於嚴查違規配資行為的堅決態度表明將融資融券的風險監控擺在重要的位置。雖然短期造成了股市的震盪，但在長期來看是好事情，有利於市場從狂熱轉為理性及冷靜。

小結

1. 金融衍生工具通常是指其價值依附於某個基礎標的資產價格及價格指數的一種金融合約。其中，基礎金融工具包括貨幣、債券、股票、匯率、利率、股票指數等。

2. 金融衍生工具市場的參與者包括套期保值者、投機者和套利者。

3. 金融衍生工具按照不同的標準有不同的劃分方法。國際清算銀行按照交易方式將其分為遠期協議、期貨、互換和期權四種類型。按交易地點金融衍生工具又可分為交易所交易品種與場外交易品種兩類。按照衍生產品所依附的基礎工具金融衍生工具又可分為匯率類、利率類、股票類、商品類金融衍生工具。

4. 股價指數期貨是由交易雙方通過競價方式簽訂的，約定在將來某一特定時間和地點交收特定價格（一定點數的股價指數）的標準化期貨合約。股指期貨交易單位是由標的指數的點數與某一既定的貨幣金額的乘積表示的。

5. 金融期權交易的特點主要通過整個交易活動表現出來，概括為兩個方面：權利義務的非對等性和盈虧的非對稱性。

6. 影響期權價格的因素主要有：①標的資產的市場價格與期權的協議價格；②期權的有效期；③標的資產價格的波動率；④無風險利率；⑤標的資產的收益。

7. 可轉換公司債券和認股權證從本質上看都是一種期權產品。融資融券是一種衍生的交易方式，但它涉及的是金融證券的現貨交易。

重要概念提示

　　金融衍生工具　套期保值　金融期貨　金融期權　金融互換　金融遠期合約　利率期貨　股指期貨　金融期權　看漲期權　看跌期權　認股權證　可轉換公司債券　融資融券

復習思考題

1. 金融衍生工具有哪些功能？
2. 金融遠期合約的特點有哪些？遠期合約交易有什麼作用？
3. 比較金融期權市場與金融期貨市場。
4. 影響期權價格的因素有哪些？
5. 什麼是可轉換公司債券？它的特點是什麼？
6. 我國開展融資融券業務有哪些積極意義和作用？

參考文獻

［1］許文新．金融市場學［M］．上海：復旦大學出版社，2007．
［2］李曜．證券投資基金學［M］．北京：清華大學出版社，2005．
［3］霍文文．金融市場學教程［M］．上海：復旦大學出版社，2005．
［4］何孝星．證券投資基金管理學［M］．大連：東北財經大學出版社，2004．
［5］謝百三．金融市場學［M］．2版．北京：北京大學出版社，2009．
［6］中國證券業協會．證券投資基金［M］．北京：中國財政出版社，2009．
［7］張亦春．現代金融市場學［M］．2版．北京：中國金融出版社，2007．
［8］杜金富．金融市場學［M］．大連：東北財經大學出版社，2005．
［9］朱新蓉．金融市場學［M］．北京：高等教育出版社，2007．
［10］王擎．金融市場投資［M］．成都：西南財經大學出版社，2007．
［11］曹鳳岐，賈春新．金融市場與金融機構［M］．北京：北京大學出版社，2002．
［12］米什金．貨幣銀行和金融市場經濟學［M］．7版．北京：北京大學出版社，2007．

復習思考題參考答案

第一章 金融市場概述

1. 間接融資是指最終的資金供給方通過金融仲介機構來完成向最終的資金需求方融出資金的過程。間接融資的作用主要體現在兩個方面：一是減少融資風險；二是降低融資成本。間接融資的局限性主要有兩點：①割斷資金供求雙方的直接聯繫，減少了投資者對資金使用的關注，降低了對籌資者的壓力；②金融機構要從經營服務中獲取收益，從而增加籌資者的成本，減少了投資者的收益。

2. 金融工具種類繁多，各具特點，能滿足不同投資者和融資者的要求。但任何金融工具都具有一些基本性質，即期限性、流動性、風險性及收益性。期限性是指債務人在必須償還債務前所剩餘的時間期限。流動性是指金融工具在短時期內變現而不受損失的能力。風險性是指投資證券達不到預期收益或遭受損失的可能性。收益性是指投資者因轉讓資金所有權或使用權，持有金融工具而相應獲得回報。

3. 金融市場的配置功能表現在三個方面：一是資源的配置，二是財富的再分配，三是風險的再分配。一般來說，資金總是流向最有發展潛力，能夠為投資者帶來最大利益的企業和部門。這樣，通過金融市場的作用，有限的資源就能夠得到最為合理的運用。財富是各經濟單位持有全部資產的總價值。一旦金融資產的價格發生波動，一部分人的財富數量會隨著其持有的金融資產價格的上漲而增加，而另一部分人的財富則會因其持有資產價格的下跌而減少。這樣，社會財富就通過資產價格的波動實現了財富的再分配。利用金融市場上的各種金融工具，風險厭惡型的經濟主體可以把風險轉嫁給那些風險厭惡程度較低的風險中立型或風險偏好型的經濟主體，從而實現風險的再分配。

4. 金融市場的作用主要體現在以下方面：①引導儲蓄轉化為投資；②開闢企業融資的多種途徑；③提供公眾參與企業分享利潤的機會；④預測市場，引導投資方向；⑤為中央銀行和國家的宏觀調控提供經濟機制。

5. 金融自由化的趨勢是指20世紀70年代中期以來在西方國家，特別是在發達國家所出現的一種逐漸放鬆甚至取消對金融活動的一些管制措施的過程。隨著經濟自由主義思潮的興起、金融創新的作用的發揮以及金融的證券化和全球化的影響加劇，金融自由化越演越烈。在金融越來越成為經濟命脈的情況下，金融自由化和金融國際化使國際壟斷資本有了控制全球經濟的最重要槓桿，從而通過金融扼制，把整個世界經濟體系更牢固地置於自己的掌握之中。金融自由化弱化了經濟弱勢國家的經濟主權，使金融機構被國際壟斷資本控制，金融安全無保障，經濟危機不可避免。

第二章　貨幣市場

1. 貨幣市場是一年期以內的短期金融工具交易所形成的供求關係及其運行機制的總和。在貨幣市場上交易的短期金融工具，一般期限較短，最短的只有一天，最長的也不超過一年，較為普遍的是3～6個月。正因為這些工具期限短，可隨時變現，有較強的貨幣性，所以，短期金融工具又有「準貨幣」之稱。貨幣市場就其結構而言，可分為同業拆借市場、銀行承兌匯票市場、商業票據市場、大額可轉讓定期存單市場、回購市場及短期政府債券市場等若干個子市場。

2. 同業拆借市場的主要參與者包括：國有獨資銀行、股份制商業銀行、政策性銀行、城市商業銀行、商業銀行授權分行、外資銀行、金融租賃公司、保險公司、證券公司、投資基金、財務公司、農村信用聯社、信託投資公司、基金管理公司、城市信用社、社保基金等幾乎所有金融機構類別。全國同業拆借市場交易主要由1天、7天、21天、2個月四個品種的利率指標組成。國債、中央銀行融資券及政策性金融債券也可以在同業拆借市場進行交易。同業拆借交易系統採用自主報價、格式化詢價、確認成交的方式。交易系統以一定格式將詢價內容固定，交易員可通過計算機終端界面查詢前一交易日每一品種的加權平均價、收盤價，當日交易的開盤價、收盤價、最高、最低和最新成交價。交易雙方在規定的次數內向對方輪流報價，直至確認。

3. 封閉式交易方式中，在回購期間，逆回購方沒有權力對質押證券實施轉賣、再回購等處置的權力。封閉式回購實際上是一種以證券為質押的資金拆借方式。與封閉式回購不同，開放式回購的交易雙方對質押證券採取買斷和賣斷的方式，逆回購方擁有買入證券的完整所有權和處置權，因而賦予逆回購方在回購期間靈活運用質押證券的權力。在回購到期前，逆回購方可以根據資金管理的需要和市場形勢的把握將質押證券用於再回購或在二級市場上交易，並只需在未來某一日期再以約定價格將相等數量的同種證券返售給正回購方即可。開放式回購實際上是一種依附於證券買賣的融資方式。

4. 商業匯票是基於合法的商品交易而產生的票據，它是購貨商和銷售商之間根據約期付款的購銷合同和商品交易，開具的反應債權債務關係並約期清償的票據。商業匯票可以分為即期商業匯票和遠期商業匯票，遠期商業匯票必須經過承兌才有實際意義。承兌即是承兌人對收款人的一種無條件支付票款的保證，根據承兌主體不同，遠期商業匯票可再分為商業承兌匯票和銀行承兌匯票。可見，銀行承兌匯票本質上是商業信用的產物，是一種特殊的商業票據。我國票據市場上的商業票據是企業在商品交易活動中簽發的，以真實商品交易為背景的結算工具，而不是國際金融市場上通常所指的脫離具體商品交易、公開發行的短期債務憑證。

5. 大額可轉讓定期存單最早出現於美國，是銀行為了擺脫聯邦儲備委員會Q條例的約束而設計的。它具有如下特徵：第一，普通定期存款的存單是記名的，不能轉讓，更不能在金融市場上流通；而大額可轉讓定期存單則通常採用不記名形式，可以在金融市場進行流通、轉讓。第二，普通定期存款的票面金額不固定，因存款人不同而有大有小、有整有零；而大額可轉讓定期存單的面額固定，且起點較高。第三，普通定

期存單儘管到期才能支付本息，但實際上存款人只要放棄一部分利息，仍然能夠提前支取；而大額可轉讓定期存單則必須到期才可向銀行提取本息，到期前持有人如需現金，只能通過其二級市場轉讓變現。第四，普通定期存單以長期為主，一般在一年以上；而大額可轉讓定期存單則通常為短期，最短期限為14天，以3月期、6月期居多。第五，普通定期存單的利率大多固定；而大額可轉讓定期存單的利率則既有固定的也有浮動的，而且，即使是固定利率，在二級市場上轉讓時，仍要根據轉讓時的市場利率計算價格。

6. 與其他貨幣市場工具比較，國庫券具有以下特點：①安全性高。由於國庫券是由財政部發行的，它是政府的直接債務，一般不存在違約風險，被認為是安全可靠的。因而，國庫券利率往往被稱為無風險利率，成為其他利率確定的依據。②流動性強。極高的安全性、組織完善、運行高效的市場賦予國庫券極強的流動性，使持有者可隨時在市場上轉讓變現。③稅收優惠。政府為增強國庫券的吸引力，通常給予購買者稅收方面的優惠，如豁免州和地方所得稅、交易稅等。

第三章 債券市場

1. 債券市場主要具有以下幾項重要功能：①融資功能；②資源配置功能；③宏觀調控功能；④提供市場基準利率；⑤防範金融風險。

2. 久期，又稱持續期，指的是對某種債券相關的支付流的平均到期時間的加權平均測度，其權重等於各期現金流的現值占債券現金流總現值的比例。久期是反應價格波動的重要指標，它衡量了債券價格對利率變化的敏感度，是債券風險管理的重要工具。凸性是用來衡量債券價格收益率曲線的曲度。直觀地講，就是收益率每變化1%所引起的久期的變化程度。它是間接表明債券價格對收益率變動的敏感程度的指標。相互關係參加教材圖3-4。

3. 嚴格地說，利率期限結構是指某個時點不同期限的即期利率與到期期限的關係及變化規律。由於零息債券的到期收益率等於相同期限的市場即期利率，從對應關係上來說，任何時刻的利率期限結構是利率水平和期限相聯繫的函數。因此，利率的期限結構，即零息債券的到期收益率與期限的關係可以用一條曲線來表示，如水平線、向上傾斜和向下傾斜的曲線，甚至還可能出現更複雜的收益率曲線，即債券收益率曲線是上述部分或全部收益率曲線的組合。流動性偏好理論假定，大多數投資者偏好持有短期債券。為了吸引投資者持有期限較長的債券，必須向他們支付流動性補償，而且流動性補償隨著時間的延長而增加，因此，實際觀察到的收益率曲線總是要比預期假說所預計的高。這一理論還假定投資者是風險厭惡者，他只有在獲得補償後才會進行風險投資，即使投資者預期短期利率保持不變，收益曲線也是向上傾斜的。

4. 債券信用評級主要內容有：分析債券發行單位的償債能力；考察發行單位能否按期付息；評價發行單位的費用；考察投資人承擔的風險程度。信用評級過程一般包括：收集足夠的信息來對發行人和所申報的債券進行評估，在充分的數據和科學的分析基礎上評定出適當的等級，然後，監督已定級的債券在一段時期內的信用質量，及時根據發行人的財務狀況變化的反饋進行相應的信用級別調整，並將此信息告知發行

人和投資者。

5. 到期收益率為 10.67%。

第四章　股票市場

1. 股票是股份有限公司經過一定程序發行的，證明股東對公司財產擁有所有權及相應份額的憑證。股票可以作為買賣的對象，具有價格。但是，股票本身是沒有價值的，它之所以具有價格，是因為憑藉它可以向股份公司取得股利收入以及對該公司一定資產的所有權。股票具有永久期限性、不確定的收益性、較高的風險性、較高的流動性等特徵。根據其持有者權利的不同，可將股票劃分為普通股和優先股；根據發行對象的不同，我國的股票可分為 A 股、B 股、H 股、N 股、S 股等；由於我國是在公有制基礎上實行股份制，因此又可將股權按投資主體的不同劃分為國家股、法人股、個人股和外資股。

2. 二者的主要區別有：①普通股股東享有參與企業經營的權利，而優先股股東則不具有投票權，無權對公司的經營管理發表意見。②在對公司盈利的分配權方面，優先股股息固定，一般不參加剩餘盈利的分配（參與優先股除外），公司的股利必須首先分派給優先股後，才能分派給普通股。③在公司破產或解散時對剩餘財產的分配方面。普通股須在優先股分配完之後若有剩餘才有權參與分配。④在公司增資擴股時，普通股股東享有優先認股權，而優先股股東則不具有這種權利。為普通股股東提供這一權利，目的在於使現有股東有權保持其對公司所有權的佔有比例。

3. 優先股對籌資者而言是一種比較有利的籌資方法，因為它兼有股票和債券所具有的一些有利於籌資者的特徵。利用優先股籌資，既可獲得永久性的資金來源，又不需授予投資者參與企業經營管理的權利。當公司因財務狀況不佳而不能發放股息時，優先股股東也不能像債權人那樣訴諸法律，而只能出售其股票或等待以後累積收取。儘管用優先股籌資具有上述的優越性，一些經營穩健、效益好的公司卻並不常發行優先股。因為優先股對投資者相對不利，其股價也相對較低，而效益好的企業普通股股價高，投資者踴躍，對公司來說，發行普通股股票更為有利。

4. 股利給股東帶來直接收益，但如果分配不當可能影響股東未來獲得收益或者資本利得的能力。發放股利可以提振股東及潛在股東對股票的信心，有利於公司股價的穩定，但也會影響公司資金的運轉及未來盈利能力。對於是否發放股利，應該結合公司的發展情況綜合考慮。

5. 影響股價的宏觀因素有：經濟週期的變動、宏觀經濟政策的選擇、市場的總體情況和重大的政治經濟事件等。微觀因素有：盈利狀況、公司的派息政策、增資和減資、公司管理層的變動和公司兼併與重組等。

6. 增長率為 8.6%。

第五章　證券投資基金市場

1. 根據組織形式的不同，證券投資基金可以分為契約型基金和公司型基金；根據運作方式的不同，證券投資基金可以分為封閉式基金和開放式基金。

2. 交易型開放式指數基金與上市開放式基金的區別主要有：①申購和贖回的標的不同；②申購和贖回的場所不同；③申購和贖回的參與者不同；④投資策略不同。

3. 根據我國的法律法規，封閉式基金的利潤分配每年不得少於一次，而且其年度利潤分配比例不得低於基金年度已實現利潤的90%，封閉式基金一般採用現金方式分紅。開放式基金按規定需要在基金合同中約定每年基金利潤分配的最多次數和基金利潤分配的最低比例。一般來說基金利潤每年至少分配一次，而且基金收益分配后基金單位淨值不能低於面值。貨幣市場基金一般採取分配基金份額的方式進行，即隨著貨幣市場基金不斷取得收益或虧損，基金持有人所擁有的基金份額也不斷增加或減少，但基金的份額淨值保持不變。貨幣市場基金大都實行每日分配收益，按月結轉份額的分配方式。

4. 對基金績效進行評價時，必須考慮下列因素：①投資對象與風險，證券投資基金的投資對象與風險不同，其投資範圍和投資策略也會不同；②業績的持續性，如果基金的業績不具有持續性，基金的績效評價對預測未來基金經理表現和指導投資者投資就毫無意義了；③比較基準和時期選擇，基金在不同時期的表現差異很大，計算基金收益率時，選擇的起始時點不同，得到的結果也會不同。

5. 特雷諾指數的基本思想是，基金管理者通過有效的投資組合應能夠完全消除單一資產所有的非系統性風險，那麼，其系統風險就能較好地反應基金的風險，因此特雷諾指數用單位系統性風險系數所獲得的超額收益率來衡量投資基金的業績。夏普指數是在對總風險進行調整基礎上的基金績效評估方式。夏普指數越高，表示基金績效越好。夏普指數用標準差對收益進行風險調整，其隱含的假設是所考察的組合是投資者投資的全部。詹森指數是在 CAPM 模型的基礎上發展起來的。該理論指出可以將基金組合的實際收益率與通過資本資產定價模型得出的、具有相同風險水平的投資組合的期望收益率進行比較，二者之差可以作為績效評價的一個標準。夏普指數與特雷諾指數均為相對績效度量方法，而詹森指數是一種在風險調整基礎上的絕對績效度量方法。特雷諾指數和詹森指數在對基金績效評估時均假設基金的投資組合已經消除了非系統風險，只含有系統風險，而夏普指數沒有此假設。詹森指數模型用來衡量基金實際收益的差異較好，而夏普指數和特雷諾指數這兩種模型的選擇，取決於所評價基金的類型。如果所評的基金是屬於充分分散投資的基金，則特雷諾指數模型是較好的選擇；如果所評的基金是屬於專門投資於某一行業的基金，相應的風險指標為投資組合收益的標準差，則用夏普指數模型較為適宜。

第六章　外匯市場

1. 外匯這一概念有動態和靜態兩種表述形式，而靜態的外匯又有廣義和狹義之分。動態的外匯是指一國貨幣兌換或折算為另一種貨幣的運動過程。最初的外匯概念就是指它的動態含義。現在人們提到外匯時，更多的是指它的靜態含義。廣義的靜態外匯是指一切用外幣表示的資產。狹義的靜態外匯概念是指以外幣表示的可用於進行國際間結算的支付手段。

2. 匯率的表達方式有兩種：直接標價法和間接標價法。直接標價法是以一定單位

的外國貨幣為標準來折算應付若干單位的本國貨幣的匯率標價法。間接標價法是以一定單位的本國貨幣為標準來折算應收若干單位的外國貨幣的標價法。

3. 匯率超調模型由美國經濟學家多恩布什提出，他認為貨幣供求平衡需要資本市場、商品市場和外匯市場同時均衡。要實現這一點，必須通過資本市場上的利率、商品市場上的價格以及外匯市場上的匯率來共同調節。然而出現貨幣供求失衡時，由於商品價格具有較強的粘性，調節存在時滯，失衡完全依靠利率和匯率調節，這時資本市場上就會出現利率過度調節超過長期均衡水平的情況，相應的，在外匯市場上匯率也會超調。投資者的投資組合中包括外幣資產，資產市場說認為投資者調整其外幣資產的比例關係，各種外幣資產的增減引起資金在國際間的大量流動，造成了各國貨幣的比價變動。

4. 外匯市場的參與者，主要包括外匯銀行、顧客、中央銀行、外匯交易商及外匯經紀人。外匯銀行在兩個層次上從事外匯業務活動：第一個層次是零售業務，第二個層次是批發業務。外匯經紀人是指介於外匯銀行之間、外匯銀行和其他外匯市場參加者之間，通過為買賣雙方接洽外匯交易而賺取佣金的中間商。在外匯市場中，凡是與外匯銀行有外匯交易關係的公司或個人，都是外匯銀行的客戶，他們是外匯市場上的主要供求者，其在外匯市場上的作用和地位，僅次於外匯銀行。各國的中央銀行都承擔著維持本國貨幣金融穩定的職責，所以中央銀行經常通過購入或拋出某種國際性貨幣的方式來對外匯市場進行干預，其他政府機構為了不同的經濟目的，有時也進入外匯市場進行交易，如財政部、商業部等。

5. 當代外匯市場的特點主要有：①宏觀經濟變量對外匯市場的影響作用日趨顯著；②全球外匯市場已在時空上聯成一個國際性外匯大市場；③外匯市場動盪不安；④政府對外匯市場的聯合干預日趨加強；⑤金融創新層出不窮。目前常見的外匯交易方式有：即期外匯交易、遠期外匯交易、掉期交易、互換交易、期貨交易、期權交易等。

6. 非拋補套利是交易商利用兩國市場的利率差異，把資金從利率較低的市場調到利率較高的市場進行投資，以牟取利差收入，同時不進行遠期外匯交易套期保值。拋補套利與非拋補套利的區別在於，套利者在市場間調撥資金以獲取利差的同時，還在外匯市場上進行遠期外匯交易以防範風險。

第七章　黃金市場

1. 布雷頓森林貨幣體系規定美元與黃金直接掛勾，美元與其他貨幣掛勾，黃金是確定貨幣平價的尺度，規定其官價為35美元兌換1盎司黃金，各國都實行浮動匯率制，各國貨幣與美元的匯率的波動幅度不能超過1%，如匯率波動太大，各國有義務協助美國維持黃金的官價水平。這樣，黃金與美元的固定比價關係是聯繫黃金市場與金融市場的基本紐帶，黃金市場作為金融市場附庸的地位日益明顯。《牙買加協定》宣布取消基金組織協定的黃金條款，廢除黃金官價，正式明確了黃金的非貨幣化與國際黃金市場的自由性質。

2. 按照不同的標準，黃金市場可有如下分類方式：①按黃金市場規模及對世界黃金交易影響程度不同，分為主導性市場和區域性市場；②按交易方式不同，分為現貨

市場和期貨市場；③按黃金交易管制程度不同，分為自由交易市場和限制性交易市場。

3. 期貨合約與遠期合約的區別在於期貨合約是一種標準化的協議，對交割日和交割質量有統一標準，交易在交易所內進行。而遠期合約的內容包括交割日、質量等內容都需一一談判達成協議，沒有關於遠期合約的交易所。另外，期貨合約中實際交割的比例小，而遠期合約要求實際交割，因此，遠期合約中沒有保證金變化的問題，而黃金期貨則像一般商品期貨一樣，採取逐日盯市結算保證金的辦法。黃金期貨交易實質上是買賣保證金制度，因此適合於做黃金投機交易和保值交易。

4. 黃金價格受黃金供求影響。影響黃金供求的因素有：黃金產量、世界經濟週期的波動、通貨膨脹、市場利率、石油價格、外匯市場的匯率波動、其他金融資產價格及收益率、政治局勢、人們的心理預期與投機活動等。

5. 無論做出什麼選擇，都至少需要從國際貨幣體系的發展以及黃金的特殊性兩個方面進行分析。

第八章　金融衍生工具

1. 金融衍生工具的功能主要包括：完善市場的功能，衍生證券的存在，可以從分擔風險、準確定價和增加信息揭示三個方面促進市場的完善；風險管理功能，金融衍生工具可以將分散在社會經濟各個角落裡的市場風險、信用風險等集中到衍生品交易市場中，然后分割、包裝並重新分配，使套期保值者規避經營中的大部分風險，不承擔或只承擔極少一部分風險；投機功能，衍生工具的存在向那些希望進行投機、追逐利潤的投資者提供了非常強大的交易工具，而適度的投機是金融市場得以存在的重要基礎之一。

2. 遠期市場是商品經濟發展的產物，是生產者和經營者在商品經濟實踐中創造出來的一種規避或減少交易風險、保護自身利益的商品交換形式。遠期合約具有以下特點：①遠期合約一旦被訂立，合約中指明的交割條件（價格、數量、時間）對於雙方來說既是權利也是義務，買賣雙方都必須保證標的資產按條款交割。②由於買賣方的權利和義務是對等的，因此遠期合約在訂立時本身沒有價值，任何一方都不必向另一方進行價值支付或者補償。③遠期合約一般是在場外市場交易。

3. 金融期權與期貨合約作為買賣契約，其構成要素都是標準化的合約，都是以金融商品作為標的物，都是在正規的交易所裡進行，有很好的履約保證。它們的基本功能都可以用於套期保值和投機。它們的區別主要在以下方面：①交易中的權利和義務；②交易的標的物；③交易合約的標準化；④交易雙方的盈虧風險；⑤交易的履約保證金；⑥交易的結算制度；⑦交易的套期保值。

4. 影響期權價格的因素主要有：①標的資產的市場價格與期權的協議價格；②期權的有效期；③標的資產價格的波動率；④無風險利率；⑤標的資產的收益。

5. 可轉換公司債券是指持券人可以按券面上所記載的條件與約定的日期要求公司將其所持債券轉化為股票的一種特殊債券。可轉換債券兼具有債券和股票的特性。持券人可以通過向公司辦理轉換手續，由債權人轉變為公司股東，持有人享有是否轉換的選擇權。可轉換公司債券同時具有債權性、股權性以及可轉換性。

6. 我國在 2010 年 4 月正式推出融資融券業務試點，讓市場出現全新的盈利模式和運行特徵，是拓寬證券公司業務範圍、改善證券公司盈利模式的有益探索。允許證券公司在嚴格控制風險的前提下開展融資融券業務，在我國證券市場引入融資融券交易，是完善我國證券市場機制的一項重大改革，具有十分重要的意義。一是為投資者帶來新的獲利機會，有利於滿足投資者多樣化的投資需求，並為投資者提供新的風險管理工具；二是有利於拓寬證券公司的業務範圍，改善證券公司的盈利模式，促進證券公司規範發展；三是有利於增強證券市場的活躍程度，平滑市場價格波動，改變證券市場「單邊市」的狀況，形成證券市場內在的穩定機制，促進證券市場功能的進一步發揮和市場長期穩定健康發展。

國家圖書館出版品預行編目(CIP)資料

金融市場學 / 王擎 主編. -- 第二版.
-- 臺北市：崧博出版：崧燁文化發行，2018.09

面；　公分

ISBN 978-957-735-486-0(平裝)

1.金融市場

561.7　　　　　107015295

書　　名：金融市場學
作　　者：王擎 主編
發行人：黃振庭
出版者：崧博出版事業有限公司
發行者：崧燁文化事業有限公司
E-mail：sonbookservice@gmail.com
粉絲頁　　　　　網　址：
地　　址：台北市中正區重慶南路一段六十一號八樓815室
8F.-815, No.61, Sec. 1, Chongqing S. Rd., Zhongzheng
Dist., Taipei City 100, Taiwan (R.O.C.)
電　　話：(02)2370-3310　傳　真：(02) 2370-3210
總經銷：紅螞蟻圖書有限公司
地　　址：台北市內湖區舊宗路二段121巷19號
電　　話：02-2795-3656　傳真：02-2795-4100　網址：
印　　刷：京峯彩色印刷有限公司（京峰數位）

本書版權為西南財經大學出版社所有授權崧博出版事業有限公司獨家發行電子書繁體字版。若有其他相關權利及授權需求請與本公司聯繫。

定價：350元

發行日期：2018年9月第二版

◎ 本書以POD印製發行